Strasser/Clemenz

Trainingsmodul Kosten- und Leistungsrechnung für Industriekaufleute

www.kiehl.de

Trainingsmodul Kosten- und Leistungsrechnung für Industriekaufleute

Kaufmännische Steuerung und Kontrolle (KSK 7)

Von

Dipl.-Hdl. Alexander Strasser und

Dipl.-Hdl. Gerhard Clemenz

WISSEN > LERNEN > TRAINIEREN >

3., aktualisierte Auflage

ISBN 978-3-470-**59713**-3 · 3., aktualisierte Auflage 2018

www.kiehl.de

Kiehl ist eine Marke des NWB Verlags

Satz: SATZ-ART Prepress & Publishing GmbH, Bochum
Druck: Stückle Druck und Verlag, Ettenheim

Vorwort

Die bewährten Trainingsmodule ermöglichen angehenden Industriekaufleuten ein individuelles Lernen in unterschiedlichen Fachgebieten. Sie enthalten zu jedem Thema das für die Prüfung notwendige Wissen, zeigen Lösungswege für prüfungstypische Aufgabenstellungen auf und ermöglichen zu jeder Zeit der Ausbildung ein persönliches Wissenstraining mit Aufgaben unterschiedlicher Schwierigkeitsstufen.

- Im **Wissensteil** finden Sie die Inhalte, die für die Prüfung wichtig sind.
- Im **Lernteil** erfahren Sie, wie Sie an Aufgabenstellungen herangehen und
- im **Trainingsteil** können Sie üben und Ihren Wissensstand jederzeit kontrollieren.

Beachten Sie dazu bitte auch den Benutzerhinweis auf Seite 6.

Dieser Band beschäftigt sich mit der Kosten- und Leistungsrechnung, insbesondere mit Kostenarten, Kostenstellen und Kostenträgern sowie mit der Vollkosten-, Teilkosten- und Plankostenrechnung.

Wir wünschen Ihnen eine erfolgreiche Ausbildung und freuen uns auf ein Feedback.

Erlangen, im April 2018

Alexander Strasser
Gerhard Clemenz

Benutzerhinweis

Der Aufbau der Trainingsmodule

Die Trainingsmodule für Industriekaufleute folgen einem völlig neuen Lernkonzept. Durch die Zerlegung des gesamten Stoffs der dreijährigen Ausbildung in einzelne Module können sich Auszubildende individuell vorbereiten und ihr eigenes Lernprogramm zusammenstellen. Für jedes Prüfungsfach gibt es mehrere Module zu unterschiedlichen Themen. Jeder Band enthält einen Wissensteil, einen Lernteil und einen Trainingsteil.

WISSEN

Der Wissensteil zeigt, was zum jeweiligen Thema gehört, strukturiert den Stoff und enthält in kompakter und übersichtlicher Form nur die Lerninformationen, die der Leser für die Prüfung braucht.

LERNEN

Im Lernteil erfährt der Leser, wie er aus dem Labyrinth möglicher Aufgabenstellungen herausfindet, worauf er achten muss, wie er beim jeweiligen Thema an Aufgaben und Fälle herangeht und wo mögliche Stolpersteine liegen können.

TRAINIEREN

Der Trainingsteil enthält Fragen, Aufgaben und Fälle auf unterschiedlichen Niveaustufen und in unterschiedlicher Methodik, z. B. offene Wissensfragen, Multiple-Choice-Aufgaben, Zuordnungsaufgaben, Rechenbeispiele, Situationsaufgaben und komplexe Fälle einschließlich deren Lösung.

Die Symbole

Die folgenden Symbole erleichtern Ihnen die Arbeit mit diesem Buch.

LABYRINTH

Dieses Symbol führt Sie zu den Antworten auf die zentralen Fragen eines Themas oder einer Aufgabenstellung.

MERKE

Die Hand macht auf wichtige Merksätze oder Definitionen aufmerksam.

STOLPERSTEIN

Immer wenn das Ausrufezeichen auftaucht, ist Vorsicht geboten. Es zeigt typische Stolpersteine oder Fehler, die Prüflinge immer wieder begehen.

TIPP

Hier finden Sie nützliche Zusatzinformationen und Hinweise.

SEITE

Kaufmännische Steuerung und Kontrolle

Modul 7 Kosten- und Leistungsrechnung

INHALT SEITE

INHALT

SEITE

I. Grundlagen der Kosten- und Leistungsrechnung

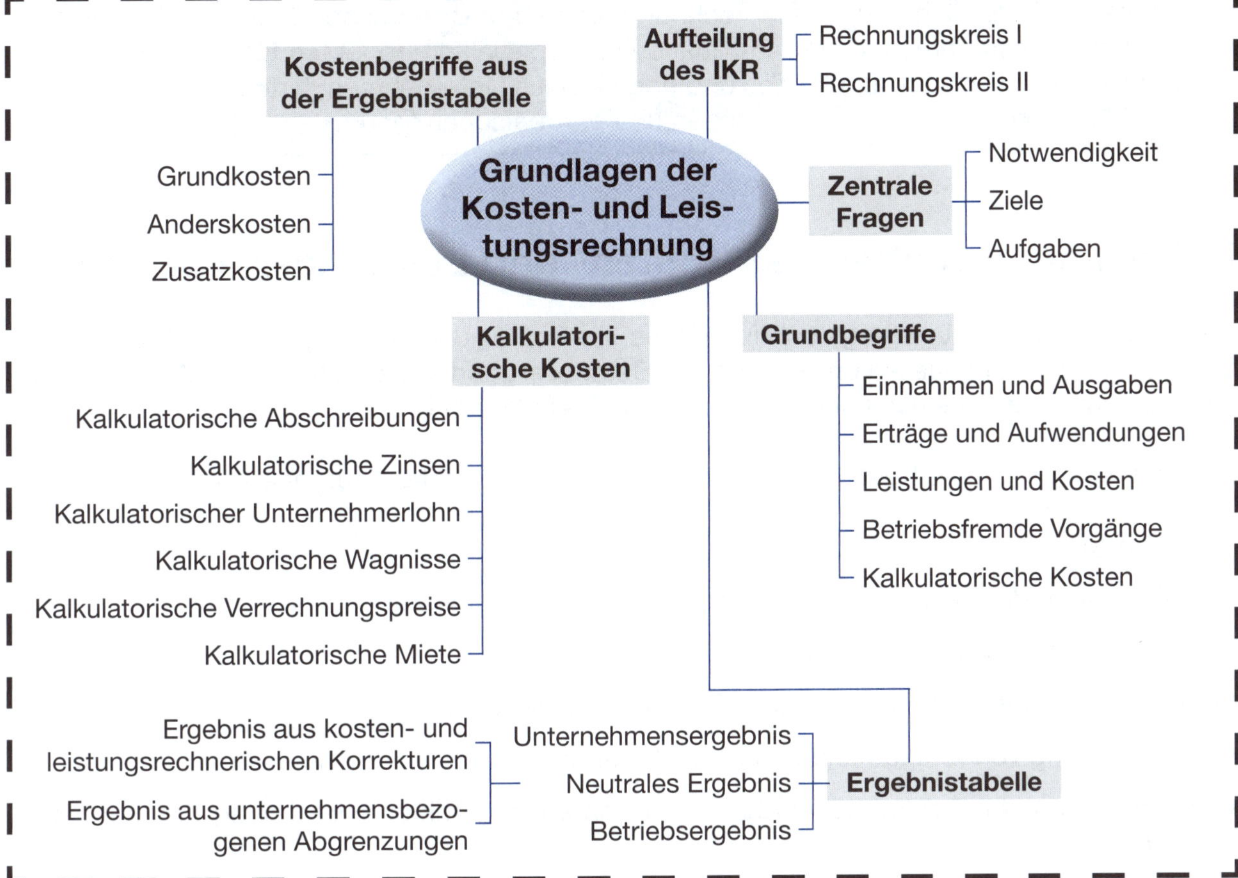

Was muss ich für die Prüfung wissen?

1. Warum ist eine Kosten- und Leistungsrechnung für Unternehmen notwendig?

Ein Unternehmen muss im Normalfall davon ausgehen, dass

- seine Produkte auch von Konkurrenzunternehmen in selber oder ähnlicher Art angeboten werden,
- Kunden an der Preisgestaltung mitwirken,
- ein bestimmter Anteil an Fremdkapital in Form von Darlehen von Kreditinstituten zur Finanzierung der Anlagen benötigt wird,
- die Nachfrage nicht konstant ist,
- Beschaffungspreise schwanken,
- sich die technischen Anforderungen und die Käufergewohnheiten verändern und
- viele Kosten steigen, ohne dass das Unternehmen dies beeinflussen kann.

Beachtet ein Unternehmen diese Tatsachen nicht, werden aus Gewinnen schnell Verluste oder aus geplanten Verkäufen werden Lagerbestände. Das Unternehmen wird diesen Prozess nicht lange überleben, es wird insolvent und in der Folge aufgelöst werden.

Die gesamte Darstellung der Kostenrechnung erfolgt am Beispiel der *Sunpower KG*, einem innovativen Unternehmen mit der Produktion von Spezialkomponenten für Solarstrom. Die *Sunpower KG* ist ein sehr junges und noch kleines Unternehmen, jedoch mit sehr guten Entwicklungschancen auf dem deutschen und europäischen Markt.

2. Ziel und Aufgaben der Kosten- und Leistungsrechnung

Ziel einer Kosten- und Leistungsrechnung ist es, die Kosten und Leistungen einer Abrechnungsperiode komplett zu erfassen und daraus das Betriebsergebnis zu ermitteln. Eine Abrechnungsperiode kann jede Zeiteinheit sein, z. B. ein Monat, ein Quartal oder ein Jahr.

Daneben übernimmt die Kosten- und Leistungsrechnung wichtige Aufgaben, wie z. B.

- die Kontrolle der Wirtschaftlichkeit von Prozessen,
- die Ermittlung der Selbstkosten je Erzeugnis oder Erzeugnisgruppe,
- die Kalkulation der Verkaufspreise,
- die Ermittlung der Selbstkosten einer Abrechnungsperiode,
- die Bewertung von fertigen und unfertigen Erzeugnisse zum Abschlussstichtag,
- die Ermittlung von Deckungsbeiträgen im Rahmen der Teilkostenrechnung (Deckungsbeitragsrechnung).

3. Diese Grundbegriffe müssen Sie kennen und unterscheiden können

3.1 Einnahmen – Ausgaben

Einnahmen erhöhen das Geldvermögen, jedoch nicht das Eigenkapital. Sie entstehen durch Verkäufe von Fertigerzeugnissen. Dabei ist es aber unwesentlich, ob die Kunden sofort oder später bezahlen.

Ausgaben vermindern das Geldvermögen, jedoch nicht das Eigenkapital. Sie entstehen bei Einkäufen von Roh-, Hilfs-, Betriebsstoffen, Handelswaren oder Fremdbauteilen. Dabei ist es ebenfalls unwesentlich, ob diese Einkäufe sofort oder später bezahlt werden.

3.2 Erträge – Aufwendungen

Erträge erhöhen immer das Eigenkapital. Sie können gleichzeitig das Geldvermögen erhöhen, müssen dies aber nicht.

Aufwendungen vermindern immer das Eigenkapital. Sie können gleichzeitig das Geldvermögen vermindern, müssen dies aber nicht.

3.3 Leistungen – Kosten

Leistungen sind nur die Erträge, die aus der geplanten betrieblichen Leistungserstellung (= Produktion oder Dienstleistung) und aus dem Verkauf der Produkte bzw. aus der Erbringung einer Dienstleistung stammen. Dazu zählen vor allem Umsatzerlöse, aktivierte Eigenleistungen und der Aufbau von Beständen (Mehrbestand).

Kosten sind nur solche Aufwendungen, die aus der geplanten betrieblichen Leistungserstellung und aus dem Verkauf der Produkte stammen. Dazu zählen z. B. Aufwendungen für Fertigungsmaterial, Löhne und Gehälter, Aufwendungen für Energie und betriebliche Steuern.

Keine Kosten sind betriebsfremde Aufwendungen. Beispiele sind u. a. Abschreibungen auf Finanzanlagen oder Verluste aus dem Verkauf von Wertpapieren.

Keine Leistungen sind betriebsfremde Erträge. Dazu zählen u. a. Zinserträge, Mieterträge oder Erträge aus der Anlage in Wertpapieren des Umlaufvermögens.

Betriebsfremde Aufwendungen und Erträge darf man nicht in die Kostenrechnung übernehmen. Sie werden im Abgrenzungsbereich als unternehmensbezogene Aufwendungen oder Erträge abgegrenzt.

3.4 Kalkulatorische Kosten

Kalkulatorische Kosten sind Kosten, die entweder mit einem veränderten Wert aus der GuV-Rechnung in die Kostenrechnung übernommen werden oder in der GuV-Rechnung überhaupt nicht vorhanden sind und als zusätzliche Werte in die Kostenrechnung eingehen.

Kalkulatorische Kosten können Anderskosten oder Zusatzkosten sein.

3.5 Grundkosten – Anderskosten – Zusatzkosten

Die Mehrzahl der Aufwendungen in der GuV-Rechnung wird mit ihrem Wert unverändert in die Kostenrechnung übernommen, da keine Änderung notwendig ist. Man bezeichnet sie als **Grundkosten**. Beispiele sind u. a. Löhne, Gehälter, Energiekosten, Gewerbesteuer.

Anderskosten sind Aufwendungen der GuV-Rechnung, die mit einem veränderten, also „anderen" Wert in die Kostenrechnung als Kosten übernommen werden. Dazu zählen z. B. kalkulatorische Verrechnungspreise bei Fertigungsmaterial, der Ansatz eines kalkulatorischen Zinses oder die kalkulatorische Abschreibung. Die veränderten Werte gehen in die Kostenrechnung als Kosten ein, die ursprünglichen Werte muss man im Abgrenzungsbereich der Ergebnistabelle „gegenrechnen".

Zusatzkosten sind keine Aufwendungen, sie stammen nicht aus der GuV-Rechnung, sondern werden in der Kostenrechnung zusätzlich als Kosten ausgewiesen. Beispiele sind u. a. der kalkulatorische Unternehmerlohn oder eventuell die kalkulatorische Miete. Man setzt diese Werte als Kosten in der Kostenrechnung an und gleicht sie im Abgrenzungsbereich der Ergebnistabelle rechnerisch wieder aus.

4. Die beiden Rechnungskreise I und II des Industriekontenrahmens

Die Vorgänge der Finanzbuchhaltung (externes Rechnungswesen) werden in den Kontenklassen 0 bis 8 des IKR erfasst. In den Kontenklassen 0 bis 4 werden sämtliche Vorgänge des Unternehmens erfasst, die Vermögens- oder Schuldposten verändern. Zusätzlich werden in den Kontenklassen 5 bis 7 Aufwendungen und Erträge erfasst, ohne Rücksicht darauf, ob sie betriebsfremd, außerordentlich oder periodenfremd sind. Die Kontenklasse 8 ist für die Konten des Jahresabschlusses reserviert.

Die Kosten- und Leistungsrechnung bildet nur die Aufwendungen und Erträge ab, die mit dem tatsächlichen Prozess der Leistungserstellung in Verbindung stehen. Das sind z. B. Aufwendungen für Rohstoffe, Personalaufwendungen oder Umsatzerlöse. Für die Kosten- und Leistungsrechnung ist die Kontenklasse 9 vorgesehen.

5. Die Abgrenzungsrechnung (Ergebnisrechnung) als Vorstufe für die klassische Kosten- und Leistungsrechnung

5.1 Welche Arten kalkulatorischer Kosten müssen Sie kennen?

5.1.1 Kalkulatorische Abschreibung

Die bilanzielle Abschreibung ist an die gesetzlich vorgeschriebenen Nutzungsdauern der einzelnen Anlagegüter gebunden. Beträgt die Nutzungsdauer z. B. bei einem Notebook (mit Anschaffungskosten über 1.000 €) 3 Jahre, können bei linearer Abschreibung höchstens 33,33 % der Anschaffungskosten abgeschrieben werden. Damit stünden nach 3 Jahren die Anschaffungskosten für eine Ersatzinvestition wieder zur Verfügung. Will man diesen Rückfluss der Kosten über die Umsatzerlöse verkürzen, muss man die Abschreibungsdauer verkürzen, z. B. auf 2 Jahre. Dadurch würde sich aber in diesem Fall der jährliche Abschreibungssatz auf 50 % erhöhen. Außerdem muss man aufgrund allgemeiner Preissteigerungen zusätzlich davon ausgehen, dass sich die Anschaffungskosten zum Zeitpunkt der Ersatzbeschaffung erhöht haben. Daher sollte man bei der Berechnung der Abschreibung statt der steuerlich zulässigen Anschaffungskosten die vermuteten Wiederbeschaffungskosten verwenden.

Diese betrieblich sinnvolle Vorgehensweise ist jedoch nur im Rahmen einer eigenen, internen Abschreibungsmethode möglich. Da diese veränderten Werte in die Kostenrechnung als Kosten, und damit in die Kalkulation der Verkaufspreise eingehen, bezeichnet man sie als kalkulatorische Abschreibung.

Die durch das Einkommensteuerrecht vorgegebenen Nutzungsdauern für Anlagegüter müssen eingehalten werden. Eine Änderung kann nur betriebsintern erfolgen. Diese Änderung wirkt sich nicht auf die Gewinn- und Verlustrechnung aus, da hier als Aufwand nur die Abschreibungsbeträge aufgrund der gesetzlichen Bestimmungen eingehen.

Die Korrektur dieses veränderten Ansatzes erfolgt in der Ergebnistabelle. Der kalkulatorische Abschreibungswert wird als Kosten in die Kostenrechnung eingesetzt und mit dem Wert der bilanziellen Abschreibung aus der Gewinn- und Verlustrechnung im Abgrenzungsbereich unter Kostenrechnerische Korrekturen verrechnet.

Die kalkulatorische Abschreibung berücksichtigt die geplante und tatsächliche betriebliche Nutzungsdauer eines Anlagegegenstandes. Zusätzlich berücksichtigt sie die vermuteten Wiederbeschaffungskosten zum Zeitpunkt der Ersatzbeschaffung. Diese Wertansätze dürfen aber nur intern verwendet werden und nie über die Buchung auf dem Konto Abschreibung in die Gewinn- und Verlustrechnung eingehen.

5.1.2 Kalkulatorische Zinsen

Jeder Unternehmer erwartet eine angemessene Verzinsung seines eingesetzten (investierten) Eigenkapitals. Damit man diesen „Zinsertrag" über die Umsatzerlöse erhält, muss man einen Zinsbetrag als Kosten in die Kostenrechnung und letztlich in die Verkaufspreise einplanen. Als Zinssatz wählt man nicht die marktüblichen Zinsen der Kreditinstitute, sondern einen höheren Zinssatz, der zusätzlich eine angemessene Rendite verspricht. Die kalkulatorischen Zinssätze betragen zwischen 7 % und 9 %. Berechnet werden diese Zinsen vom betriebsnotwendigen Kapital.

Das betriebsnotwendige Kapital setzt sich wie folgt zusammen:

	Betriebsnotwendiges Anlagevermögen
+	Betriebsnotwendiges Umlaufvermögen
-	Abzugskapital
=	Betriebsnotwendiges Kapital

Das betriebsnotwendige Kapital ist nicht gleichzusetzen mit dem gesamten Vermögen auf der Aktivseite der Bilanz.

Betriebsnotwendiges Anlagevermögen

Die Aufnahme eines Darlehens verursacht einen Zinsaufwand. Dieses Darlehen kann aber auch Teile des Betriebes betreffen, die aktuell keinen Beitrag zur Leistungserstellung liefern.

Ein Beispiel dafür ist eine zurzeit nicht benötigte und daher vermietete Lagerfläche im Beschaffungsbereich. Es handelt sich dabei um nicht betriebsnotwendiges Anlagevermögen.

Anlagen, die momentan nicht direkt eingesetzt werden, jedoch zur Aufrechterhaltung der Betriebsbereitschaft dienen, zählen dagegen zum betriebsnotwendigen Anlage vermögen.

Das Anlagevermögen bewertet man hier nicht zum Restbuchwert (= Anschaffungskosten - bilanzielle Abschreibungen), sondern

- zu kalkulatorischen Restwerten (= Wiederbeschaffungskosten - kalkulatorische Abschreibungen) oder
- mit den halben Anschaffungskosten.

Diesen Ansatz kann man wählen, da dadurch die stetige Verringerung durch die Abschreibungen während der Nutzungsdauer in etwa berücksichtigt wird.

	Anlagevermögen der Aktiva nach kalkulatorischen Restwerten oder zu halben Anschaffungskosten
-	Vermietete Gebäude, Maschinen oder Fahrzeuge
=	Betriebsnotwendiges Anlagevermögen

Betriebsnotwendiges Umlaufvermögen

Als betriebsnotwendig betrachtet man das Umlaufvermögen, das während des Betrachtungszeitraums (ein Monat, ein Quartal oder ein Jahr) durchschnittlich im Unternehmen gebunden ist und um die Teile bereinigt wurde, die nicht dem eigentlichen Betriebszweck dienen. Hierzu zählen z. B. Bestände von Wertpapieren (z. B. Aktien oder Anleihen). Den verbleibenden Teil setzt man zu kalkulatorischen Mittelwerten an.

Umlaufvermögen, d. h. heißt in diesem Fall liquide Mittel, die in Wertpapiere investiert wurden, sind für den Leistungsprozess des Unternehmens offenbar nicht notwendig und stehen diesem auch nicht zur Verfügung. Sie werden deshalb bei der Ermittlung des betriebsnotwendigen Vermögens und in der Folge des betriebsnotwendigen Kapitals nicht berücksichtigt.

	Umlaufvermögen zu kalkulatorischen Restwerten
-	Mittel, die in Wertpapieren gebunden sind
=	Betriebsnotwendiges Umlaufvermögen

Betriebsnotwendiges Vermögen

Die Summe aus betriebsnotwendigem Anlagevermögen und betriebsnotwendigem Umlaufvermögen ergibt das gesamte betriebsnotwendige Vermögen.

	Betriebsnotwendiges Anlagevermögen
+	Betriebsnotwendiges Umlaufvermögen
=	Betriebsnotwendiges Vermögen

Betriebsnotwendiges Kapital

Das betriebsnotwendige Vermögen muss um das sogenannte **Abzugskapital** verringert werden, wenn dieses vorhanden ist. Es handelt sich um Kapital, das dem Unternehmen zinslos zur Verfügung steht. Daher darf man für dieses Kapital keine kalkulatorischen Zinsen berechnen. Folgende Posten sind möglich:

- **Anzahlungen von Kunden**
  → Ein Kunde überweist z. B. bei Auftragserteilung 20 % des Kaufpreises.
- **Rückstellungen**[1]
  → Rückstellungen sind bereits gebuchte Aufwendungen für eventuelle Verbindlichkeiten, für die das Unternehmen in Anspruch genommen werden könnte. Durch diese Buchung werden Teile des Eigenkapitals dem Posten Rückstellungen zugeführt. Wenn der Eventualfall, z. B. eine notwendige Bezahlung einer Garantieforderung eines Kunden, eintritt, ist das

[1] Genaue Ausführungen zu diesem Thema finden Sie im Modul KSK 6: Jahresabschluss – Erstellung und Auswertung.

Ergebnis des Unternehmens davon nicht mehr betroffen. Dieser Reserveposten stand aber zinslos zur Verfügung.

- **Lieferantenkredite ohne Skontierungsmöglichkeit**
  → Wenn ein Lieferant einen Skonto gewährt, entspricht der Zeitraum vom Ende der Skontofrist bis zum letzten Termin für die Zahlung einer Kreditlaufzeit. Bezieht man den Skontosatz für diese Laufzeit auf ein Jahr, erhält man den effektiven Jahreszins dieses Lieferantenkredits[1]. Gewährt der Lieferant keinen Skonto und verlangt sofortigen Rechnungsausgleich bzw. gewährt eine mehrtägige Zahlungsfrist (z. B. „Zahlung nach 5 Tagen rein netto"), spricht man von einem zinslosen Lieferantenkredit. Da zinsloses Kapital nicht in die Berechnung der kalkulatorischen Zinsen einbezogen werden darf, müssen diese Beträge abgezogen werden.

	Anlagevermögen der Aktiva nach kalkulatorischen Restwerten oder zu halben Anschaffungskosten		
-	Vermietete Gebäude, Maschinen oder Fahrzeuge		
=	Betriebsnotwendiges Anlagevermögen		**Betriebsnotwendiges Anlagevermögen**
	Umlaufvermögen zu kalkulatorischen Restwerten		
-	Mittel, die in Wertpapieren gebunden sind		
=	Betriebsnotwendiges Umlaufvermögen	+	**Betriebsnotwendiges Umlaufvermögen**
		=	**Betriebliches Vermögen**
-	Erhaltene Anzahlungen von Kunden		
-	Rückstellungen		
-	Lieferantenkredite ohne Skontiermöglichkeit		
=	Abzugskapital	-	**Abzugskapital**
		=	**Betriebsnotwendiges Kapital**

Um den Zinsaufwand für das tatsächliche betriebsnotwendige Kapital zu ermitteln, berechnet man von diesem Kapital die Zinsen.

Als Zinssatz verwendet man aber nicht den tatsächlichen Zinssatz des gewährten Darlehens des Kreditinstituts, sondern einen internen pauschalen Zinssatz. Dieser beträgt meist zwischen 7 % und 9 %.

Diese Zinsen gehen jetzt mit einem „anderen" Wert als die tatsächlichen Darlehenszinsen vom Konto Zinsaufwand in die Kostenrechnung ein.

Die auf dem Konto 7510 Zinsaufwand gebuchten Zinsen müssen unverändert in die Gewinn- und Verlustrechnung eingehen. Eine Änderung kann nur betriebsintern erfolgen.

Die Korrektur dieses veränderten Ansatzes erfolgt in der Ergebnistabelle. Der Wert der kalkulatorischen Zinsen wird als Kosten in die Kostenrechnung eingesetzt und mit dem Zinsaufwand aus der Gewinn- und Verlustrechnung im Abgrenzungsbereich unter Kostenrechnerische Korrekturen verrechnet.

[1] Vgl. Modul KSK 2: Beschaffungsprozesse steuern und kontrollieren.

Die kalkulatorischen Zinsen berücksichtigen das tatsächliche betriebsnotwendige Kapital. Diese Wertansätze dürfen aber nur intern verwendet werden und dürfen nie über die Buchung auf dem Konto Zinsaufwand in die Gewinn- und Verlustrechnung eingehen.

5.1.3 Kalkulatorischer Unternehmerlohn

Unternehmer erhalten kein Gehalt, da sie in ihrem Unternehmen nicht angestellt sind. Sie erwarten jedoch einen entsprechenden Gewinnanteil, der die Entlohnung ihrer Arbeitsleistung darstellt. Damit dieser Gewinnanteil erzielt werden kann, muss man ein bestimmtes Gehalt als Kosten einplanen. Diese Kosten gehen über die Kostenrechnung in die Kalkulation der Verkaufspreise ein und fließen als Umsatzerlöse in das Unternehmen zurück.

Da diesem Ansatz kein entsprechender Wert in der Gewinn- und Verlustrechnung gegenübersteht und sie daher „zusätzlich" als Kosten ausgewiesen werden, bezeichnet man sie als Zusatzkosten. Die Korrektur dieses Ansatzes erfolgt in der Spalte Kostenrechnerische Korrekturen im Abgrenzungsbereich der Ergebnistabelle.

Ein kalkulatorischer Unternehmerlohn wird aber immer nur dann angesetzt, wenn die Unternehmensleitung durch kein Gehalt entlohnt wird. Das ist nur bei Gesellschaftern der OHG, der KG und bei Einzelkaufleuten der Fall.

Vorstände einer AG oder Geschäftsführer einer GmbH sind Angestellte und erhalten ein Gehalt, das in der GuV-Rechnung als Personalaufwand in der Kontenklasse 6 ausgewiesen wird. Bei ihnen darf kein Ansatz eines kalkulatorischen Lohnes erfolgen. Die auf dem Konto 6300 Gehälter gebuchten Beträge müssen unverändert in die Gewinn- und Verlustrechnung eingehen.

5.1.4 Kalkulatorische Wagnisse

Unternehmen erleiden eventuell Verluste durch Verderb von Vorräten, kostenlose Ersatzlieferungen wegen aufgetretener Mängel oder des Ausfalls von Produktionsanlagen. Diese Aufwendungen erscheinen in der GuV-Rechnung als „Verluste aus Schadensfällen" durch ihre Buchung in der Kontenklasse 6. Da sie aber sehr unregelmäßig anfallen, plant man sie mit einem pauschalen Durchschnittswert als Kosten ein. Dieser Wert ersetzt den in der GuV-Rechnung tatsächlich ausgewiesenen Aufwand.

Da diesem Ansatz ein entsprechender Wert in der Gewinn- und Verlustrechnung gegenübersteht und sie daher mit einem „anderen" Betrag als Kosten ausgewiesen werden, bezeichnet man sie als Anderskosten. Die Korrektur dieses Ansatzes erfolgt in der Spalte Kostenrechnerische Korrekturen im Abgrenzungsbereich der Ergebnistabelle.

5.1.5 Kalkulatorische Verrechnungspreise

Die Kosten für Roh-, Hilfs- und Betriebsstoffe schwanken in vielen Fällen. Da laufende Wertschwankungen für die Kostenrechnung ungünstig sind, kann man für Werkstoffe einen Durchschnittswert ansetzen. Diesen Wert verwendet man über einen gewissen Zeitraum als Basis für die Kostenrechnung. Dieser „andere" Wert ersetzt den in der GuV-Rechnung tatsächlich ausgewiesenen Aufwand.

Da diesem Ansatz ein entsprechender Wert in der Gewinn- und Verlustrechnung gegenübersteht und sie daher mit einem „anderem" Betrag als Kosten ausgewiesen werden, bezeichnet man sie ebenfalls als Anderskosten. Die Korrektur dieses Ansatzes erfolgt in der Spalte Kostenrechnerische Korrekturen im Abgrenzungsbereich der Ergebnistabelle.

5.1.6 Kalkulatorische Miete

Bei dem Ansatz einer kalkulatorischen Miete muss man unterscheiden, ob es sich um betriebseigene Gebäude handelt oder um private Räume des Unternehmers, die er seinem Unternehmen kostenlos zur Verfügung stellt.

Für **betriebseigene Gebäude** entstehen Aufwendungen durch Abschreibungen und Grundsteuer. Zusätzlich fallen Zinsaufwendungen an, wenn diese Gebäude durch Darlehen finanziert werden. Da diese Aufwendungen mit ihrem Wert schwanken, kann man stattdessen in der Kostenrechnung einen gleichmäßigen kalkulatorischen Wert ansetzen.

Da diesem Ansatz ein entsprechender Wert in der Gewinn- und Verlustrechnung gegenübersteht und sie daher mit einem „anderen“ Betrag als Kosten ausgewiesen werden, bezeichnet man sie als Anderskosten. Die Korrektur dieses Ansatzes erfolgt in der Spalte Kostenrechnerische Korrekturen im Abgrenzungsbereich der Ergebnistabelle.

In der Praxis verzichtet man jedoch meist auf einen derartigen Ansatz, da ein großer Teil der Kosten bereits durch die kalkulatorische Abschreibung und die kalkulatorischen Zinsen berücksichtigt wurden.

Stellt ein Unternehmer einer Personengesellschaft (OHG oder KG) bzw. der Inhaber eines Einzelunternehmens seinem eigenen Unternehmen Räume seines Privatvermögens kostenlos zur Verfügung, muss er einen entsprechenden Wert dafür in die Kostenrechnung als Kosten einsetzen. Maßstab für die Höhe ist die ortsübliche Miete für vergleichbare Räume.

Erfolgt dieser Ansatz nicht, verfälscht dies das tatsächliche Ergebnis des Unternehmens. Es würde zu gut ausfallen. Sollte das Privatvermögen aus verschiedenen Gründen zu einem Zeitpunkt nicht mehr zur Verfügung stehen, müssten die Räume gemietet werden. In diesem Fall würden Kosten entstehen, die durch die Kostenrechnung nicht gedeckt wären und durch Verkaufserlöse nicht erwirtschaftet würden. Die Folge wäre eine deutliche Verschlechterung des Ergebnisses.

Da diesem Ansatz kein entsprechender Wert in der Gewinn- und Verlustrechnung gegenübersteht und sie daher „zusätzlich“ als Kosten ausgewiesen werden, bezeichnet man sie als Zusatzkosten. Die Korrektur dieses Ansatzes erfolgt in der Spalte Kostenrechnerische Korrekturen im Abgrenzungsbereich der Ergebnistabelle.

Aufwendungen, die mit einem veränderten Wert von der GuV-Rechnung in die Kostenrechnung übernommen werden, bezeichnet man als **Anderskosten.**

→ Man übernimmt ihren Wert in die Spalte 9 (Rechnungskreis II) in der Ergebnistabelle.

Der rechnerische Ausgleich erfolgt in der Ergebnistabelle bei den Kostenrechnerischen Korrekturen.

→ In Spalte 7 übernimmt man den Betrag aus Spalte 1 der GuV-Rechnung.
→ In Spalte 8 weist man den kalkulatorischen Wert aus Spalte 9 aus.

Kosten, die in der GuV-Rechnung nicht als Aufwand ausgewiesen sind, deren Werte aber in der Kostenrechnung berücksichtigt werden müssen, bezeichnet man als **Zusatzkosten**, da sie „zusätzlich" in die Kostenrechnung eingeplant werden.

Der rechnerische Ausgleich erfolgt in der Ergebnistabelle bei den Kostenrechnerischen Korrekturen.

→ In Spalte 8 weist man den kalkulatorischen Wert aus Spalte 9 aus.

5.2 Die Ergebnistabelle als Hilfsmittel

Nur tatsächlich betriebsbedingte Aufwendungen und Erträge dürfen als Kosten oder Leistungen vom Rechnungskreis I in die Spalte 9 der Kostenrechnung (Rechnungskreis II) übernommen werden. Um das zu erreichen, „filtert" man betriebsfremde, betrieblich außerordentliche und periodenfremde Aufwendungen und Erträge der GuV-Rechnung aus. Das Hilfsmittel dazu ist die Ergebnistabelle, die auch als Abgrenzungstabelle bezeichnet wird.

Diese Tabelle ist in einzelne Spalten zunächst in den Rechnungskreis I und den Rechnungskreis II unterteilt. Der Rechnungskreis ist weiter in den Abgrenzungsbereich und den Kosten- und Leistungsbereich untergliedert. Der Abgrenzungsbereich wird zusätzlich in die Gruppe 90, unternehmensbezogene (betriebsfremde) Abgrenzung und in die Gruppe 91, Kosten- und Leistungsrechnerische Korrekturen, aufgeteilt. Der Kosten- und Leistungsbereich wird als Gruppe 92 ausgewiesen.

Für jede einzelne Gruppe ermittelt man ein Ergebnis. Das Ergebnis des Kosten- und Leistungsbereiches bezeichnet man als Betriebsergebnis. Wenn man das Betriebsergebnis mit den beiden anderen Ergebnissen der Gruppen 90 und 91 zusammenführt, ergibt das wieder das Gesamtergebnis des Rechnungskreises I.

Was erwartet mich in der Prüfung?

In der Prüfung erwartet man von Ihnen, dass Sie den Aufbau und die Funktionsweise der Ergebnistabelle kennen. Sie müssen wissen, welche Aufwendungen und Erträge aus dem Rechnungskreis I als Kosten und Leistungen in die Betriebsergebnisrechnung ohne Änderung übernommen werden und welche Aufwendungen und Erträge als neutral gelten.

Kalkulatorische Kosten müssen Sie in der Spalte kostenrechnerische Korrekturen richtig ausweisen. Zusatzkosten und Anderskosten müssen Sie eindeutig unterscheiden können. Dabei ist es unerlässlich, die kalkulatorische Abschreibung und die kalkulatorischen Zinsen zu berechnen und ihre Bedeutung zu kennen.

Wichtig ist es auch, dass Sie wissen, wann und warum man einen kalkulatorischen Unternehmerlohn oder eine kalkulatorische Miete ansetzt. Zum Schluss müssen Sie die Ergebnistabelle kontrollieren, indem Sie den Rechnungskreis II mit dem Rechnungskreis I abstimmen.

1. Das Lernlabyrinth

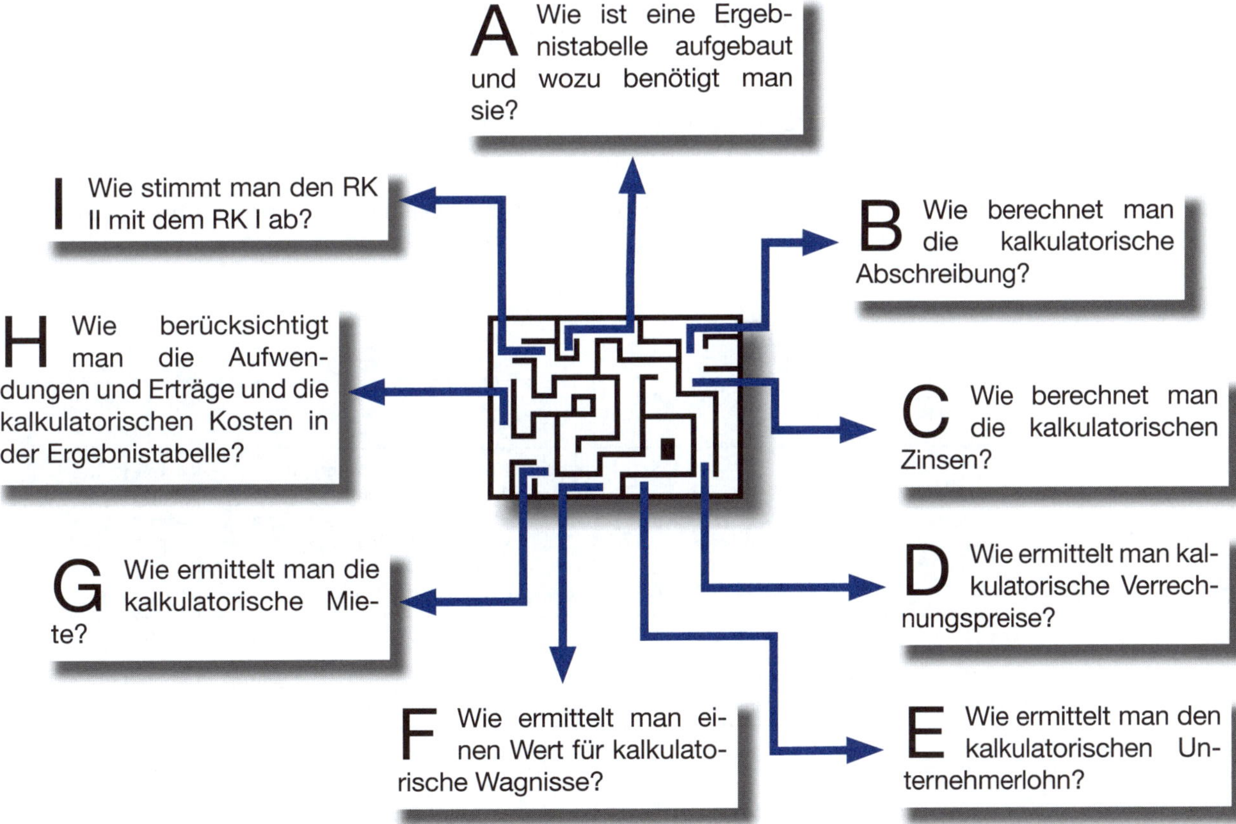

2. Wege aus dem Lernlabyrinth

A Wie ist eine Ergebnistabelle aufgebaut und wozu benötigt man sie?

Die Ergebnistabelle spiegelt das **Zweikreissystem** des Industriekontenrahmens IKR wider.

Der Industriekontenrahmen (IKR) ist als Zweikreissystem organisiert

Rechnungskreis I	**Rechnungskreis II**
erfasst u. a. die **Ertrags- und Aufwandskonten** mit den Kontenklassen 5, 6, 7 auf der Grundlage der Gewinn- und Verlustrechnung	besteht aus dem **Abgrenzungsbereich** und dem **Kosten- und Leistungsbereich** mit den Gruppen 90, 91 und 92

- Sie ist deshalb in die beiden großen Bereiche Rechnungskreis I und Rechnungskreis II aufgeteilt.
- Der Rechnungskreis II ist weiter in die Abgrenzungsrechnung und den Bereich der Betriebsergebnisrechnung (Gruppe 92) untergliedert.
- Die Abgrenzungsrechnung ist weiter unterteilt in unternehmensbezogene Abgrenzungen (Gruppe 90) und kostenrechnerische Korrekturen (Gruppe 91).

Rechnungskreis I				**Rechnungskreis II**					
Finanzbuchführung				**Abgrenzungsrechnung**				**Betriebsergebnisrechnung**	
				Unternehmensbezogene Abgrenzung **Gruppe 90**		**Kosten- und leistungsrechnerische Korrekturen** **Gruppe 91**		**Kosten- und Leistungsrechnung** **Gruppe 92**	
1	2	3	4	5	6	7	8	9	10
Konto-Nr.	Konto	Aufwand	Ertrag	Aufwand	Ertrag	Aufwand	Ertrag	Kosten	Leistungen

Die Ergebnistabelle benötigt man,

- um die neutralen Aufwendungen und Erträge von den Kosten und Leistungen abzugrenzen,
- um die Kosten (Grundkosten) und Leistungen in die Betriebsergebnisrechnung zu überführen und
- die Korrekturen bei Anderskosten und Zusatzkosten vorzunehmen.

Bei dem Begriff „Grundkosten“ gibt es keinen vergleichbaren Begriff für Leistungen. Der Ausdruck „Grundleistungen“ ist unüblich und wird nicht verwendet.

Die **Gruppe 90** erfasst unternehmensbezogene Aufwendungen und Erträge. Dabei handelt es sich um sogenannte betriebsfremde Vorgänge. Man bezeichnet sie auch als neutrale Aufwendungen und Erträge. Es handelt sich dabei um Vorgänge, die keinen Beitrag zum Leistungserstellungsprozess des Unternehmens liefern.

Beispiele sind u. a.

- Verluste aus Wertpapiergeschäften oder
- Zinserträge aus Kapitalanlagen.

Kapitalanlagen in Wertpapiere und eventuelle Verluste daraus, sowie Zinserträge aus Kapitalanlagen stammen aus Kapital, das im Unternehmen zurzeit nicht für die Leistungserstellung zur Verfügung steht bzw. stehen muss. Derartige Aufwendungen und Erträge dürfen nicht in die Betriebsergebnisrechnung als Kosten oder Leistungen einfließen.

Die **Gruppe 91** erfasst kosten- und leistungsrechnerische Korrekturen. Dazu gehören Korrekturen, die aufgrund von veränderten Wertansätzen (Anderskosten) oder zusätzlichen Wertansätzen (Zusatzkosten), die in die Betriebsergebnisrechnung eingesetzt wurden. Die Gruppe 91 schafft damit einen rechnerischen Ausgleich bei der Abstimmung der Summen des Rechnungskreises II mit dem Rechnungskreis I.

Beispiele sind u. a.

- die kalkulatorische Abschreibung und
- der kalkulatorische Unternehmerlohn.

Zusätzlich übernimmt man in diese Gruppe Vorgänge, die zwar betrieblich bedingt, aber außerordentlich sind. Man grenzt sie damit von der Betriebsergebnisrechnung ab, da sie nicht den Normalfall darstellen.

Beispiele sind u. a.

- ein Gewinn aus dem Verkauf einer abgeschriebenen Maschine, bei dem ein Verkaufserlös erzielt wurde, der über dem Restbuchwert liegt oder
- ein Aufwand aus einem Schadensfall, der nur teilweise von der Versicherung übernommen wird.

Vorgänge dieser Art sind nicht betriebsfremd. Man darf sie daher nicht in die Gruppe 90 unternehmensbezogene Abgrenzungen einstellen.

In die Betriebsergebnisrechnung dürfen Sie nur Aufwendungen und Erträge als Kosten und Leistungen übernehmen, die tatsächlich einen Beitrag zur Leistungserstellung des Unternehmens leisten. Nur diese Aufwendungen dürfen in die Kalkulation der Verkaufspreise eingehen und nur diese Erträge dürfen für die Ergebnisermittlung und Ergebniskontrolle im Rahmen der Kostenrechnung verwendet werden.

Alle anderen Aufwendungen und Erträge werden in den Gruppen 90 oder 91 abgegrenzt. Ihre Berücksichtigung würde das Ergebnis verfälschen.

B Wie berechnet man die kalkulatorische Abschreibung?

Die bilanziellen Abschreibungen erkennt man auf dem Konto 6520 Abschreibungen auf Sachanlagen unter den Aufwendungen in der Gewinn- und Verlustrechnung. Sie betragen bei der *Sunpower KG* aktuell 250.000 €. Die Abschreibungen beziehen sich auf Maschinen und auf aktivierungspflichtige Büroausstattung mit einer Nutzungsdauer von 10 Jahren.[1] Die Abschreibung erfolgt nach der degressiven Methode mit dem Übergang zum linearen Verlauf nach dem Wechselzeitpunkt. Die Anschaffungskosten betragen 2.500.000 €.

Ziel ist es

- gleichmäßige Abschreibungsbeträge für die Kostenrechnung zu erhalten und
- durch den Rückfluss der Abschreibungsbeträge die prognostizierten Wiederbeschaffungskosten (WBK) in Höhe von 2.700.000 € zu erwirtschaften.

Die Nutzungsdauer der bilanziellen Abschreibung will man beibehalten.

So erreicht man das angestrebte Ziel:

Die Abschreibung muss linear erfolgen. Dadurch erreicht man gleichmäßige Abschreibungsbeträge.

Die Abschreibung muss von den Wiederbeschaffungskosten berechnet werden.

So berechnen Sie die kalkulatorische Abschreibung:

Wiederbeschaffungskosten	Nutzungsdauer	Abschreibungssatz	Abschreibungsbetrag pro Jahr
2.700.000 €	10 Jahre	10 %	270.000 €

Dadurch ist die kalkulatorische Abschreibung pro Jahr um 20.000 € höher als die bilanzielle Abschreibung. 270.000 € gehen jetzt als Kosten in die Betriebsergebnisrechnung ein. Der Ausgleich erfolgt in der Ergebnistabelle in der Gruppe 91 kostenrechnerische Korrekturen.

[1] Fahrzeuge sind vollständig geleast. Sie sind nicht bilanziert und unterliegen daher keiner Abschreibung.

C Wie berechnet man die kalkulatorischen Zinsen?

Die kalkulatorischen Zinsen berechnen Sie nach dem unter 5.1.2 aufgeführten Schema.

Für die *Sunpower KG* gelten folgende Werte:

	Anlagevermögen der Aktiva zu halben Anschaffungskosten	350.000,00 €	
-	Vermietete Gebäude, Maschinen oder Fahrzeuge	0,00 €	
=	Betriebsnotwendiges Anlagevermögen		350.000,00 €
	Umlaufvermögen zu kalkulatorischen Restwerten	200.000,00 €	
-	Mittel, die in Wertpapieren gebunden sind	0,00 €	
=	Betriebsnotwendiges Umlaufvermögen		+ 200.000,00 €
=	Betriebsnotwendiges Vermögen		550.000,00 €
-	Erhaltene Anzahlungen von Kunden	40.000,00 €	
-	Rückstellungen	10.000,00 €	
-	Lieferantenkredite ohne Skontiermöglichkeit	0,00 €	
=	Abzugskapital		- 50.000,00 €
=	Betriebsnotwendiges Kapital		**500.000,00 €**

Das Unternehmen kalkuliert mit einem kalkulatorischen Zinssatz von 9 %.

Berechnung der kalkulatorischen Zinsen:

Für die Berechnung verwendet man die allgemeine Zinsformel.

$$Z = \frac{\text{Kapital (K)} \cdot \text{Zinssatz (p)} \cdot \text{Tage (t)}}{100 \cdot 360} = \frac{500.000 \cdot 9 \cdot 360}{100 \cdot 360} = 45.000 \text{ €}$$

Ergebnis: Die kalkulatorischen Zinsen betragen unter diesen Bedingungen 45.000 €.

D Wie ermittelt man kalkulatorische Verrechnungspreise?

Der Einkaufspreis für die benötigten Rohstoffe der *Sunpower KG* schwankt. Im laufenden Geschäftsjahr betrug der Gesamtverbrauch lt. Konto 6000 Aufwendungen für Rohstoffe 1.525.000 €. Die verbrauchte Menge betrug 100.000 Einheiten.

Daraus ergibt sich ein Durchschnittspreis von

$$\frac{1.525.000}{100.000} = 15{,}25 \text{ € je Einheit.}$$

Um Preissteigerungen und Schwankungen in der Planung zu berücksichtigen, bewertet man in der Kostenrechnung die Rohstoffpreise mit 15,75 € je Einheit.

Verbrauch aktuelle Einheiten	Verbrauch geplante Einheiten	Durchschnittspreis je Einheit aktuell	Durchschnittspreis je Einheit geplant	Gesamtwert Finanzbuchhaltung (RK I)	Gesamtwert Kostenrechnung (RK II)
100.000	100.000	15,25 €	15,75 €	1.525.000 €	1.575.000 €

Ergebnis: In der Betriebsergebnisrechnung setzt man als Kosten 1.575.000 € an. Damit plant man 50.000 € mehr an Kosten ein als aktuell in der Gewinn- und Verlustrechnung tatsächlich ausgewiesen werden.

E Wie ermittelt man den kalkulatorischen Unternehmerlohn?

Ein kalkulatorischer Wert für den Unternehmerlohn kann nur einigermaßen realistisch ermittelt werden, wenn man die Höhe der Entlohnung von Leitern vergleichbarer Unternehmen heranzieht.

Die *Sunpower KG* wird von einem persönlich haftenden Gesellschafter (Komplementär) geleitet. Seine Arbeitsleistung wird mit einem Betrag von 150.000 € pro Jahr als Kosten in der Betriebsergebnisrechnung eingeplant. Der Wert stammt aus einer Information der Industrieund Handelskammer für ein in etwa vergleichbares Unternehmen.

Der Betrag von 150.000 € stammt nicht aus einer Gehaltszahlung und ist daher auch nicht in der Gewinn- und Verlustrechnung ausgewiesen. Personengesellschafter und Einzelunternehmer beziehen kein Gehalt, da sie sich als selbstständige Unternehmer nicht in einem Angestelltenverhältnis befinden.

Bei einem kalkulatorischen Unternehmerlohn handelt es sich um Zusatzkosten. Würde man für die Arbeitsleitung des Unternehmers keine Kosten einplanen, würde seine Arbeitsleistung über die zu erwartenden Umsatzerlöse nicht entlohnt werden.

F Wie ermittelt man einen Wert für kalkulatorische Wagnisse?

Wagnisse können in einem Unternehmen in unterschiedlichen Bereichen und aus verschiedenen Gründen vorhanden sein:

Art des Wagnisses bzw. Bereich der Entstehung	Mögliche Gründe	Grundlage für Berechnung des Zuschlages
Entwicklung	Die Entwicklung neuer Produkte verläuft nicht wie geplant und verursacht Verluste.	Kosten für die Forschung und Entwicklung (FuE-Kosten)

Art des Wagnisses bzw. Bereich der Entstehung	Mögliche Gründe	Grundlage für Berechnung des Zuschlages
Vertrieb	Forderungen gegenüber Kunden können ausfallen oder im Wert schwanken, wenn sie in einer ausländischen Währung beglichen werden.	Umsatz zu Selbstkosten
Gewährleistung	Ein Unternehmen kann durch Kunden wegen gesetzlicher Gewährleistung oder wegen vertraglicher Garantieleistungen (Mängeln) in Anspruch genommen werden.	Umsatz zu Selbstkosten
Bestände	Lagerbestände können verderben oder durch Preisreduzierungen an Wert verlieren.	Bezugspreise
Anlagen	Maschinen können durch Schadensfälle ausfallen oder durch technischen Fortschritt erheblich an Wert verlieren.	Anschaffungskosten
Fertigung	Trotz exakter Planung entstanden mehr Kosten bei der Fertigung als geplant, z. B. durch einen unerwarteten Fehler.	Herstellkosten

Bei all diesen Beispielen handelt es sich um Einzelwagnisse.

Das allgemeine Unternehmerwagnis, das sich aus der wirtschaftlichen Situation, veränderten Absatzmärkte u. Ä. ergibt, wird durch den Gewinn abgegolten. Es darf daher durch kalkulatorische Wagniszuschläge in der Kostenrechnung nicht zusätzlich berücksichtigt werden.

Wie hoch der Zuschlag für ein Einzelwagnis angesetzt werden muss, richtet sich nach Erfahrungswerten bzw. statistischen Durchschnittswerten.

Bei der Fertigung eines neuartigen Solarreglers traten unerwartete Probleme auf. Sie verursachten zusätzliche Kosten in Höhe von ca. 5.000 €. Die Herstellkosten betrugen 200.000 €. Man geht davon aus, dass ähnliche Situationen auch künftig auftreten könnten und entscheidet sich für die Einplanung eines kalkulatorischen Wagniszuschlages für das Fertigungswagnis.

Aus diesen Werten muss man jetzt einen Zuschlagssatz berechnen.

Berechnung:

Herstellkosten = 100 %
Kosten = x %

$$\frac{5.000 \cdot 100}{200.000} = 2{,}5\ \%$$

In den nächsten Abrechnungsperioden werden jeweils 2,5 % der aktuellen Herstellkosten als Wagniszuschlag, d. h. als Kosten in die Betriebsergebnisrechnung eingeplant.

Diese Kosten fließen damit über die zu erwartenden Umsatzerlöse wieder zurück.

Wie ermittelt man die kalkulatorische Miete?

Da auf den Mietwert für betriebseigene Gebäude in der Regel verzichtet wird, erfolgt hier keine Darstellung.

Stellt ein Unternehmer Teile seines privaten Gebäudes für das Unternehmen zur Verfügung, muss man einen entsprechenden Wert in der Kostenrechnung dafür berücksichtigen.

Der persönlich haftende Gesellschafter der *Sunpower KG* stellt in seinem an das Betriebsgebäude angrenzenden Privathaus einen Raum für den zentralen Server und die Kommunikationszentrale zur Verfügung. Der Raum könnte zur ortsüblichen Miete mit 500 € pro Monat vermietet werden. Das entspricht einer Jahresmiete von 6.000 €.

Dieser Betrag muss als Kosten in die Betriebsergebnisrechnung eingeplant werden.

Wie berücksichtigt man die Aufwendungen und Erträge und die kalkulatorischen Kosten in der Ergebnistabelle?

Grundlage für die Kosten- und Leistungsrechnung ist das Gewinn- und Verlustkonto in der Finanzbuchführung. Für die Betriebsergebnisrechnung sind aber nicht alle Aufwendungen und Erträge verwendbar. Deshalb müssen Aufwendungen und Erträge überprüft werden, ob es sich dabei um Kosten oder Leistungen handelt. Dazu „filtert“ man **betriebsfremde, betrieblich außerordentliche** und **periodenfremde** Aufwendungen und Erträge aus. Solche Positionen übernehmen wir in den Abgrenzungsbereich.

Betriebsfremde, betrieblich außerordentliche und periodenfremde Aufwendungen und Erträge dürfen nicht in den Kosten- und Leistungsbereich übernommen werden, da sie das Betriebsergebnis verfälschen würden.

Nur tatsächliche Kosten und Leistungen dürfen in die Betriebsergebnisrechnung einfließen. Die Kosten gehen über die Produktkalkulation in die Verkaufspreise ein und fließen über die realisierten Umsatzerlöse wieder in das Unternehmen zurück.

Die Abgrenzungsrechnung stellt eine Art „Filter“ dar, um Kosten und Leistungen für die Betriebsergebnisrechnung zu ermitteln.

Gehe nach folgendem Schema vor.

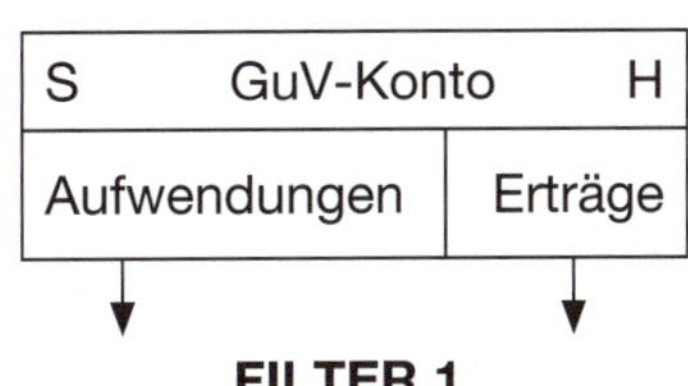

FILTER 1

Beispiele:
- Mieterträge
- Verlust aus Aktienverkäufen

Ertrag und Aufwand stehen mit der Leistungserstellung des Betriebes nicht in Verbindung → Abgrenzung betriebsfremd

FILTER 2

Beispiele:
- Gewinn aus dem Verkauf eines gebrauchten Anlagegutes
- Aufwand für einen nicht versicherten Schadensfall
- Ertrag aus der Auflösung einer überhöhten Rückstellung für eine Gewährleistung
- Gewerbesteuernachzahlung für das vergangene Geschäftsjahr

Aufwand und Ertrag sind wohl betrieblich bedingt; der Vorgang ist jedoch ungewöhnlich bzw. seine Höhe ist ungewöhnlich! → Abgrenzung betrieblich außerordentlich

FILTER 3

Aufwand und Ertrag müssen der vergangenen Abrechnungsperiode zugerechnet werden! → Abgrenzung periodenfremd

Alle nicht abgegrenzten Aufwendungen und Erträge gehen mit ihrem unveränderten Wert als „Grundkosten“

oder

mit einem veränderten Wert als „Anderskosten“ in die Betriebsergebnisrechnung ein.

Grundkosten Anderskosten	Leistungen

Hinzu kommen eventuell noch Kosten, die in der Gewinn- und Verlustrechnung nicht enthalten sind. Wir müssen sie aber als Kosten erfassen, da auch sie durch Umsatzerlöse „verdient“ werden müssen. Wir bezeichnen sie als „Zusatzkosten“.

Der Kosten- und Leistungsbereich setzt sich daher endgültig folgendermaßen zusammen:

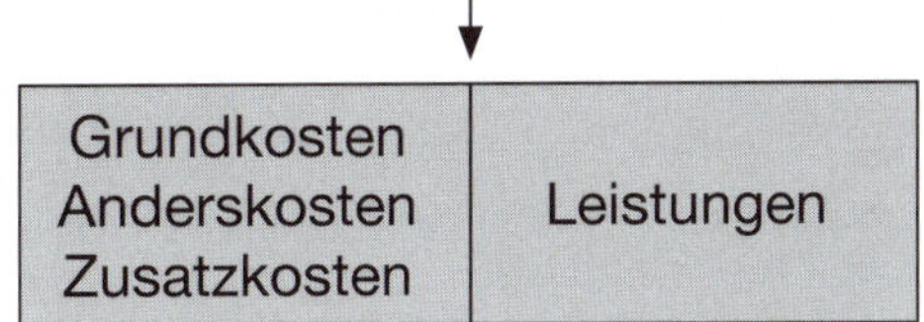

Abkürzungen für die Abrechnungstabelle

5000	UE	Umsatzerlöse
5200	BV	Bestandsveränderungen
5401	EMP	Erlöse aus Vermietung und Verpachtung
5480	EHR	Erträge aus der Herabsetzung von Rückstellungen
5490	PFR	Periodenfremde Erträge
5710	ZE	Zinserträge
6000	ROH	Aufwand für Rohstoffe
6020	HIL	Aufwand für Hilfsstoffe
6030	BET	Aufwand für Betriebsstoffe
6050	ENG	Aufwand für Energie
6080	WAR	Aufwand für Handelswaren
6200	LÖH	Löhne
6300	GEH	Gehälter
6400	SAG	Soziale Abgaben
6520	ABS	Abschreibungen auf Sachanlagen
6720	LIZ	Lizenzen
6800	KOM	Kommunikationsaufwand
6870	WER	Werbeaufwand
6930	SCHA	Verluste aus Schadensfällen
6960	VAV	Verluste aus dem Abgang von Vermögensgegenständen
7000	STEU	Betriebliche Steuern
7510	ZA	Zinsaufwand
	Kal. AB	Kalkulatorische Abschreibung
	Kal. UL	Kalkulatorischer Unternehmerlohn
	Kal. WA	Kalkulatorische Wagnisse
	Kal. MI	Kalkulatorische Miete
	Kal. ZI	Kalkulatorische Zinsen

Gehen Sie bei der Bearbeitung der Abgrenzungstabelle in folgenden Schritten vor!

1. Schritt
Zuerst übertragen Sie alle Aufwendungen und Erträge aus der GuV-Rechnung in die Spalten 1 bis 4 der Tabelle.

Rechnungskreis I1				Rechnungskreis II					
Finanzbuchführung				Abgrenzungsrechnung				Betriebsergebnisrechnung	
				Unternehmensbezogene Abgrenzung Gruppe 90		Kosten- und leistungsrechnerische Korrekturen Gruppe 91		Kosten- und Leistungsrechnung Gruppe 92	
1	2	3	4	5	6	7	8	9	10
Konto-Nr.	Konto	Aufwand in T€	Ertrag in T€	Aufwand in T€	Ertrag in T€	Aufwand in T€	Ertrag in T€	Kosten in T€	Leistungen in T€
5000	UE		8.500						
5200	BV	20							
5401	EMP		10						
5480	EHR		20						
5490	PFR		15						
6000	ROH	1.525							
6020	HIL	20							
6030	BET	30							
6050	ENG	20							
6200	LÖH	1.200							
6300	GEH	700							
6400	SAG	17							
6520	ABS	2.500							
6800	KOM	20							
6960	VAV	10							
7000	STEU	15							
7510	ZA	40							

Aus Platzgründen müssen die Kontenbezeichnungen in den Abgrenzungstabellen und Betriebsabrechnungsbögen leider abgekürzt werden.

2. Schritt
Jetzt müssen Sie entscheiden, ob es sich um betrieblich bedingte, betriebsfremde oder betrieblich außerordentliche bzw. periodenfremde Aufwendungen und Erträge handelt.

Die **betrieblich bedingten Aufwendungen**, die Sie unverändert übernehmen wollen, tragen Sie in die Spalte 9 der Gruppe 92 als (Grund-)Kosten ein.

Die **betrieblich bedingten Erträge**, die Sie unverändert übernehmen wollen, tragen Sie in die Spalte 10 der Gruppe 92 als Leistungen ein.

Die **betriebsfremden Aufwendungen und Erträge** „filtern" Sie in die Spalten 5 oder 6 der Gruppe 90 aus.

Die **betrieblich außerordentlichen und periodenfremden Vorgänge** „filtern" Sie in die Spalten 7 und 8 der Gruppe 91 aus.

Rechnungskreis I				Rechnungskreis II					
Finanzbuchführung				Abgrenzungsrechnung				Betriebsergebnisrechnung	
				Unternehmensbezogene Abgrenzung Gruppe 90		Kosten- und leistungsrechnerische Korrekturen Gruppe 91		Kosten- und Leistungsrechnung Gruppe 92	
1	2	3	4	5	6	7	8	9	10
Konto-Nr.	Konto	Aufwand in T€	Ertrag in T€	Aufwand in T€	Ertrag in T€	Aufwand in T€	Ertrag in T€	Kosten in T€	Leistungen in T€
5000	UE		8.500						8.500
5200	BV	20						20	
5401	EMP		10		10				
5480	EHR		20				20		
5490	PFR		15				15		
6000	**ROH**	**1.525**						siehe unten!	
6020	HIL	20						20	
6030	BET	30						30	
6050	ENG	20						20	
6200	LÖH	1.200						1.200	
6300	GEH	700						700	
6400	SAG	17						17	
6520	**ABS**	**2.500**						siehe unten!	
6800	KOM	20						20	
6960	VAV	10				10			
7000	STEU	15						15	
7510	**ZA**	**40**						siehe unten!	

Achtung, die Beträge der Konten 6000, 6520 und 7510 wurden bisher nicht bearbeitet, da sie mit kalkulatorischen Werten in die Ergebnisrechnung übernommen werden. Sie sind fett gedruckt ausgewiesen.

3. Schritt

Betrieblich bedingte Aufwendungen, die mit einem veränderten Wert als Kosten in die Spalte 9 der Gruppe 92 übernommen werden sollen, müssen in die Spalte 8 (Ertrag) der Gruppe 91 als Korrekturposten eingestellt werden.

Es sind **Anders-Kosten**, z. B. der Verrechnungspreis für Rohstoffe.

Den tatsächlichen Aufwand aus dem RK I, Spalte 3, tragen Sie als Aufwand in die Spalte 7 der Gruppe 91 ein.

Das ist notwendig, da sonst das Ergebnis aus dem RK II nicht mit dem Gesamtergebnis aus dem RK I übereinstimmt.

Folgende Kostenansätze wurden festgelegt (vgl. B, C, D):

Kalkulatorischer Verrechnungspreis für Rohstoffe	1.575.000 €
Kalkulatorische Abschreibung	2.700.000 €
Kalkulatorischer Zins	45.000 €

Rechnungskreis I				**Rechnungskreis II**					
Finanzbuchführung				**Abgrenzungsrechnung**				**Betriebsergebnisrechnung**	
				Unternehmensbezogene Abgrenzung **Gruppe 90**		**Kosten- und leistungsrechnerische Korrekturen** **Gruppe 91**		**Kosten- und Leistungsrechnung** **Gruppe 92**	
1	2	3	4	5	6	7	8	9	10
Konto-Nr.	Konto	Aufwand in T€	Ertrag in T€	Aufwand in T€	Ertrag in T€	Aufwand in T€	Ertrag in T€	Kosten in T€	Leistungen in T€
5000	UE		8.500						8.500
5200	BV	20						20	
5401	EMP		10		10				
5480	EHR		20				20		
5490	PFR		15				15		
6000	**ROH**	**1.525**				**1.525**	**1.575**	**1.575**	
6020	HIL	20						20	
6030	BET	30						30	
6050	ENG	20						20	
6200	LÖH	1.200						1.200	
6300	GEH	700						700	
6400	SAG	17						17	
6520	**ABS**	**2.500**				**2.500**	**2.700**	**2.700**	
6800	KOM	20						20	
6960	VAV	10				10			
7000	STEU	15						15	
7510	**ZA**	**40**				**40**	**45**	**45**	

4. Schritt
Zusätzliche Kosten, die nicht in der GuV-Rechnung im RK I vorhanden sind, müssen Sie in die Spalte 9 der Gruppe 92 eintragen und sofort wieder als Korrekturposten in die Spalte 8 der Gruppe 91 als Ertrag einstellen.

Es sind **Zusatz-Kosten**, z. B. kalkulatorische Wagnisse oder ein Kalkulatorischer Unternehmerlohn bei einer Personengesellschaft oder bei einer Einzelunternehmung.

Folgende Kostenansätze wurden festgelegt (vgl. E, F, G):

kalkulatorischer Unternehmerlohn	150.000 €
kalkulatorische Wagnisse	5.000 €
kalkulatorische Miete	6.000 €

Rechnungskreis I				**Rechnungskreis II**					
Finanzbuchführung				**Abgrenzungsrechnung**				**Betriebsergebnisrechnung**	
				Unternehmensbezogene Abgrenzung **Gruppe 90**		**Kosten- und leistungsrechnerische Korrekturen** **Gruppe 91**		**Kosten- und Leistungsrechnung** **Gruppe 92**	
1	2	3	4	5	6	7	8	9	10
Konto-Nr.	Konto	Aufwand in T€	Ertrag in T€	Aufwand in T€	Ertrag in T€	Aufwand in T€	Ertrag in T€	Kosten in T€	Leistungen in T€
5000	UE		8.500						8.500
5200	BV	20						20	
5401	EMP		10		10				
5480	EHR		20				20		
5490	PFR		15				15		
6000	**ROH**	**1.525**				**1.525**	**1.575**	**1.575**	
6020	HIL	20						20	
6030	BET	30						30	
6050	ENG	20						20	
6200	LÖH	1.200						1.200	
6300	GEH	700						700	
6400	SAG	17						17	
6520	**ABS**	**2.500**				**2.500**	**2.700**	**2.700**	
6800	KOM	20						20	
6960	VAV	10				10			
7000	STEU	15						15	
7510	**ZA**	**40**				**40**	**45**	**45**	
Zusatzkosten									
Kal. UL							**150**	**150**	
Kal. WA							**5**	**5**	
Kal. MI							**6**	**6**	

5. Schritt

Zum Schluss müssen Sie die Beträge in den Spalten 5 bis 10 addieren.

Der Saldo der Spalten 5 und 6 der **Gruppe 90** zeigt das
-> **Ergebnis aus der unternehmensbezogenen Abgrenzung.**

Der Saldo der Spalten 7 und 8 der **Gruppe 91** zeigt das
-> **Ergebnis der kostenrechnerischen Korrekturen.**
Beide Ergebnisse gemeinsam ergeben das neutrale Ergebnis.

Der Saldo der Spalten 9 und 10 der **Gruppe 92** ergibt das
-> **Betriebsergebnis.**

Jetzt müssen Sie das Ergebnis überprüfen.
Hierzu addieren Sie die positiven Salden aus dem Abgrenzungsbereich zum Betriebsergebnis bzw. subtrahieren die negativen Salden.

Dieses Ergebnis muss mit dem Gesamtergebnis aus dem Rechnungskreis I (= Saldo der Spalten 3 und 4) genau übereinstimmen.

Der Saldo der Spalten 3 und 4 entspricht dem Gesamtergebnis des Unternehmens und entspricht dem Gewinn oder Verlust aus der GuV-Rechnung.

Rechnungskreis I				**Rechnungskreis II**					
Finanzbuchführung				**Abgrenzungsrechnung**				**Betriebsergebnisrechnung**	
				Unternehmensbezogene Abgrenzung Gruppe 90		**Kosten- und leistungsrechnerische Korrekturen Gruppe 91**		**Kosten- und Leistungsrechnung Gruppe 92**	
1	2	3	4	5	6	7	8	9	10
Konto-Nr.	Konto	Aufwand in T€	Ertrag in T€	Aufwand in T€	Ertrag in T€	Aufwand in T€	Ertrag in T€	Kosten in T€	Leistungen in T€
5000	UE		8.500						8.500
5200	BV	20						20	
5401	EMP		10		10				
5480	EHR		20				20		
5490	PFR		15				15		
6000	**ROH**	**1.525**				**1.525**	**1.575**	**1.575**	
6020	HIL	20						20	
6030	BET	30						30	
6050	ENG	20						20	
6200	LÖH	1.200						1.200	
6300	GEH	700						700	
6400	SAG	17						17	
6520	**ABS**	**2.500**				**2.500**	**2.700**	**2.700**	
6800	KOM	20						20	
6960	VAV	10				10			
7000	STEU	15						15	
7510	**ZA**	**40**				**40**	**45**	**45**	
Zusatzkosten									
Kal. UL							**150**	**150**	
Kal. WA							**5**	**5**	
Kal. MI							**6**	**6**	
	Summe	6.117	8.545	0	10	4.075	4.516	6.523	8.500
	Salden	2.428		10		441		1.977	

Gesamtergebnis 2.428 T€

Ergebnis aus unternehmensbezogener Abgrenzung 10 T€

Ergebnis aus kostenrechnerischen Korrekturen 441 T€

Betriebsergebnis 1.977 T€

H

Wie stimmt man den RK II mit dem RK I ab?

Die Summe der Salden der Gruppen 90, 91 und 92 müssen dem Saldo des RK I entsprechen.

Zur Kontrolle fertigen Sie folgende Aufstellung an:

	Betriebsergebnis	1.977.000,00 €
+	Ergebnis aus kostenrechnerischen Korrekturen	441.000,00 €
+	Ergebnis aus unternehmensbezogener Abgrenzung	10.000,00 €
=	Gesamtergebnis Rechnungskreis I	2.428.000,00 €

So trainiere ich für die Prüfung

Aufgaben

1. Wissensfragen

1. Bei welcher der folgenden Aussagen liegt eine Ausgabe, aber kein Aufwand vor?

a) Die Industrie AG begleicht die monatliche Rechnung der Deutschen Telekom per Lastschriftverfahren.

b) Die Inspektionsrechnung für ein Vertriebsfahrzeug wird bar beglichen.

c) Die Industrie AG überweist die Miete für eine gemietete Lagerhalle quartalsweise über ihr Konto bei der Eurobank AG.

d) Gemäß Eingangsrechnung 12345 erhält die Industrie AG Fremdbauteile in Höhe von 12.800 € brutto. Das Material wird als Lagerware erfasst.

e) Für einen Großauftrag erhält die Industrie AG Rohstoffe im Gesamtwert von 5.000 € netto auf Ziel. Das Material wird sofort nach Eingang verarbeitet.

2. Welche der nachfolgenden Kostenarten zählt eindeutig zu den Zusatzkosten?

a) Aufwendungen für Büromaterial

b) Kalkulatorische Miete

c) Werbeaufwendungen

d) Betriebliche Steuern

e) Verluste aus Wertpapierverkäufen

f) Personalkosten (Löhne und Gehälter)

g) Kalkulatorische Abschreibungen

3. Sie sind kaufmännischer Mitarbeiter der „Mutz & Mutz OHG". Sie sollen im Rahmen der Aufbereitung der Zahlen für Kalkulationszwecke entscheiden, bei welchen der folgenden Aufwendungen auch gleichzeitig Kosten vorliegen?

a) Mietaufwendungen für die von Gesellschafter „Hans Zwerg" genutzte Garage

b) Wertpapiere aus dem Bestand der „Mutz & Mutz OHG" werden unter Anschaffungskosten verkauft.

c) Überweisung der Beiträge zur Sozialversicherung am drittletzten Bankarbeitstag des Abrechnungsmonates

d) Beschaffung von 50.000 Blatt Kopierpapier gemäß Eingangsrechnung 5678 auf Ziel

e) Kauf eines neuen Kopiergerätes für 999,99 € brutto. Das Gerät wird als geringwertiges Wirtschaftsgut auf dem Konto „Abschreibungspool" erfasst.

f) Das Kopiergerät (siehe Aussage e) wird linear mit 20 % am Jahresende abgeschrieben.

4. Bei welcher der folgenden Aussagen liegt eine Einnahme, aber kein Ertrag vor?

a) Ausgangsrechnung 12-2018 über die Lieferung von eigenen Erzeugnissen an Debitor „Paul Breitner“ über brutto 890 €.

b) Die Eurobank AG schreibt der Industrie AG Zinsen für ein angelegtes Festgeld gut: 1.000 €.

c) Verkauf von Handelswaren über netto 5.000 € auf Ziel

d) Die Eurobank AG zahlt der Industrie AG ein langfristiges Investitionsdarlehen über 2,5 Mio. € aus.

e) Die Industrie AG verkauft Bundeswertpapiere aus ihrem Depot. Der Kursgewinn beträgt 4.000 €.

5. In der Kosten- und Leistungsrechnung fließen unter anderem die kalkulatorischen Abschreibungen der Anlagegüter ein. Welche zwei Ergebnisse werden dadurch unmittelbar beeinflusst.

a) das Umsatzergebnis

b) das Betriebsergebnis

c) das Ergebnis aus unternehmensbezogener Abgrenzung

d) das Gesamtergebnis

e) das Ergebnis aus der Gewinn- und Verlustrechnung

f) das Ergebnis aus kosten- und leistungsrechnerischen Korrekturen

g) das Fußballergebnis ihres Lieblingsvereins vom letzten Spieltag

6. Ermitteln Sie unter Berücksichtigung der folgenden Angaben, wie viel Euro die kalkulatorischen Zinsen je Betriebsstunde einer CNC-Fräsmaschine betragen. **Hinweis:** Geben Sie das Ergebnis auf drei Nachkommastellen genau an.

Anschaffungskosten:	52.000 €
Wiederbeschaffungskosten:	60.000 €
Durchschnittliche Betriebsstunden pro Jahr:	2.000 Stunden
Berechnungsgrundlage:	½ Anschaffungskosten
Kalkulatorischer Zinssatz:	8,5 %

7. Weshalb sind die kalkulatorischen Zinsen in der Regel höher als die tatsächlich angefallenen Zinsaufwendungen?

a) Weil das Eigenkapital höher als das Fremdkapital verzinst wird.

b) Weil bei der Ermittlung des betriebsnotwendigen Vermögens die Anlagegüter zu Anschaffungskosten bewertet werden müssen.

c) Weil die kalkulatorischen Zinsen vom bilanzmäßig ausgewiesenen Gesamtvermögen (= Gesamtkapital) zu berechnen sind.

d) Weil das zu verzinsende Fremdkapital größer als das betriebsnotwendige Vermögen ist.

e) Weil kalkulatorische Zinsen auch eine angemessene Verzinsung des eingesetzten Eigenkapitals berücksichtigen.

f) Weil das betriebsnotwendige Vermögen nur durch Fremdkapital verzinst wird.

8. Bei welchen der folgenden Aussagen liegt eine Kostenart vor, die in Spalte 9 des Kosten- und Leistungsbereichs der Abgrenzungsrechnung erfasst wird?

Rechnungskreis I				Rechnungskreis II					
Finanzbuchführung				**Abgrenzungsbereich**				**Betriebsbuchführung**	
Gewinn- und Verlustrechnung				**Unternehmens-bezogene Abgrenzung**		**Kosten- und leistungsrechnerische Korrekturen**		**Kosten- und Leistungsrechnung**	
1	2	3	4	5	6	7	8	9	10
Konto-Nr.	Konto	Aufwand	Ertrag	Aufwand	Ertrag	Aufwand	Ertrag	Kosten	Leistungen

a) Kauf von Rohstoffen auf Ziel für unser Vorratslager

b) Die Bank schreibt uns auf unserem Tagesgeldkonto Zinsen gut.

c) Wir verkaufen eine nicht mehr benötigte Produktionsmaschine unter Buchwert.

d) Die monatliche Leasingrate für einen Geschäfts-Pkw wird per Lastschrift von unserem Konto beglichen.

e) Wir müssen für das zurückliegende Geschäftsquartal 18.000 € Gewerbesteuer nachzahlen.

f) Aufgrund eines Überspannungsschadens muss eine CNC-Fräsmaschine mit einem Betrag von 5.000 € außerplanmäßig abgeschrieben werden.

g) Die im Rahmen der Entgeltabrechnungen einbehaltenen Steuerabzüge (Lohnsteuer, Kirchensteuer und Solidaritätszuschlag) führen wir an das zuständige Finanzamt ab.

h) Im Rahmen der Inventur stellen wir fest, dass sich zum Bilanzstichtag ein Mehrbestand an fertigen Erzeugnissen in Höhe von 5.000 € ergibt.

i) Im Rahmen der Inventur stellen wir fest, dass sich zum Bilanzstichtag ein Minderbestand an fertigen Erzeugnissen in Höhe von 5.000 € ergibt.

j) Als Folge der Finanzkrise verkaufen wir einen Teil unseres Aktiendepots mit einem Verlust in Höhe von 50.000 €.

9. Als kaufmännischem Mitarbeiter in der Controllingabteilung der Alpina AG liegen Ihnen für eine vollautomatische Skiwachs- und Kantenschleifmaschine AS39 – 040372 die folgenden Angaben vor:

Anschaffungskosten:	24.000 €
Wiederbeschaffungskosten:	27.500 €
Nutzungsdauer gemäß amtlicher AfA-Tabelle:	6 Jahre
Interne Nutzungsdauer:	5 Jahre

a) Berechnen Sie die Höhe der jährlichen bilanziellen und kalkulatorischen Abschreibung.

b) Welche Kostenart liegt bei der kalkulatorischen Abschreibung im Vergleich zu der bilanziellen Abschreibung vor?

c) Erfassen Sie die Abschreibungen der Skiwachsund Kantenschleifmaschine AS – 040372 in der Abgrenzungsrechnung.

Rechnungskreis I				Rechnungskreis II					
Finanzbuchführung				Abgrenzungsbereich				Betriebsbuchführung	
Gewinn- und Verlustrechnung				Unternehmens-bezogene Abgrenzung		Kosten- und leistungsrechne-rische Korrekturen		Kosten- und Leistungsrechnung	
1	2	3	4	5	6	7	8	9	10
Konto-Nr.	Konto	Aufwand	Ertrag	Aufwand	Ertrag	Aufwand	Ertrag	Kosten	Leistungen

10. Welche der folgenden Erträge stellen keine Leistungen dar?

a) Umsatzerlöse für eigene Erzeugnisse

b) Die Produktionsmenge an fertigen Erzeugnissen ist größer als die Absatzmenge.

c) Aktivierte Eigenleistungen

d) Der Gesellschafter einer OHG entnimmt aus dem Lager seines Unternehmens selbsthergestellte Erzeugnisse gegen Entnahmeschein (Konto 5420 „Entnahme von Gegenständen und sonstigen Leistungen").

e) Kontoauszug 12345: Zahlungseingang der monatlichen Miete für eine nicht benötigte Lagerhalle.

f) Umsatzerlöse für Handelswaren

11. Sie sind kaufmännischer Mitarbeiter der „Weserbergland Industrie GmbH" in Hameln. Die Gesellschafter haben ihrem Unternehmen Eigenkapital zur Verfügung gestellt und wollen dafür eine Rendite erzielen. Durch den Ansatz von kalkulatorischen Zinsen soll eine angemessene Verzinsung des eingesetzten Kapitals realisiert werden. Ihnen liegen folgende Angaben vor:

Kalkulatorische Restwerte (Wiederbeschaffungskosten minus kalkulatorische Abschreibung) des Anlagevermögens:

Bebaute Betriebsgrundstücke:	9.500.000 €
Brach liegendes Grundstück:	800.000 €
Unbebaute Grundstücke (Nutzung als Lagerfläche):	3.000.000 €
Lagerhalle (vermietet):	2.750.000 €
Fertigungsmaschinen (davon Reserve: 250.000 €):	3.500.000 €
Betriebs- und Geschäftsausstattung:	2.000.000 €

Kalkulatorische Durchschnittswerte des Umlaufvermögens:

Vorräte:	5.000.000 €
Forderungen aus Lieferungen und Leistungen:	14.500.000 €
Beteiligungen an verbundenen Unternehmen:	500.000 €
Wertpapiere (spekulative Anlage):	500.000 €
Flüssige Mittel:	4.000.000 €

Dem Umlaufvermögen stehen Lieferantenkredite in Höhe von insgesamt 6.000.000 € gegenüber, wobei Lieferantenkredite in Höhe von 2.000.000 € skontierungsfähig sind. Zudem liegen noch Kundenanzahlungen von 2.400.000 € vor. Die „Weserbergland Industrie GmbH" hat Rückstellungen von insgesamt 3.000.000 € gebildet. Die Bankschulden belaufen sich auf insgesamt 20.000.000 €.

a) Errmitteln Sie das betriebsnotwendige Kapital.

b) Wie hoch sind die kalkulatorischen Zinsen? Der kalkulatorische Zinssatz beträgt 8 %.

c) Welche Kapitalkosten möchte die „Weserbergland Industrie GmbH“ durch den Ansatz von kalkulatorischen Zinsen über die Verkaufspreise „abdecken“?

d) Erfassen Sie die kalkulatorischen Zinsen in der Ergebnistabelle. Die Zinsaufwendungen des Rechnungskreises I betragen 1.800.000 €.

Rechnungskreis I				**Rechnungskreis II**					
Finanzbuchführung				**Abgrenzungsbereich**				**Betriebsbuchführung**	
Gewinn- und Verlustrechnung				**Unternehmens-bezogene Abgrenzung**		**Kosten- und leistungsrechne-rische Korrekturen**		**Kosten- und Leistungsrechnung**	
1	2	3	4	5	6	7	8	9	10
Konto-Nr.	Konto	Aufwand	Ertrag	Aufwand	Ertrag	Aufwand	Ertrag	Kosten	Leistungen

12. Sie sind kaufmännischer Mitarbeiter des Fahrradgroßhandels „Mutz & Mutz OHG“ und erstellen gerade eine Abgrenzungsrechnung.

Welche der nachfolgenden Kosten stellen in diesem Zusammenhang Zusatzkosten dar?

a) Betriebliche Steuern

b) Begleichung einer Eingangsrechnung von Fahrradreifen

c) Neben der bilanziellen wird auch eine kalkulatorische Abschreibung angesetzt.

d) Entgelt der kaufmännischen Mitarbeiter

e) Arbeitgeberanteil zur Sozialversicherung

f) Lohn der Gesellschafter für ihre unternehmerische Tätigkeit

g) Miete für die Lagerhalle

h) Zinsgutschrift des Tagesgeldkontos

i) Ein Gesellschafter stellt eine private Garage der „Mutz & Mutz OHG“ zur gewerblichen Nutzung zur Verfügung.

j) Aufwendungen für Fremdbauteile (Verrechnungspreise)

k) Kalkulatorische Zinsen für das verzinste Fremdkapital

l) Kalkulatorische Zinsen für das eingesetzte Eigenkapital der Gesellschafter

m) Werbeaufwendungen

13. Sie sind kaufmännischer Mitarbeiter der „Kunsthandwerk-Manufaktur Erzgebirge AG" und erstellen gerade eine Abgrenzungsrechnung.

Welche der nachfolgenden Kosten stellen in diesem Zusammenhang Grundkosten (aufwandsgleiche Kosten) dar?

a) Kalkulatorische Abschreibungen

b) Personalaufwendungen der Vorstandsmitglieder

c) Kalkulatorische Zinsen

d) Kalkulatorische Wagnisse

e) Bestandsorientierte Beschaffung von Rohstoffen

f) Körperschaftsteuer

g) Verlust aus dem Verkauf einer nicht mehr benötigten Fräsmaschine

h) Grundsteuer

14. Zu Beginn des Geschäftsjahres nahm die „Nürnberger Maschinenwerke AG" eine neue CNC-Schleifmaschine in Betrieb. Die aktivierungspflichtigen Anschaffungskosten betragen 600.000 €. Die Nutzungsdauer gemäß amtlicher AfA-Tabelle beträgt 8 Jahre.

Da die Maschine im Dreischichtbetrieb eingesetzt wird, rechnet die Controllingabteilung mit einer „internen" Nutzungsdauer von nur 6 Jahren. Zudem geht man nach dem ersten Nutzungsjahr von 4 % Preisanstieg aus, nach dem zweiten Jahr von 3 % sowie nach dem dritten Jahr jeweils 5 %. Anschließend werden die Wiederbeschaffungskosten als konstant angenommen.

Stellen Sie folgenden AfA-Plan auf:

Jahr	bilanzielle AfA (linear)	Wiederbeschaffungskosten	kalkulatorische Restbuchwerte	kalkulatorische AfA (linear)
1				
2				
3				
4				
5				
6				
7				
8				
Σ				

15. Ihnen liegt die folgende Abgrenzungstabelle für das erste Abrechnungsquartal der „Hamelner Maschinenwerke KG“ vor (Hinweis: Angaben in T€):

Rechnungskreis I				**Rechnungskreis II**					
Finanzbuchführung				**Abgrenzungsbereich**				**Betriebsbuchführung**	
Gewinn- und Verlustrechnung				**Unternehmens-bezogene Abgrenzung**		**Kosten- und leistungsrechne-rische Korrekturen**		**Kosten- und Leistungsrechnung**	
1	2	3	4	5	6	7	8	9	10
Konto-Nr.	Konto	Aufwand	Ertrag	Aufwand	Ertrag	Aufwand	Ertrag	Kosten	Leistungen
5000	UE		500.000						500.000
5100	UE		200.000						200.000
5710	ZE		80.000		80.000				
6000	ROH	240.000				240.000	243.000	243.000	
6080	WAR	200.000						200.000	
6200 6400	LÖH SAG	80.000						80.000	
6300 6410	GEH SAG	20.000						20.000	
6520	ABS	10.000				10.000			
6720	LIZ	5.000						5.000	
6800	BM	8.000						8.000	
6870	WER	2.000						2.000	
6930	SCHA	12.000				12.000			
7000	STEU	18.000						18.000	
7510	ZA	8.000		8.000					
Kal. AB							12.000	12.000	
Kal. WA							1.000	1.000	
Kal. ZI							17.000	17.000	
Kal. UL							25.000	25.000	
Kal. MI							2.000	2.000	
	Summe	603.000	780.000	8.000	80.000	262.000	300.000	633.000	700.000
	Salden	177.000		72.000		38.000		67.000	
		780.000	780.000	80.000	80.000	300.000	300.000	700.000	700.000

a) Wie viel T€ beträgt die Gesamtleistung im Abrechnungszeitraum?

b) Wie viel T€ betragen die Selbstkosten des Umsatzsatzes?

c) Wie viel T€ beträgt das Gesamtergebnis im Rechnungskreis I?

d) Berechnen Sie das neutrale Ergebnis.

16. In der Ergebnistabelle sind verschiedene Wagnisse berücksichtigt. Welches Wagnis können Sie nicht kalkulatorisch berücksichtigen, da es durch den Gewinn abgegolten wird?

a) Beständewagnis
b) Vertriebswagnis
c) Entwicklungswagnis
d) Konjunkturwagnis
e) Gewährleistungswagnis

17. Ihnen liegt die nachstehende Abgrenzungstabelle vor:

Rechnungskreis I				**Rechnungskreis II**					
Finanzbuchführung				**Abgrenzungsbereich**				**Betriebsbuchführung**	
Gewinn- und Verlustrechnung				**Unternehmens-bezogene Abgrenzung**		**Kosten- und leistungsrechne-rische Korrekturen**		**Kosten- und Leistungsrechnung**	
1	2	3	4	5	6	7	8	9	10
Konto-Nr.	Konto	Aufwand	Ertrag	Aufwand	Ertrag	Aufwand	Ertrag	Kosten	Leistungen
		a)	b)	c)	d)	e)	f)	g)	h)

Welche Spalten der Abgrenzungstabelle enthalten betriebsfremde Aufwendungen?

a) die Spalten b) und e)
b) die Spalten c) und g)
c) die Spalten c) und g)
d) die Spalten b) und c)
e) die Spalten a) und c)

18. Welche Kosten zählen ausschließlich zu den kalkulatorischen Zusatzkosten einer Aktiengesellschaft?

a) die kalkulatorischen Zinsen für das gezeichnete Kapital (Grundkapital)
b) der kalkulatorische Unternehmerlohn des Vorstandes
c) der kalkulatorische Lohn für die leitenden Angestellten
d) die kalkulatorischen Abschreibungen für das Anlagevermögen
e) die Materialaufwendungen werden mit kalkulatorischen Verrechnungspreisen angesetzt.
f) die kalkulatorischen Zinsen für das langfristige Fremdkapital

19. Welche Aufgabe erfüllt unter anderem die Abgrenzungstabelle?

a) Die Tabelle ermittelt das Betriebsergebnis durch eine Gegenüberstellung aller Aufwendungen und Erträge.
b) Sie erfasst die Salden der Konten aus den Klassen 2 und 4.

c) Sie ermittelt durch Gegenüberstellung aller Kosten und Leistungen das Gesamtergebnis.

d) Sie ist notwendig, um alle Kosten und Leistungen zu ermitteln.

e) Die Tabelle ermittelt das Umsatzergebnis durch eine Gegenüberstellung aller Aufwendungen und Erträge.

20. Sie sind als Controller bei der „Kieler Vulkanwerft AG" beschäftigt. In diesem Abrechnungsquartal wurden Materialaufwendungen von insgesamt 5.800.000 € in der Gewinn- und Verlustrechnung erfasst.

Im Rahmen der Kosten- und Leistungsrechnung möchte die „Kieler Vulkanwerft AG" aber mit Verrechnungspreisen in Höhe von 5.750.000 € kalkulieren.

Rechnungskreis I				**Rechnungskreis II**					
Finanzbuchführung				**Abgrenzungsbereich**				**Betriebsbuchführung**	
Gewinn- und Verlustrechnung				**Unternehmens-bezogene Abgrenzung**		**Kosten- und leistungsrechne-rische Korrekturen**		**Kosten- und Leistungsrechnung**	
1	2	3	4	5	6	7	8	9	10
Konto-Nr.	Konto	Aufwand	Ertrag	Aufwand	Ertrag	Aufwand	Ertrag	Kosten	Leistungen
		a)	b)	c)	d)	e)	f)	g)	h)

a) In welchen Spalten der obigen Abgrenzungstabelle werden die Verrechnungspreise in Höhe von 5.750.000 € erfasst?

b) Um welchen Betrag in Euro wird dadurch das Ergebnis aus kosten- und leistungsrechnerischen Korrekturen beeinflusst? Stellen Sie zudem fest, ob das Ergebnis positiv (Kennziffer 1) oder negativ (Kennziffer 2) beeinflusst wird.

2. Fallsituationen

2.1 Fall 1

Die „Nürnberger Lebkuchenfabrik AG" versucht den Verlust an Rohstoffen durch Schwund und Verderb durch den Ansatz von kalkulatorischen Wagniszuschlägen in der Kalkulation aufzufangen.

In diesem Zusammenhang liegen Ihnen die folgenden Daten vor:

Jahr	Eingetretene Verluste an Rohstoffen	Bezugspreise der Rohstoffe
1	28.500 €	4.200.000 €
2	14.540 €	3.845.900 €
3	6.382 €	4.000.000 €
4	20.000 €	1.959.780 €
5	7.461 €	4.649.000 €

a) Berechnen Sie den durchschnittlichen kalkulatorischen Wagniszuschlag in Prozent.

b) Aus welchen Gründen ist es sinnvoll, kalkulatorische Wagnisse in die Kalkulation einzubeziehen?

c) Unterscheiden Sie das allgemeine Unternehmenswagnis und spezielle Einzelwagnisse. Nennen Sie in diesem Zusammenhang auch Beispiele.

d) Im Januar diesen Jahres muss die „Nürnberger Lebkuchenfabrik AG" Rohstoffe im Wert von 5.000 € aufgrund von Verderb „entsorgen". Die Bezugspreise der Rohstoffe betrugen in diesem Monat insgesamt 300.000 €.

Erstellen Sie in diesem Zusammenhang die Ergebnistabelle für den Monat Januar.

Rechnungskreis I				**Rechnungskreis II**					
Finanzbuchführung				**Abgrenzungsbereich**				**Betriebsbuchführung**	
Gewinn- und Verlustrechnung				**Unternehmens-bezogene Abgrenzung**		**Kosten- und leistungsrechne-rische Korrekturen**		**Kosten- und Leistungsrechnung**	
1	2	3	4	5	6	7	8	9	10
Konto-Nr.	Konto	Aufwand	Ertrag	Aufwand	Ertrag	Aufwand	Ertrag	Kosten	Leistungen

e) Nehmen Sie ausführlich Stellung zu der These: „Kalkulatorische Wagnisse zählen immer zu den Anderskosten".

2.2 Fall 2

Klaus Strasser hat sich im letzten Jahr einen Kindheitstraum erfüllt und sich mit einem Fahrradeinzelhandelsgeschäft in Bisperode selbstständig gemacht.

Der „Bike & More Fahrradhandel Strasser e. K." ist Kunde der „Hamelner Fahrradwerke GmbH". Herr Strasser bittet Sie als erfahrenen Controller der „Hamelner Fahrradwerke GmbH" um Ihre Mithilfe bei der Erstellung einer Abgrenzungsrechnung.

Aus der Finanzbuchführung des Betriebes „Bike & More Fahrradhandel Strasser e. K." liegen Ihnen dazu folgende Jahreszahlen vor:

Umsatzerlöse für Handelswaren	600.000 €
Umsatzerlöse für eigene Leistungen	89.000 €
Aufwendungen für Handelswaren	340.000 €
Aufwendungen für Betriebsstoffe	5.000 €
Bilanzielle Abschreibung auf SA	16.000 €
Zinsaufwendungen	8.000 €
Verluste aus Schadensfällen	12.000 €

Löhne einschl. AG-Anteil Sozialversicherung	50.000 €
Betriebliche Steuern	20.000 €
Mieterträge	6.000 €
Werbeaufwendungen	10.000 €
Leasingsaufwand für Geschäfts-Pkw	5.000 €
Mietaufwand für Lagerhalle	10.000 €
Büromaterial	5.000 €

Aus der internen Betriebsbuchführung sind folgende Angaben bekannt (Angaben beziehen sich auf ein Geschäftsjahr):

Betriebsstoffe unter Berücksichtigung von Verrechnungspreisen	6.000 €
Kalkulatorische Abschreibungen	25.000 €
Kalkulatorische Restwerte des Anlagevermögens	200.000 €
Kalkulatorische Durchschnittswerte des Umlaufvermögens	150.000 €
Rückstellungen	25.000 €
Lieferantenkredite	45.000 €
davon skontierungsfähig	10.000 €
Kalkulationszinssatz:	7,2413 %

Die unternehmerische Tätigkeit von Klaus Strasser soll mit einem Betrag in Höhe von 30.000 € in der Kosten- und Leistungsrechnung berücksichtigt werden.

Kalkulatorisches Wagnis	5.000 €

Herr Strasser stellt seinem Betrieb eine private Garage unentgeltlich für den ausschließlich betrieblich genutzten Pkw zur Verfügung:

Ortsübliche Miete in Bisperode: 1.000 € pro Jahr.

a) Erstellen Sie aufgrund der vorliegenden Zahlen für den Betrieb „Bike & More Fahrradhandel Strasser e. K." eine Abgrenzungsrechnung für das abgelaufene Geschäftsjahr.

b) Interpretieren Sie das Ergebnis.

Lösungen

1. Wissensfragen

A

1.

Aussage d)

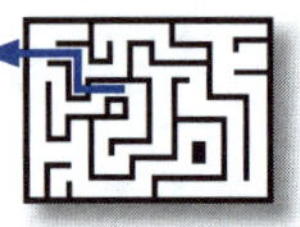

A

2.

Die Aussage b) ist richtig.

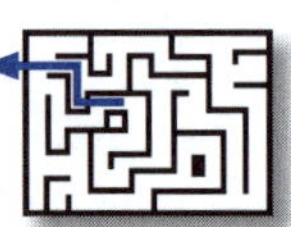

A

3.

Die Aussagen d) und f) sind richtig.

A

4.

Aussage d)

B, H

5.

Die Aussagen b) und f) sind richtig.

C

6.

52.000 € : 2 = 26.000 €

100,0 % = 26.000 €
8,5 % = x

x = 2.210 € : 2.000 Stunden = **1,105 €/Stunde**

C

7.

Aussage e) ist richtig.

8.

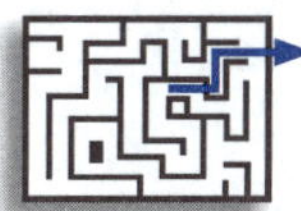

A, H, I

Die Aussagen d) und i) sind richtig.

9.

B, H, I

Anschaffungskosten:	24.000 €
Wiederbeschaffungskosten:	27.500 €
Nutzungsdauer gemäß amtlicher AfA-Tabelle:	6 Jahre
„interne“ Nutzungsdauer:	5 Jahre

a)

$$\text{bilanzielle AfA} = \frac{\text{Anschaffungskosten}}{\text{ND gemäß amtl. AFA-Tabelle}} = \frac{24.000\ €}{6\ \text{Jahre}} = \mathbf{4.000\ €}$$

$$\text{kalkulatorische AfA} = \frac{\text{Wiederbeschaffungskosten}}{\text{interne ND}} = \frac{27.500\ €}{5\ \text{Jahre}} = \mathbf{5.500\ €}$$

b)

Die kalkulatorische Abschreibung (5.500 €) der Betriebsbuchführung wird im Rechnungskreis II mit einem **anderen** Wert angesetzt als die bilanzielle Abschreibung (4.000 €) der Finanzbuchführung im Rechnungskreis I. Deshalb liegen sog. **Anders**kosten vor.

c)

Rechnungskreis I				**Rechnungskreis II**					
Finanzbuchführung				**Abgrenzungsbereich**				**Betriebsbuchführung**	
Gewinn- und Verlustrechnung				**Unternehmens-bezogene Abgrenzung**		**Kosten- und leistungsrechne-rische Korrekturen**		**Kosten- und Leistungsrechnung**	
1	2	3	4	5	6	7	8	9	10
Konto-Nr.	Konto	Aufwand	Ertrag	Aufwand	Ertrag	Aufwand	Ertrag	Kosten	Leistungen
6520	ABS	4.000				4.000	5.500	5.500	

10.

A

Aussage e)

C, H, I

11.

a)

Zunächst muss einmal festgestellt werden, welches Kapital im Betrieb zur Aufrechterhaltung des „Kerngeschäftes" wirklich benötigt wird. Dieses Kapital wird als betriebsnotweniges Kapital bezeichnet.

	Betriebsnotwendiges Vermögen (Vermögensgegenstände des „Kerngeschäftes")
-	Abzugskapital (zinslos zur Verfügung gestelltes Fremdkapital)
=	Betriebsnotweniges Kapital

	Bebaute Betriebsgrundstücke:	9.500.000,00 €
+	Unbebaute Grundstücke (Nutzung als Lagerfläche):	3.000.000,00 €
+	Fertigungsmaschinen:	3.500.000,00 €[1]
+	Betriebs- und Geschäftsausstattung:	2.000.000,00 €
+	Vorräte:	5.000.000,00 €
+	Forderungen aus Lieferungen und Leistungen:	14.500.000,00 €
+	Beteiligungen an verbundenen Unternehmen:	500.000,00 €
+	Flüssige Mittel:	4.000.000,00 €
=	**Betriebsnotwendiges Vermögen**	**42.000.000,00 €**
-	Abzugskapital	
	Lieferantenkredite, die nicht skontierungsfähig sind	4.000.000,00 €[2]
	Kundenanzahlungen	2.400.000,00 €
	Rückstellungen	3.000.000,00 €
=	**Betriebsnotwendiges Kapital**	**32.600.000,00 €**

b)

100 % = 32.600.000,00 €
8 % = x

$$x = \frac{32.600.000 \cdot 8}{100} = \mathbf{2.608.000\ €}$$

c)

Neben den Kapitalkosten des verzinsten Fremdkapitals soll auch eine angemessene Verzinsung des von den Gesellschaftern der „Weserbergland Industrie GmbH" eingesetzten Eigenkapitals erzielt werden.

Werden die kalkulatorischen Zinsen als Kostenbestandteil in die Verkaufspreise mit einkalkuliert, fließen sie über die Umsatzerlöse in das Unternehmen zurück, sodass die Kapitalkosten durch den Verkauf der Produkte „verdient" wurden.

[1] Man könnte die Reservemaschinen auch als nicht betriebsnotwendigen Vermögensgegenstand interpretieren.

[2] Der Skonto bei skontierungsfähigen Lieferantenkrediten stellt die Verzinsung des Kredites dar

d)

Beträge in T€

Rechnungskreis I				Rechnungskreis II					
Finanzbuchführung				**Abgrenzungsbereich**				**Betriebsbuchführung**	
Gewinn- und Verlustrechnung				**Unternehmens-bezogene Abgrenzung**		**Kosten- und leistungsrechne-rische Korrekturen**		**Kosten- und Leistungsrechnung**	
1	2	3	4	5	6	7	8	9	10
Konto-Nr.	Konto	Aufwand	Ertrag	Aufwand	Ertrag	Aufwand	Ertrag	Kosten	Leistungen
7510	ZA	1.800		1.800			2.608	2.608	

12.

A

Folgende Aussagen sind richtig:

f) „Lohn“ der Gesellschafter für ihre unternehmerische Tätigkeit = Unternehmerlohn

i) Ein Gesellschafter stellt eine private Garage der „Mutz & Mutz OHG“ zur gewerblichen Nutzung zur Verfügung = kalkulatorische Miete.

l) Kalkulatorische Zinsen für das eingesetzte Eigenkapital der Gesellschafter

13.

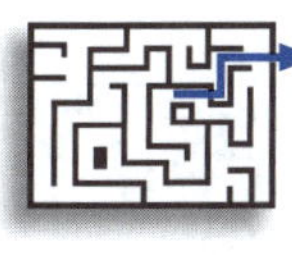

A

Aussagen b) und h) sind richtig.

14.

B

Jahr	Bilanzielle AfA (linear)	Wiederbeschaf-fungskosten	Kalkulatorische Restbuchwerte	Kalkulatorische AfA (linear)
1	75.000	600.000	500.000	100.000
2	75.000	624.000	524.000	104.800
3	75.000	642.720	437.920	109.480
4	75.000	674.856	360.576	120.192
5	75.000	674.856	240.384	120.192
6	75.000	674.856	120.192	120.192
7	75.000			–
8	75.000			–
Σ	600.000			674.856

H, I

15.

a) 700.000 €

b) 633.000 €

c) 177.000 €

d) 72.000 € + 38.000 € = 110.000 €

F

16.

Aussage d)

A, H

17.

Aussage e): die Spalten a) und c)

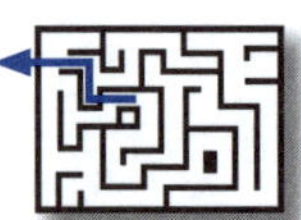
A, E

18.

Aussage a)

A, H, I

19.

Aussage d)

D, H, I

20.
a)

Spalten f) und g)

b)

50.000 €/Kennziffer 2

2. Fallsituationen

2.1 Fall 1

A, F, H, I

a)

Jahr	Eingetretene Verluste an Rohstoffen	Bezugspreise der Rohstoffe
1	28.500 €	4.200.000 €
2	14.540 €	3.845.900 €
3	6.382 €	4.000.000 €
4	20.000 €	1.959.780 €
5	7.461 €	4.649.000 €
	76.883 €	18.654.680 €

$$\text{kalkulatorischer Wagniszuschlag} = \frac{\text{durchschnittlicher Verlust pro Jahr} \cdot 100\ \%}{\text{durchschnittliche Bezugspreise pro Jahr}}$$

$$= \frac{15.376{,}60\ € \cdot 100\ \%}{3.730.936\ €} = \mathbf{0{,}41\ \%}$$

Hinweis: $\frac{76.883\ €}{5} \triangleq 15.376{,}60\ €$

$$\frac{18.654.680\ €}{5} \triangleq 3.730.936{,}60\ €$$

b)

In die Preiskalkulation fließen somit konstante Wagniszuschlagssätze ein und Kostenschwankungen werden dadurch im Rahmen der Preiskalkulation „ausgeschaltet".

c)

Das allgemeine Unternehmenswagnis ergibt sich durch die gesamtwirtschaftliche Entwicklung (z. B. Nachfragerückgang aufgrund schlechter Konjunkturlage oder veränderte Wettbewerbssituation aufgrund von ausländischen „Billiganbietern").

Dieses Wagnis stellt keinen Kostenbestand dar und wird über ein positives Betriebsergebnis abgegolten.

Konkrete Einzelwagnisse (z. B. Anlagenwagnis aufgrund von Schadensfällen, Vertriebswagnis durch Forderungsausfälle, Fertigungswagnis aufgrund einer Fehlinvestition) können mithilfe vergangenheitsbezogener Erfahrungswerte erfasst werden und fließen als Kostenbestand in die Kalkulation mit ein.

d)

100 % ≙ 300.000 €
0,41 % ≙ x
x = **1.230 €**

Rechnungskreis I				Rechnungskreis II					
Finanzbuchführung				Abgrenzungsbereich				Betriebsbuchführung	
Gewinn- und Verlustrechnung				Unternehmensbezogene Abgrenzung		Kosten- und leistungsrechnerische Korrekturen		Kosten- und Leistungsrechnung	
1	2	3	4	5	6	7	8	9	10
Konto-Nr.	Konto	Aufwand	Ertrag	Aufwand	Ertrag	Aufwand	Ertrag	Kosten	Leistungen
6930	SCHA	5.000				5.000	1.230	1.230	

e)

Diese These ist nicht korrekt. Steht den kalkulatorischen Wagnissen des Rechnungskreises II im Rechnungskreis I ein konkreter Aufwand aufgrund eines Schadensfalls (z. B. Überspannungsschaden, Hochwasser) oder eine entsprechende Versicherungsprämie (z. B. betriebliche Gebäudeversicherung) gegenüber, handelt es sich um Anderskosten.

Wird im Rechnungskreis I kein Aufwand angesetzt, weil beispielsweise kein Schadensfall in der Rechnungsperiode vorliegt oder keine spezielle Versicherung für solche Risiken abgeschlossen wurde, „tauchen" die kalkulatorischen Wagnisse nur im Rechnungskreis II auf, sodass in diesem Fall Zusatzkosten vorliegen.

2.2 Fall 2

A, B, C, D, E, F, G, H, I

a)

Rechnungskreis I				Rechnungskreis II					
Finanzbuchführung				Abgrenzungsbereich				Betriebsbuchführung	
Gewinn- und Verlustrechnung				Unternehmensbezogene Abgrenzung		Kosten- und leistungsrechnerische Korrekturen		Kosten- und Leistungsrechnung	
1	2	3	4	5	6	7	8	9	10
Konto-Nr.	Konto	Aufwand	Ertrag	Aufwand	Ertrag	Aufwand	Ertrag	Kosten	Leistungen
5000	UE		89.000						89.000
5100	UE		600.000						600.000
5400	ME		6.000		6.000				
6030	A BST	5.000				5.000	6.000	6.000	
6080	WAR	340.000						340.000	
6200 6400	LÖH AG SV	50.000						50.000	
6520	ABS	16.000				16.000	25.000	25.000	
6700	Miete	10.000						10.000	
6710	Leasing	5.000						5.000	
6800	BM	5.000						5.000	
6870	WER	10.000						10.000	
6930	SCHA	12.000				12.000	5.000	5.000	
7000	STEU	20.000						20.000	
7510	ZA	8.000		8.000			21.000	21.000	

Kal. UL							30.000	30.000	
Kal. MI							1.000	1.000	
	Summe	481.000	695.000	8.000	6.000	33.000	88.000	528.000	689.000
	Salden	214.000			2.000	55.000	88.000	161.000	
		695.000	695.000	8.000	8.000	88.000	88.000	689.000	689.000

b)

Kurzanalyse des Betriebsergebnisses:

- Das Betriebsergebnis ist um 53.000 € geringer als das Gesamtergebnis.
- Diese Differenz kommt hauptsächlich durch den Ansatz (30.000 € + 1.000 €) der Zusatzkosten. Auch die eingebuchten kalkulatorischen Abschreibungen (25.000 €) leisten einen Beitrag dazu. Zusätzlich wurden die Mieterträge (6.000 €) als betriebsfremde Erträge abgegrenzt.
- Das Gesamtergebnis (214.000 €) wird zu 75 % durch das „Kerngeschäft“ (161.000 €) erwirtschaftet.
- Die Selbstkosten von 528.000 € müssen jetzt im Rahmen der Kostenträgerstückrechnung in die Verkaufspreise einkalkuliert werden.

II. Kostenartenrechnung

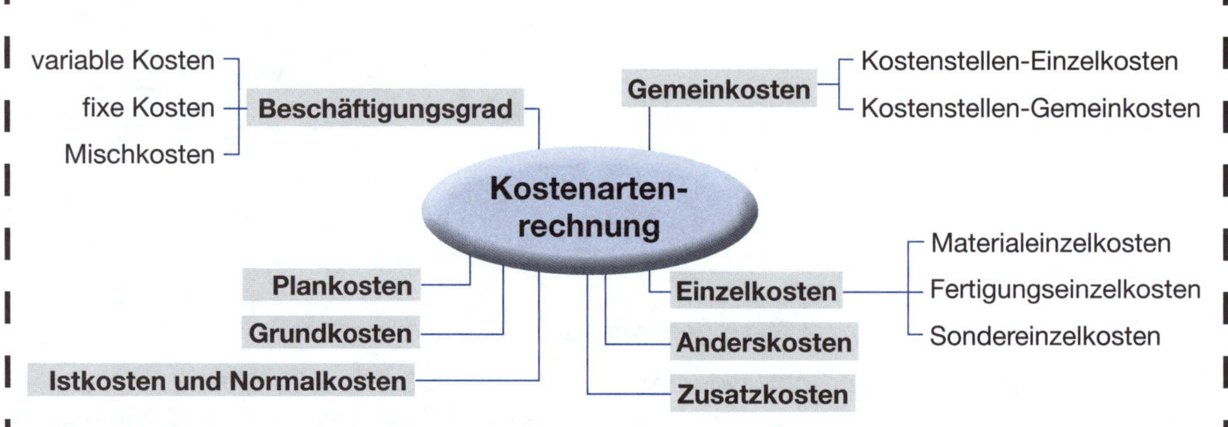

Was muss ich für die Prüfung wissen?

1. Einzelkosten und Gemeinkosten

Einzelkosten bereiten in der Kostenrechnung keine Probleme. Man kennt ihren genauen Wert, mit dem sie in das einzelne Erzeugnis eingehen und kann sie daher direkt zuordnen. Beispiele sind u. a. der Verbrauch an Rohstoffen, die angefallenen zeitunabhängigen Fertigungslöhne oder Transportkosten.

Gemeinkosten kann man einem einzelnen, bestimmten Erzeugnis nicht direkt zurechnen. Man muss versuchen, sie möglichst verursachungsgerecht auf alle Erzeugnisse zu verteilen. Das erreicht man durch einen Zuschlagssatz. Hierzu bezieht man die entsprechenden Gemeinkosten auf die jeweiligen Einzelkosten – sie bilden die Basis mit 100 %.

Man unterscheidet zwischen

- Fertigungsgemeinkosten,
- Materialgemeinkosten,
- Verwaltungsgemeinkosten und
- Vertriebsgemeinkosten.

Das Hilfsmittel oder Werkzeug zur Verteilung der Gemeinkosten auf die einzelnen Kostenstellen ist der Betriebsabrechnungsbogen (BAB). Beispiele für Gemeinkosten sind u. a. Gehälter, Abschreibungen, Reparaturkosten, Betriebsstoffe.

Nicht alle Gemeinkosten sind auch tatsächlich Kosten im Sinne der Kostenrechnung. Ihre Abgrenzung erfolgt in den Gruppen 90 und 91 der Abgrenzungsrechnung (vgl. Kapitel I.)

Eine spezielle Form der Einzelkosten stellen **Sondereinzelkosten** dar. Sie kommen in der Fertigung und im Vertrieb vor. Beispiele sind u. a. Kosten für Modelle oder Spezialverpackungen.

2. Kostenstellen-Gemeinkosten und Kostenstellen-Einzelkosten

Als **Kostenstelle** bezeichnet man einen Bereich, in dem Gemeinkosten entstehen und auf den diese Kosten indirekt oder direkt zugeordnet werden. Grundsätzliche Kostenstellen sind die Materialstelle, die Fertigungsstelle, die Verwaltungsstelle und der Vertrieb.

Als **Kostenstellen-Gemeinkosten** bezeichnet man solche Gemeinkosten, die nur indirekt über einen Verteilungsschlüssel auf die entsprechenden Kostenstellen zugeordnet werden können. Dabei handelt es sich um den größten Teil aller anfallenden Gemeinkosten.

Als **Kostenstellen-Einzelkosten** bezeichnet man solche Gemeinkosten, die sich direkt auf eine Kostenstelle zuordnen lassen. Ihre Zuordnung verursacht einen relativ hohen Aufwand und sie bilden eher die Ausnahme. Man wird sie immer dann ermitteln, wenn man der Meinung ist, dass sie bei der Kostenermittlung eine wesentliche Rolle spielen.

Beispiele sind u. a. Energiekosten, z. B. einer Kühlanlage oder Abschreibungen einer, im Vergleich zu den anderen Anlagen, verhältnismäßig hochwertigen Anlage. In beiden Fällen ist ihre Erfassung problemlos. Am Beispiel der Kühlanlage genügt ein Zähler, die Abschreibungen sind aus der Buchhaltung bekannt.

Kostenstellen-Einzelkosten sind keine tatsächlichen Einzelkosten, sondern Gemeinkosten, die sich direkt auf den verursachenden Bereich (= Kostenstelle) zuordnen lassen.

3. Fixe Kosten, variable Kosten und Mischkosten

Fixe Kosten entstehen unabhängig von der Beschäftigung (Auslastung). Beispiele sind u. a. die Gehälter der Beschäftigten in der kaufmännischen Verwaltung, im Vertrieb oder im Service. Ebenso zählen Abschreibungen auf Anlagen oder betriebliche Steuern dazu.

Sie verändern sich aber je Stück gemäß dem Grad der Beschäftigung:

→ Sie sinken je Stück, wenn die Beschäftigung steigt.

→ Sie steigen je Stück, wenn die Beschäftigung sinkt.

Fix bedeutet nicht, dass sich der Betrag der Kosten nicht ändern kann. Abschreibungen verändern ihren Wert von Jahr zu Jahr. Solange die Anlage oder das Fahrzeug jedoch bereitsteht, verursacht es durch die Abschreibung Kosten, unabhängig von seinem tatsächlichen Einsatz.

Variable Kosten verändern sich durch den Grad der Beschäftigung:

→ Sie sinken insgesamt, wenn die Beschäftigung sinkt.

→ Sie steigen insgesamt, wenn die Beschäftigung steigt.

Die variablen Stückkosten dagegen sind konstant. Beispiele sind u. a. Fertigungslöhne, der Verbrauch von Fertigungsmaterial, Energiekosten für Anlagen und Fahrzeuge.

Mischkosten enthalten fixe und variable Teile. Ein Beispiel dafür ist die Grundgebühr und der Verbrauch bei Strom.

4. Istkosten und Normalkosten

Mit **Istkosten** bezeichnet man die in einer Abrechnungsperiode tatsächlich angefallenen Kosten, die für die Kostenträger (Erzeugnisse) entstanden sind. Es handelt sich daher um Vergangenheitswerte.

Normalkosten dienen dazu, Schwankungen der Istkosten auszugleichen oder künftige Entwicklungen (z. B. Kostensteigerungen) einzuplanen. Man versucht damit Änderungen in der Kostenstruktur zu berücksichtigen, um eine gewisse Stabilität der Werte zu erreichen. Man benutzt dazu statistische Methoden, z. B. Durchschnittswerte.

Die Abweichung der Istkosten der neuen Abrechnungsperiode von den „standardisierten" Normalkosten führt zu einer Kostenüberdeckung oder einer Kostenunterdeckung.

→ Normalkosten > Istkosten = Kostenüberdeckung
Es wurden zu hohe Kosten geplant.

→ Normalkosten < Istkosten = Kostenunterdeckung
Es wurden zu geringe Kosten geplant.

5. Plankosten

Als Plankosten bezeichnet man Kosten, die im Voraus bestimmt werden. Plankosten ermittelt man für jede einzelne Kostenstelle durch genaueste Arbeitsstudien. Ihre Einhaltung muss laufend überwacht werden. Zur Kontrolle stellt man die Istkosten den Plankosten gegenüber und erkennt dadurch eventuelle Abweichungen.

Was erwartet mich in der Prüfung?

In der Prüfung erwartet man von Ihnen, dass Sie die Kostenarten unterscheiden können und die Aufgaben der Kostenartenrechnung kennen. Außerdem müssen Sie die Abhängigkeit der variablen Kosten, der fixen Kosten und der Mischkosten von der Beschäftigung darstellen und erläutern sowie eine Kostenplanung bei linearem Kostenverlauf durchführen können.

1. Das Lernlabyrinth

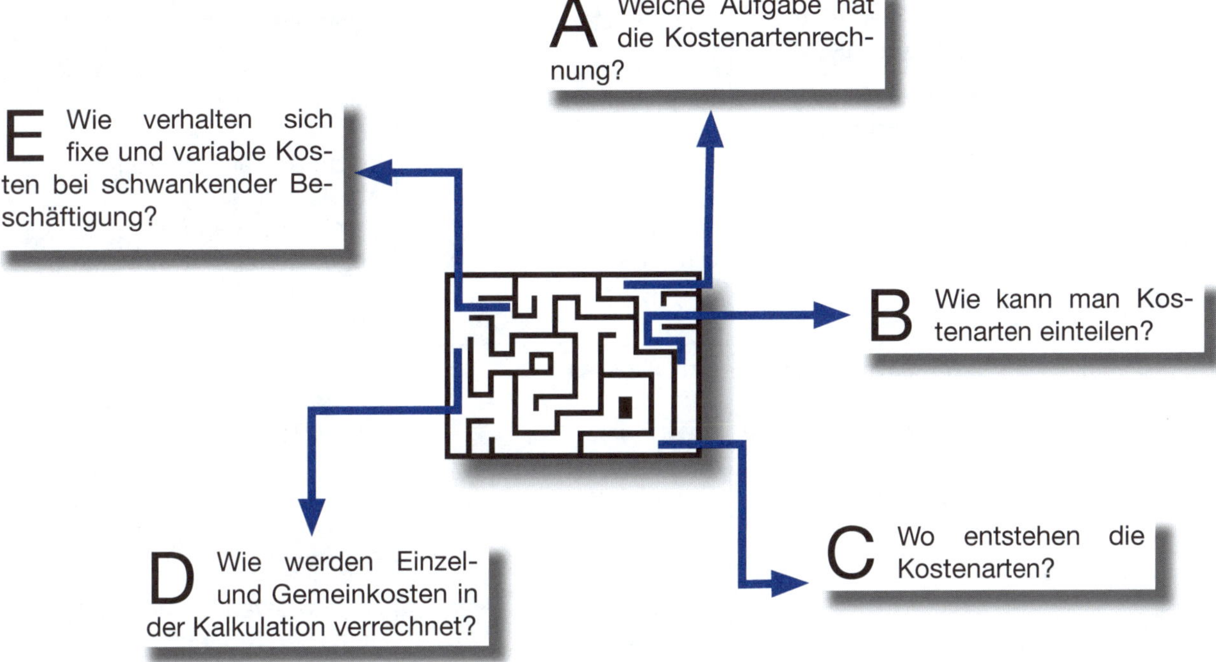

2. Wege aus dem Lernlabyrinth

Welche Aufgabe hat die Kostenartenrechnung?

Die Kostenartenrechnung ist ein Element der Kostenrechnung und hat die Aufgabe festzustellen, wodurch die Kosten im Unternehmen entstanden sind. Diese systematische Feststellung und Erfassung ist die Grundlage für Kostenvergleiche. Kostenvergleiche sind sowohl innerhalb des Unternehmens wichtig, indem man die Entwicklung der Kosten in zeitlicher Hinsicht überwacht, als auch im Vergleich mit anderen Unternehmen.

Bei dem Vergleich der Gemeinkosten spricht man in diesem Zusammenhang auch vom „Kostencontrolling". Dieser Begriff hat jedoch nichts mit bloßem kontrollieren gemeinsam, sondern hat die Hauptaufgabe des Steuerns und Regelns. Der englische Begriff „to control", von dem das Controlling abgeleitet ist, drückt dies genau aus. Stellt man Abweichungen von der Kostenplanung fest, müssen die Ursachen festgestellt und Maßnahmen zur Verbesserung der Kostenstruktur ergriffen werden.

Kostenarten bilden die Grundlage für die Überwachung, Beurteilung und Verbesserung der Kostenstruktur.

B Wie kann man Kostenarten einteilen?

Kostenarten kann man hinsichtlich ihres Verbrauchs an Produktionsfaktoren, ihrer kalkulatorischen Verrechenbarkeit und ihres Verhaltens bei Beschäftigungsschwankungen gliedern.

Gliederungsaspekt und Ziel	Kostenart	Beispiele
Verbrauch an Produktionsfaktoren	Personalkosten	Gehälter, Löhne, Personalnebenkosten
	Werkstoffkosten	Verbrauch an Rohstoffen
	Umweltfolgekosten	Abfallentsorgung
	Dienstleistungskosten	Versicherungsprämien
	Betriebsmittelkosten u. a.	Servicekosten für Anlagen
		Beraterhonorare
		Abschreibungen
kalkulatorische Verrechenbarkeit Zuordnung auf die Kostenträger für die Kalkulation	Einzelkosten	Verbrauch an Rohstoffen, mengenbezogene Fertigungslöhne, Transportkosten
	Gemeinkosten	Gehälter, Abschreibungen, Mieten, Energie, betriebliche Steuern
	Kostenstellen-Einzelkosten	Kopierkosten lt. Zähler für die einzelnen Kostenstellen, Stromkosten lt. Zähler für die einzelnen Kostenstellen
	Sondereinzelkosten der Fertigung	Kosten für die Anfertigung von Modellen
	Sondereinzelkosten des Vertriebs	Spezialverpackungen
Verhalten bei Beschäftigungsschwankungen	Fixe Kosten	Gehälter, Abschreibungen, betriebliche Steuern
	Variable Kosten	Verbrauch an Roh-, Hilfs- und Betriebsstoffen, mengenbezogene Fertigungslöhne
	Mischkosten	Kosten für die Telekommunikation

C Wo entstehen die Kostenarten?

Kosten entstehen im Rahmen des betrieblichen Leistungsprozesses, d. h. bei der Beschaffung, der Fertigung, der Verwaltung und dem Vertrieb. Im Rechnungswesen werden sie im Rahmen der Finanzbuchhaltung in den Kontenklassen 6 und 7 des IKR erfasst.

Folgende für die Kostenrechnung relevanten Kostenblöcke werden ausgewiesen:

- Materialaufwand → Kontengruppe 60
- Personalaufwand → Kontengruppen 61, 62, 64, 66
- Abschreibungen AV → Kontengruppe 65
- Rechte und Dienste → Kontengruppe 67
- Kommunikation → Kontengruppe 68
- Wertkorrekturen → Kontengruppe 69
- Betriebssteuern → Kontengruppe 70
- Abschreibungen UV → Kontengruppe 74
- Zinsen → Kontengruppe 75
- Außerordentlicher Aufwand → Kontengruppe 76
- Diverse Aufwendungen → Kontengruppe 78

Diese Kosten werden unterschiedlichen Kostenarten zugerechnet, d. h. es kann sich z. B. um Einzelkosten oder Gemeinkosten bzw. fixe oder variable Kosten handeln.

D Wie werden Einzelkosten und Gemeinkosten in der Kalkulation verrechnet?

Einzelkosten kann man den Erzeugnissen direkt zuordnen. Man kennt den genauen Verbrauch an Fertigungsmaterialien bzw. genau die angefallenen mengenabhängigen Fertigungslöhne.

Die wesentlichen Einzelkosten sind:

- Fertigungsmaterialien (Materialaufwand)
- Fertigungslöhne
- Sondereinzelkosten der Fertigung
- Sondereinzelkosten des Vertriebs.

Die Einzelkosten verändern sich überwiegend im gleichen Verhältnis wie der Beschäftigungsgrad. Man bezeichnet sie daher auch als proportionale Kosten. Da sie sich mit der Beschäftigung ändern, handelt es sich um variable Kosten.

Gemeinkosten kann man den Erzeugnissen nur indirekt zuordnen, da sie nicht durch ein spezielles Erzeugnis verursacht werden. Man versucht daher über den Betriebsabrechnungsbogen einen möglichst genauen Zuschlagssatz zu ermitteln, der dann in der Kalkulation der Erzeugnisse auf die entsprechenden Einzelkosten aufgeschlagen wird.

Wesentliche Gemeinkosten sind:

- Gehälter der kaufmännischen und technischen Angestellten
- Aufwendungen für Hilfs- und Betriebsstoffe
- Betriebliche Steuern
- Abgaben
- Abschreibungen
- Energiekosten.

Bestimmte Gemeinkosten verändern sich mit der Beschäftigung nicht, man bezeichnet sie als **fixe Kosten**, z. B. Gehälter.

Es gibt aber auch Gemeinkosten, die bei steigender Beschäftigung steigen und mit sinkender Beschäftigung ebenfalls sinken. Sie zählen zu den **variablen Kosten**, wie z. B. Aufwendungen für Hilfs- und Betriebsstoffe oder Energiekosten.

So werden Einzelkosten und Gemeinkosten in der Kalkulation (= Kostenträgerstückrechnung) verrechnet:

Beispiel:

	Fertigungsmaterial	100,00	→ Einzelkosten
+	Materialgemeinkosten 15 %	15,00 €	→ Gemeinkosten
=	Materialkosten	115,00 €	
	Fertigungslöhne	60,00 €	→ Einzelkosten
+	Fertigungsgemeinkosten 90 %	54,00 €	→ Gemeinkosten
=	Fertigungskosten	114,00 €	
	Herstellkosten	229,00 €	

E Wie verhalten sich fixe und variable Kosten bei schwankender Beschäftigung?

- Fixe Kosten verändern sich durch Schwankungen in der Beschäftigung nicht.
- Fixe Kosten je Leistungseinheit, z. B. Stück, fallen jedoch mit steigender Beschäftigung, da sie sich auf eine größere Produktionsmenge verteilen.
- Fixe Kosten unterteilt man in
  → absolut fixe Kosten und
  → sprungfixe oder stufenfixe Kosten.

Der Begriff Beschäftigung hat in der Kostenrechnung nichts mit der Beschäftigung im Personalbereich gemeinsam.

Beschäftigung bezeichnet in der Kostenrechnung die betriebliche Leistungsfähigkeit. Sie wird in einer Zahl, dem Beschäftigungsgrad, ausgedrückt bzw. angegeben und ergibt sich aus dem Verhältnis der tatsächlichen Produktionsmenge zur technisch möglichen Maximalproduktion.

$$\text{Beschäftigungsgrad} = \frac{\text{tatsächliche Produktionsmenge}}{\text{technisch mögliche Maximalproduktion}}$$

Beispiel:
Die *Sunpower KG* könnte von dem neuartigen Solarmodul Typ Sunfast 2 auf der dafür vorhandenen Anlage Vario XP 10.000 Stück pro Jahr produzieren.

Tatsächlich produziert man momentan nur 7.000 Stück, da die Nachfrage noch nicht die geplante Höhe erreicht hat.

$$\text{Beschäftigungsgrad} = \frac{7.000 \text{ Stück}}{10.000 \text{ Stück}} = 0{,}7$$

In Prozent ausgedrückt sind das 70 %.

Das bedeutet, dass die Anlage Vario XP nur zu 70 % ausgelastet ist und eine freie Kapazität von 30 % vorhanden ist. Das entspricht 3.000 Stück.

Die Geschäftsleitung plant für das nächste Geschäftsjahr eine Auslastung von 90 %. Das entspricht einem Beschäftigungsgrad von 0,9.

Aufgrund dieser Vorgabe muss folgende Menge produziert werden:

Produktionsmenge = technisch mögliche Maximalproduktion · Beschäftigungsgrad

Berechnung der geplanten Produktionsmenge: 10.000 Stück · 0,9 = 9.000 Stück

Verhalten absolut fixer Kosten

Absolut fixe Kosten sind z. B. Abschreibungen auf Anlagen, Fuhrpark oder Gebäude.

Kostenverlauf am Beispiel der kalkulatorischen Abschreibungen:
Das Solarmodul Typ Sunfast 2 wird vollständig auf der Anlage Vario XP gefertigt. Die fixen Kosten für diese Anlage betragen 4.000 € pro Jahr.

Produzierte Menge in Stück	Fixe Kosten gesamt in €	Fixe Kosten je Stück in €
0	4.000	0,00
1.000	4.000	4,00
2.000	4.000	2,00
3.000	4.000	1,33
4.000	4.000	1,00
5.000	4.000	0,80
6.000	4.000	0,67
7.000	4.000	0,57
8.000	4.000	0,50
9.000	4.000	0,44
10.000	4.000	0,40

In einer grafischen Darstellung sieht dies so aus:

Gesamte Fixkosten der Anlage Vario XP bei der Produktion des Solarmoduls Typ Sunfast 2

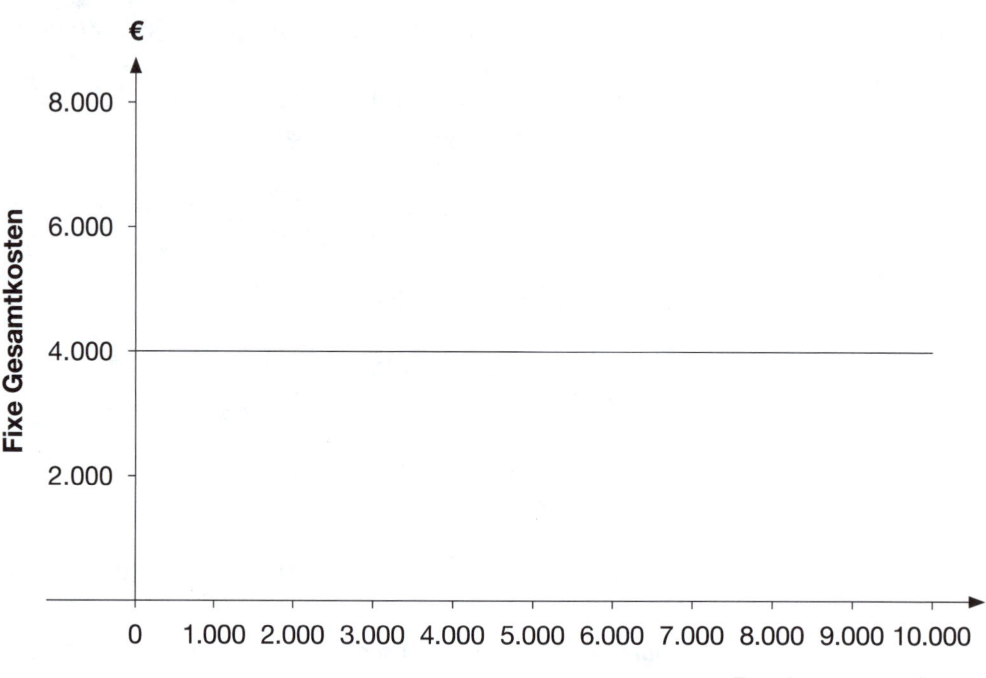

Fixkosten je Stück der Anlage Vario XP bei der Produktion des Solarmoduls Typ Sunfast 2

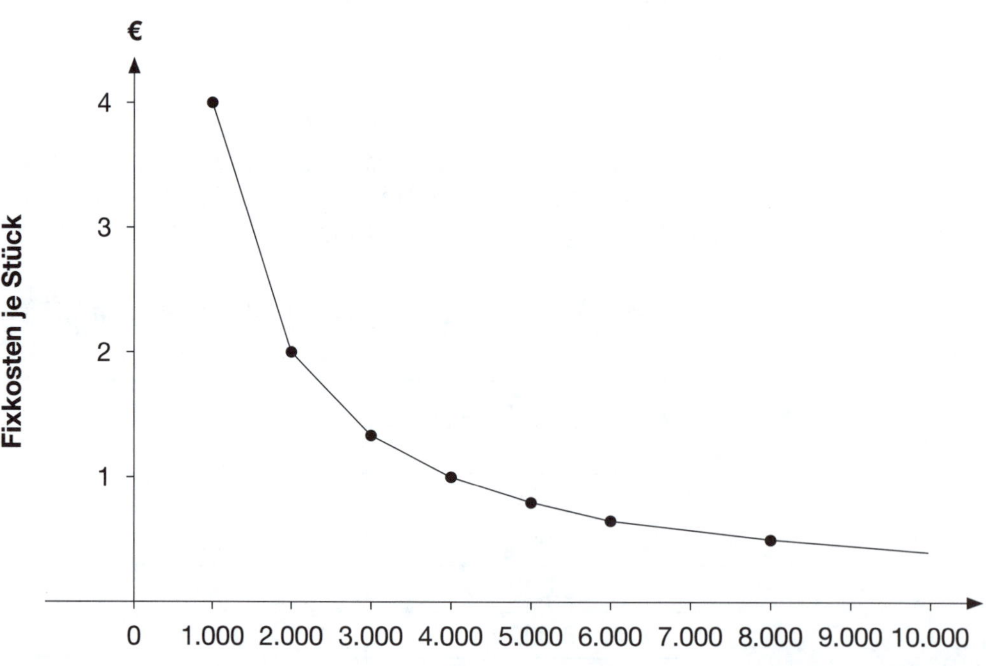

- Die produzierte Menge hat auf den Gesamtbetrag der Fixkosten keinen Einfluss. Er bleibt immer gleich hoch.
- Mit steigender Produktionsmenge nehmen jedoch die Fixkosten je produzierte Einheit (hier Stück) ab, da sie sich auf mehrere erzeugte Stück verteilen.
- Mit sinkender Produktionsmenge nehmen die Fixkosten je Stück zu, da sie sich auf weniger erzeugte Stück aufteilen.

Verhalten sprungfixer Kosten

Wenn die Beschäftigung steigt, kann es sein, dass zusätzliche fixe Kosten entstehen. Dabei kann es auch vorkommen, dass diese zusätzlichen Kosten nur bei bestimmten höheren Produktionsmengen auftreten.

Eine andere Bezeichnung für sprungfix ist stufenfix. Diese Bezeichnung kommt von der grafischen Darstellung, die eine Abbildung ergibt, die einer Treppe mit einzelnen Stufen ähnelt.

Kostenverlauf am Beispiel der kalkulatorischen Abschreibungen:

Das Solarmodul Typ Sunfast 3 wird ebenfalls auf der Anlage Vario XP gefertigt. Die fixen Kosten erhöhen sich ab einer Produktionsmenge von 2.000 Stück um 1.000 € aufgrund der höheren Belastung. Diese zusätzlichen Kosten fallen bei jeder Erhöhung um 2.000 Stück an.

Produzierte Menge in Stück	Fixe Kosten gesamt in €
0	4.000
1.000	4.000
2.000	5.000
3.000	5.000
4.000	6.000
5.000	6.000
6.000	7.000
7.000	7.000
8.000	8.000
9.000	8.000
10.000	9.000

In der grafischen Darstellung sieht dies so aus:

Gesamte Abschreibungen der Anlage Vario XP bei der Produktion des Solarmoduls Typ Sunfast 3

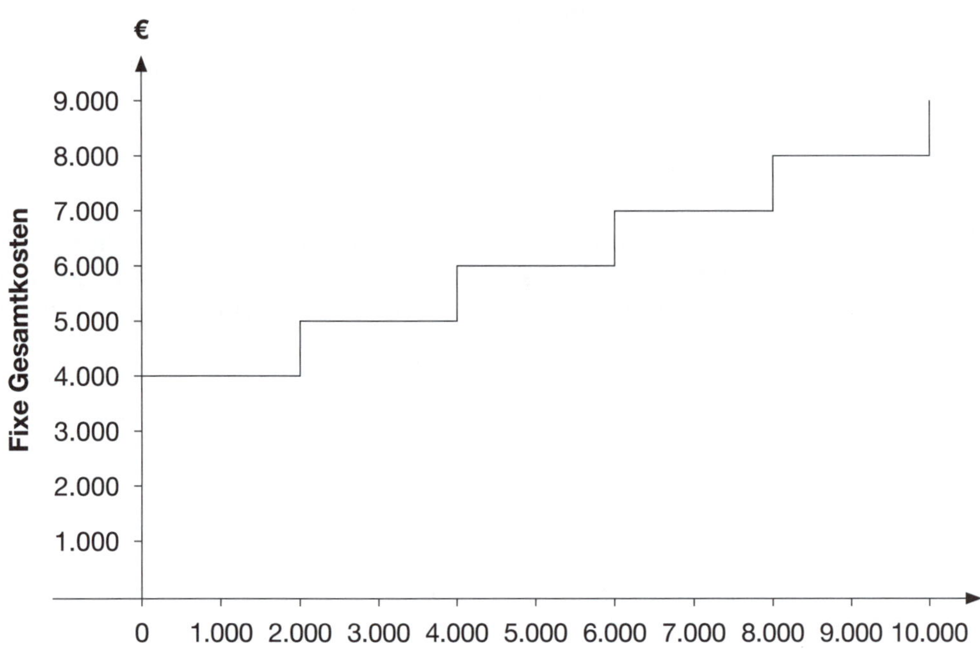

Verhalten variabler Kosten

Variable Kosten ändern sich mit dem Grad der Beschäftigung. Sie können sich aber in unterschiedlichem Verhältnis zum Beschäftigungsgrad verändern.

Man unterscheidet deshalb drei Arten variabler Kosten:

	Proportionale Kosten	**Degressive Kosten**	**Progressive Kosten**
Veränderung im Verhältnis zum Beschäftigungsgrad	fest	langsamerer Anstieg (unterproportional)	schnellerer Anstieg (überproportional)
Beispiele	Verbrauch an Rohstoffen Fertigungslöhne, soweit sie von der Menge abhängen	Verbrauch an Rohstoffen zu günstigeren Einkaufspreisen bei höheren Einkaufsmengen	höhere Lohnkosten durch Mehrarbeitszuschläge

Die Solarmodule Typ Sunfast, Sunpower und Sungold sind hinsichtlich ihrer variablen Kosten nicht einheitlich. Die Kosten des Moduls Sunfast verhalten sich proportional, die Kosten des Moduls Sunpower degressiv. Das Modul Sungold ist in der Herstellung wesentlich komplizierter und verursacht mit steigender Produktionsmenge progressive Kosten.

Variable Kosten mit proportionalem Verlauf

Modul Sunfast

Produzierte Menge in Stück	Variable Kosten gesamt in €	Variable Kosten je Stück in €
0	0	0
1.000	12.000	12
2.000	24.000	12
3.000	36.000	12
4.000	48.000	12
5.000	60.000	12
6.000	72.000	12
7.000	84.000	12
8.000	96.000	12
9.000	108.000	12
10.000	120.000	12

In der grafischen Darstellung sieht dies so aus:

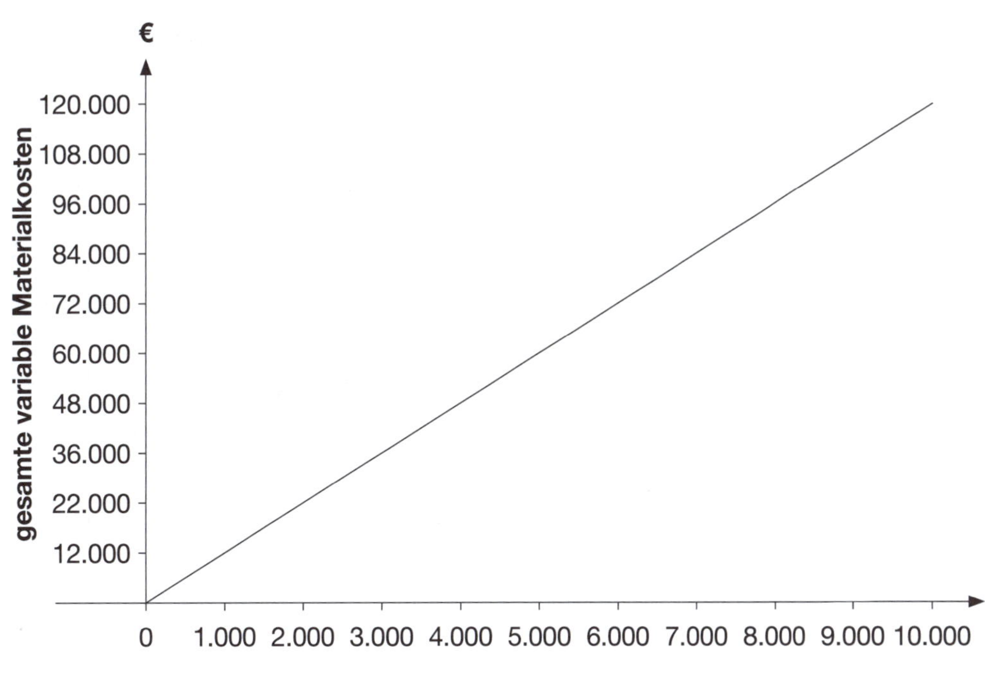

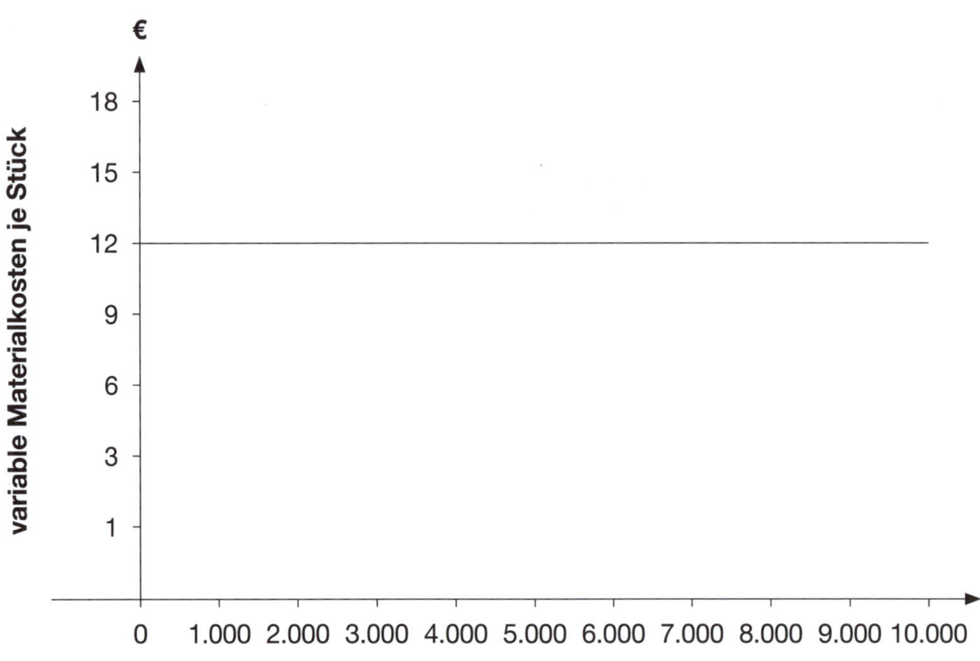

Variable Kosten mit degressivem Verlauf

Modul Sunpower

Produzierte Menge in Stück	Variable Kosten gesamt in €	Variable Kosten je Stück in €
0	0	0,00
1.000	12.000	12,00
2.000	23.000	11,50
3.000	33.000	11,00
4.000	42.000	10,50
5.000	50.000	10,00
6.000	57.000	9,50
7.000	63.000	9,00
8.000	68.000	8,50
9.000	72.000	8,00
10.000	75.000	7,50

Der degressive Kostenverlauf ist bei diesem Erzeugnis durch eine günstige Rabattstaffel bei den Einkaufspreisen bedingt.

In der grafischen Darstellung sieht dies so aus:

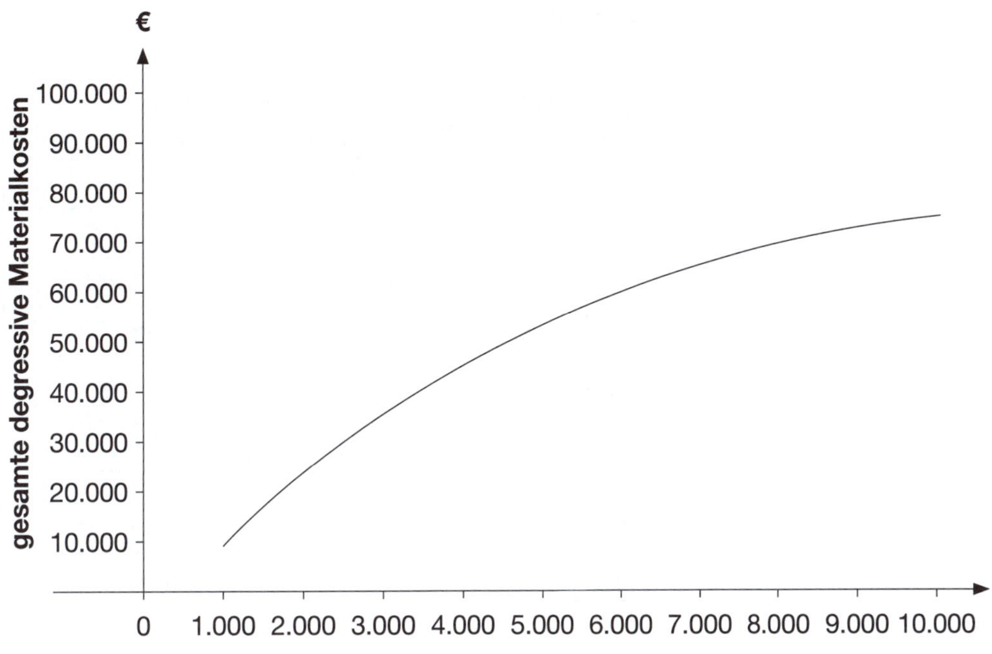

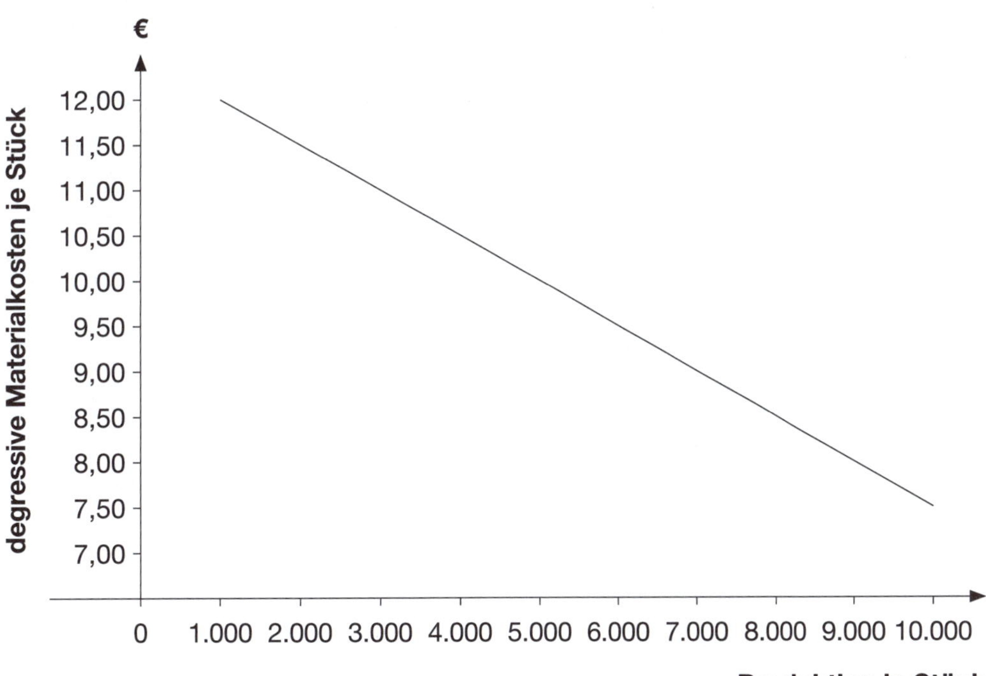

Variable Kosten mit progressivem Verlauf

Modul Sungold

Grad der Beschäftigung in %	Produzierte Menge in Stück	Variable Kosten gesamt in €	Variable Kosten je Stück in €
50	5.000	30.000	6,00
60	6.000	37.800	6,30
65	6.500	42.250	6,50
70	7.000	48.300	6,90
75	7.500	55.500	7,40
80	8.000	64.000	8,00
85	8.500	76.500	9,00
90	9.000	90.000	10,00
95	9.500	104.500	11,00
100	10.000	120.000	12,00

Der progressive Anstieg der Kosten ist bei diesem Erzeugnis durch erhöhten Ausschuss, erhöhte Personalkosten und erhöhten Serviceaufwand bedingt.

In der grafischen Darstellung sieht dies so aus:

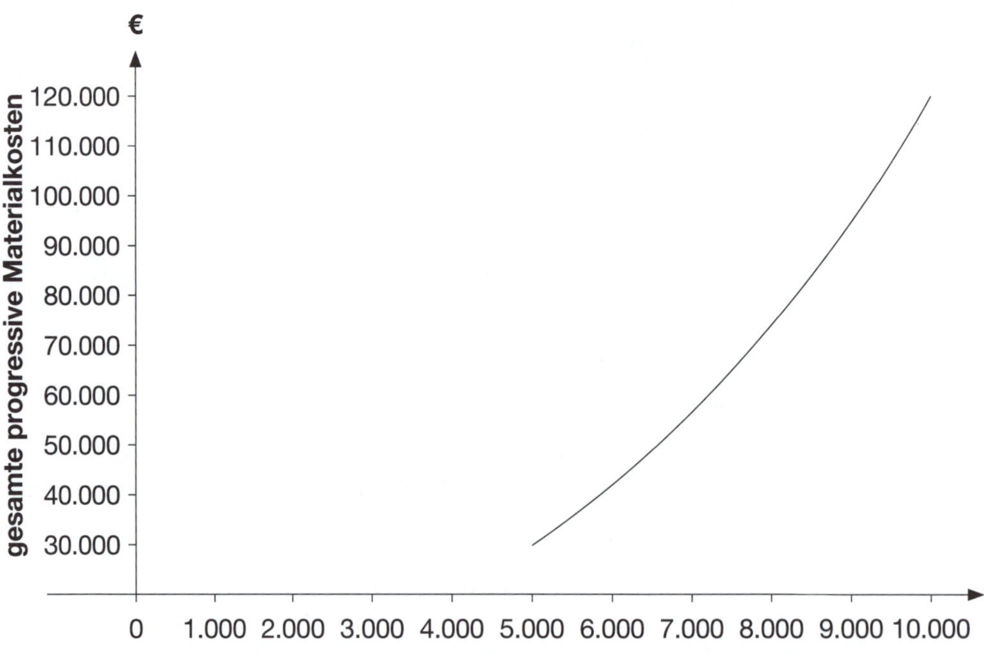

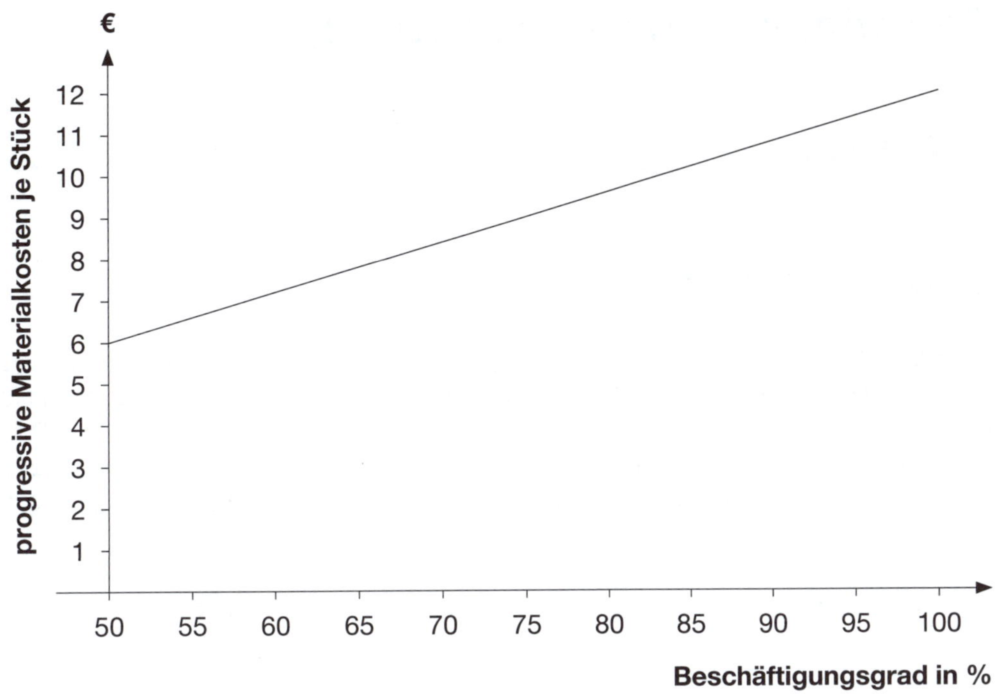

- Wenn variable Kosten im gleichen Verhältnis zu der Produktionsmenge zunehmen, bezeichnet man sie als proportionale Kosten.
- Die Kosten pro Stück verändern sich bei schwankender Beschäftigung nicht, sie bleiben konstant.
- Kosten pro Stück können mit steigender Produktionsmenge auch abnehmen, da z. B. günstigere Einkaufspreise durch Mengenrabatte erzielt werden. Man bezeichnet dies dann als degressiven Kostenverlauf.
- Ein progressiver Verlauf variabler Kosten ist gegeben, wenn die Kosten in ungleichem Verhältnis zunehmen. Das kann der Fall sein, wenn bei der Produktion eines Erzeugnisses zusätzliche Kosten bei steigender Beschäftigung entstehen.

So trainiere ich für die Prüfung

Aufgaben

1. Wissensfragen

1. Erläutern Sie den Unterschied zwischen Einzelund Gemeinkosten sowie zwischen variablen und fixen Kosten. Nennen Sie in diesem Zusammenhang jeweils zwei Beispiele!

2. Im Rahmen der Kostenartenrechnung fasst die „Industrie AG" verschiedene Kosten „blockweise" zusammen. Unter anderem kann zwischen Einzel- und Gemeinkosten sowie zwischen variablen und fixen Kosten unterschieden werden.

Tragen Sie für die nachfolgenden Kosten in der Spalte A eine

(1) ein, wenn es sich um Einzelkosten handelt.
(2) ein, wenn es sich dagegen um Gemeinkosten handelt.

Tragen Sie für die nachfolgenden Kosten in der Spalte B eine

(3) ein, wenn es sich um variable Kosten handelt.
(4) ein, wenn es sich dagegen um fixe Kosten handelt.

Kostenart	Spalte A	Spalte B
a) Aufwendungen für Rohstoffe		
b) Gehälter für kaufmännische Angestellte		
c) Kalkulatorische Abschreibungen (lineare Methode)		
d) Akkordlöhne		
e) Werbeaufwendungen für Anzeigen in Fachzeitschriften		
f) Fertigungsmaterial		
g) Ausgangsfrachten für verkaufte Erzeugnisse		
h) Handelsvertreterprovisionen (umsatzabhängig)		
i) Leistungsabschreibung für eine Stanzmaschine		
j) Überstundenzuschläge		
k) Instandhaltungsaufwendungen durch Wartungsverträge		
l) Kalkulatorische Zinsen		
m) Versicherungsprämien		
n) Grundsteuer für Betriebsgrundstücke		
o) Arbeitgeberanteil zur Sozialversicherung (Lohnbereich)		
p) Energiekosten		
q) Aufwendungen für Hilfsstoffe		

3. Wie wirkt sich in der „Industrie AG“ ein sinkender Beschäftigungsgrad aus? Die variablen Gesamtkosten verlaufen proportional.

a) Die fixen Stückkosten nehmen zu.

b) Die variablen Stückkosten nehmen zu.

c) Die fixen Gesamtkosten nehmen ab.

d) Die variablen Gesamtkosten nehmen zu.

e) Die fixen Stückkosten nehmen ab.

4. Welche Kostenart wird im Betriebsabrechnungsbogen über Verteilungsschlüssel auf die Kostenstellen verteilt?

a) Aufwendungen für Fremdbauteile

b) Bezugskosten für Rohstoffe („Just-in-time“-Beschaffung)

c) Gewerbesteuer

d) Aufwendungen für Rohstoffe

e) Fertigungslöhne

5. Welche Kosten werden indirekt auf die Kostenstellen verteilt?

a) Fertigungsmaterial

b) Fertigungslöhne

c) Kostenstelleneinzelkosten

d) Kostenstellengemeinkosten

e) Sondereinzelkosten des Vertriebs

6. Im Rahmen der Kostenartenrechnung kann man zwischen degressiven, proportionalen und progressiven Kosten unterscheiden. Ordnen Sie in diesem Zusammenhang jeweils eine der folgenden Aussagen den drei Kostenbegriffen zu!

a) Kosten, die unabhängig vom Beschäftigungsgrad anfallen

b) Kosten, die mit Zu- und Abnahme der Produktionsmenge im gleichen Verhältnis steigen bzw. sinken

c) Kosten, die stärker steigen als die Produktionsmenge

d) Kosten, die nicht zu Ausgaben führen

e) Kosten, die man einem Kostenträger direkt zurechnen kann

f) Kosten, die langsamer steigen als der Beschäftigungsgrad

g) Kosten, die einer Kostenstelle direkt zuzurechnen sind

Degressive Kosten	Proportionale Kosten	Progressive Kosten

7. Ordnen Sie zu!

a) Fixe Kosten

b) Gemeinkosten

c) Kostenträger

d) Einzelkosten

e) Variable Kosten

f) Kostenstellen

g) Rechnungskreise I und II

Die vom Beschäftigungsgrad abhängigen Kosten	Die dem einzelnen Produkt über Zuschlagssätze zugeordneten Kosten	Die Funktionsbereiche eines Betriebes

8. Wie heißen die Kosten, die weder Ausgaben noch Aufwendungen sind?

a) Fixe Kosten

b) Einzelkosten

c) Gemeinkosten

d) Variable Kosten

e) Zusatzkosten

f) Kostenstelleneinzelkosten

g) Kostenstellengemeinkosten

h) Sondereinzelkosten

i) Mischkosten

9. Im Rahmen der Kostenartenrechnung können Sie zwischen Normalkosten und Istkosten unterscheiden. Welche der nachfolgenden Definition ist für die Umschreibung von Normalkosten korrekt?

a) Normalkosten fließen in die Vorkalkulation eines Produktes ein.

b) Unter Normalkosten versteht man die tatsächlich angefallenen Kosten in einer Abrechnungsperiode.

c) Istkosten, kann man den Produkten direkt aufgrund von Belegen zuzurechnen.

d) Istkosten sind grundsätzlich beschäftigungsunabhängig.

e) Normalkosten werden immer über Verteilungsschlüssel auf die Kostenstellen verteilt.

10. Wann liegt eine Kostenunterdeckung vor?

a) Einzelkosten > Gemeinkosten

b) Gemeinkosten < Einzelkosten

c) Istkosten < Normalkosten

d) Istkosten > Normalkosten

e) Variable Kosten < Fixe Kosten

11. Sie arbeiten als Controller bei der Büromöbelfabrik „Katschube & Sohn“. Sie sollen den Kostenverlauf für das Fertigungsmaterial des Regalsystems Regalus analysieren.

Folgende Daten sind bekannt:

Produktionsmenge	600	700	800	900
Gesamte Materialkosten in €	75.000	87.850	101.200	115.200

Welche der nachfolgenden Aussagen zum Kostenverlauf des Fertigungsmaterials für das Regalsystem Regalus ist falsch?

a) Die gesamten Materialkosten steigen mit zunehmender Produktionsmenge.

b) Die Materialstückkosten steigen mit zunehmender Produktionsmenge überproportional an.

c) Bei einem Beschäftigungsrückgang sinken die Materialstückkosten.

d) Die Materialstückkosten steigen mit zunehmender Produktionsmenge progressiv an.

e) Die Materialstückkosten steigen mit zunehmender Produktionsmenge proportional an.

12. Sie arbeiten in der Personalabteilung der „Frankenbrauerei eG“ in Muggendorf. Welche der nachfolgenden Kostenarten für den Braumeister Karsten Beck gehören nicht zu den Personalkosten?

a) Bruttoentgelt

b) Anteil der „Frankenbrauerei eG“ zur Sozialversicherung

c) Überstundenzuschläge

d) Arbeitgeberanteil Vermögenswirksame Leistungen

e) Die „Frankenbrauerei eG“ gewährt Herrn Beck einen einmaligen Lohnvorschuss in Höhe von 500 €.

f) Urlaubsgeld

13. Erläutern Sie kurz, was unter Plankosten zu verstehen ist?

14. Erläutern Sie kurz, was unter Mischkosten zu verstehen ist? Nennen Sie ein Beispiel!

15. In einem Industriebetrieb wurde analysiert, dass in diesem Abrechnungsquartal die fixen Kosten angestiegen sind. Welche Vorgänge haben zur Erhöhung der fixen Kosten beigetragen?

a) Eine nicht mehr benötigter Lkw aus dem Fuhrpark wird verkauft.

b) Die Rohstoffpreise sind angestiegen.

c) Aufgrund tariflicher Vereinbarungen steigen die Löhne der gewerblichen Mitarbeiter.

d) Eine neu erstellte Produktionshalle wird über 25 Jahre linear abgeschrieben.
e) Verbrauch von Hilfsstoffen gemäß Materialentnahmeschein.
f) Die Versicherung hat die Jahresprämie für die Gebäudeversicherung um 5 % erhöht.
g) Aufgrund tariflicher Vereinbarungen steigen die Gehälter der kaufmännischen Mitarbeiter.
h) Die Vertreterprovision wird erhöht.
i) Aufgebaute Überstunden wurden ausgezahlt.

2. Fallsituation

2.1 Fall 1

Sie sind kaufmännischer Mitarbeiter in der Controlling-Abteilung der „Heidelberger Druckmaschinen AG“. Sie sollen bestimmte Kostenverläufe grafisch darstellen und in einer Teamsitzung der Controlling-Abteilung präsentieren. Dazu liegen Ihnen die folgenden Zahlen vor:

Produktionsmenge	Fixkosten gesamt	Variable Kosten gesamt	Gesamtkosten
1	30.000 €	200 €	30.200 €
10	30.000 €	2.000 €	32.000 €
100	30.000 €	20.000 €	50.000 €
200	30.000 €	40.000 €	70.000 €
300	30.000 €	60.000 €	90.000 €

Stellen Sie grafisch den Zusammenhang zwischen den folgenden Gesamtkosten und der Produktionsmenge dar. Verwenden Sie dafür das folgende Schema:

a) Fixe Gesamtkosten
b) Variable Gesamtkosten
c) Gesamtkosten

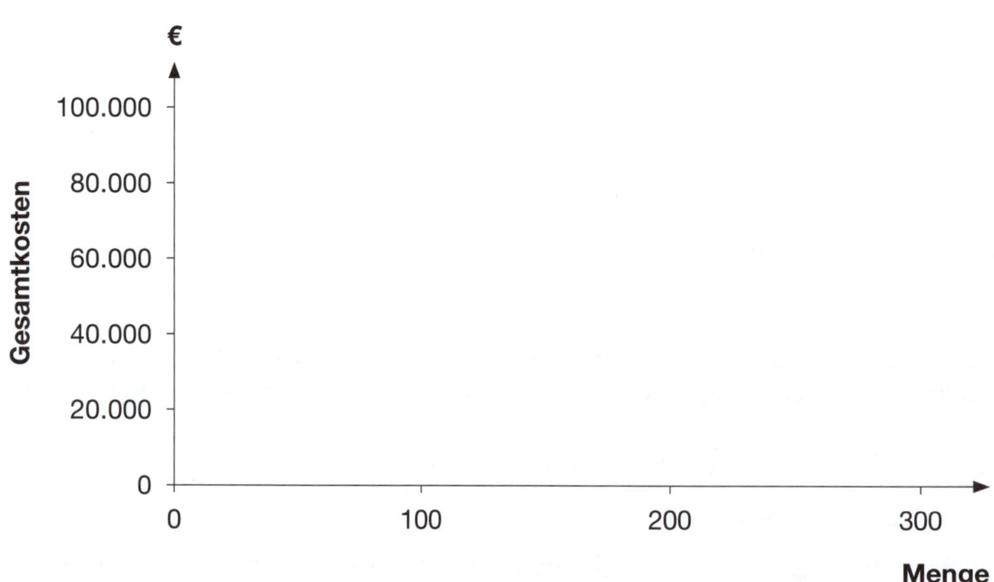

Stellen Sie grafisch den Zusammenhang zwischen den folgenden Stückkosten und der Produktionsmenge dar. Verwenden Sie dafür das folgende Schema:

d) Fixe Stückkosten

e) Variable Stückkosten

f) Gesamte Stückkosten

g) Erläutern Sie ausführlich den Zusammenhang zwischen Kosten und der Produktionsmenge (Beschäftigung) anhand der Stückkosten!

h) Die „Heidelberger Druckmaschinen AG" hat im 3. Quartal dieses Jahres 261 Druckmaschinen des Typs Print-Star 2010 hergestellt. Die Kapazitätsgrenze liegt bei 300 Maschinen. Berechnen Sie den Beschäftigungsgrad für das 3. Quartal dieses Jahres!

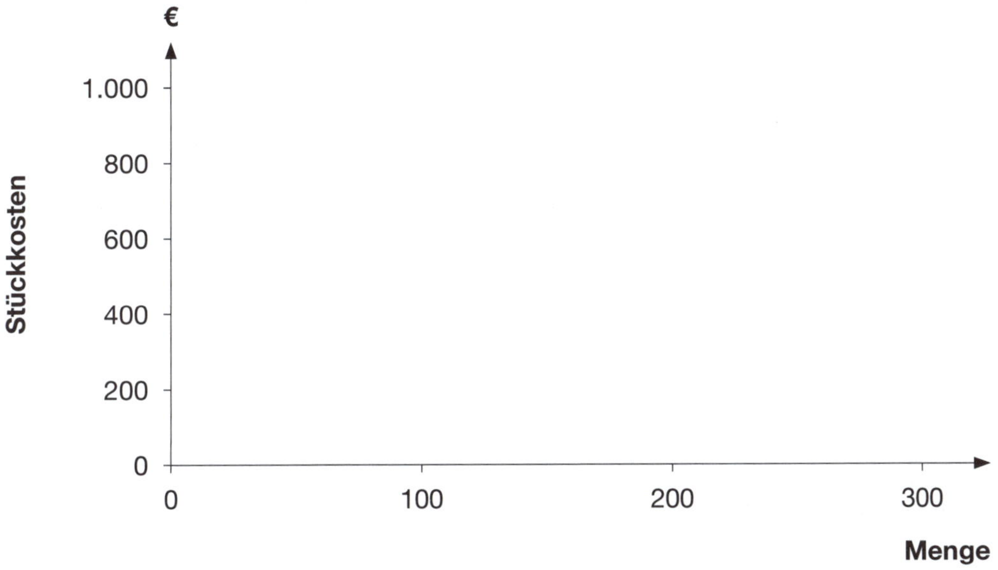

Für die Aufgaben i) und l) liegen Ihnen für eine Druckmaschine des Typs Print-Star 2010 die folgenden Daten vor:

Unternehmensfixe Kosten	Variable Stückkosten	Verkaufspreis für Maschine Druckmaschinen des Typs „Print-Star 2010"	Kapazität in Stück
1.182.600 €	124.200 €	168.000 €	35

i) Wie hoch ist der Deckungsbeitrag für eine Druckmaschine des Typs Print-Star 2010?

q) Berechnen Sie die Gewinnschwellenmenge (break-even-point).

k) Wie hoch ist die kurzfristige Preisuntergrenze in Euro?

l) Wie hoch ist die langfristige Preisuntergrenze in Euro bei einer Produktionsmenge von 35 Stück?

Lösungen

1. Wissensfragen

A, B

1.

Einzelkosten (z. B. Löhne, Fertigungsmaterial) kann man den Kostenträgern (z. B. Produkten, Aufträgen, Serien oder Dienstleistungen) aufgrund von Belegen (z. B. Entgeltabrechnungen, Stundenlohnzetteln, Stücklisten, Materialentnahmescheinen) **direkt** zurechnen.

Gemeinkosten (z. B. Gehälter, Abschreibungen, Mietaufwendungen, betriebliche Steuern) kann man den Kostenträgern dagegen nur **indirekt** über den „Umweg“ Betriebsabrechnungsbogen in Form von Gemeinkostenzuschlagssätzen zuordnen.

Variable Kosten (z. B. Fertigungsmaterial, Löhne, Energiekosten) sind **abhängig** vom Beschäftigungsgrad (z. B. Produktionsmenge).

Fixe Kosten (Gehälter, Abschreibungen, Zinsaufwendungen) dagegen sind **beschäftigungsgradunabhängig**.

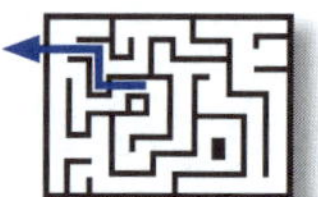
A, B

2.

Kostenart	Spalte A	Spalte B
a) Aufwendungen für Rohstoffe	(1)	(3)
b) Gehälter für kaufmännische Angestellte	(2)	(4)
c) Kalkulatorische Abschreibungen (lineare Methode)	(2)	(4)
d) Akkordlöhne	(1)	(3)
e) Werbeaufwendungen für Anzeigen in Fachzeitschriften	(2)	(4)
f) Fertigungsmaterial	(1)	(3)
g) Ausgangsfrachten für verkaufte Erzeugnisse	(2)	(3)
h) Handelsvertreterprovisionen (umsatzabhängig)	(1)	(3)
i) Leistungsabschreibung für eine Stanzmaschine	(1)	(3)
j) Überstundenzuschläge	(1)	(3)
k) Instandhaltungsaufwendungen durch Wartungsverträge	(2)	(4)
l) Kalkulatorische Zinsen	(2)	(4)
m) Versicherungsprämien	(2)	(4)
n) Grundsteuer für Betriebsgrundstücke	(2)	(4)
o) Arbeitgeberanteil zur Sozialversicherung (Lohnbereich)	(1) oder (2)	(3)
p) Energiekosten	(2)	(3)
q) Aufwendungen für Hilfsstoffe	(1) oder (2)	(3)

3.

Aussage a)

E

4.

Aussage c)

D

5.

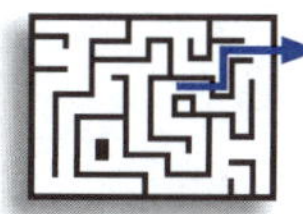

Aussage d)

D

6.

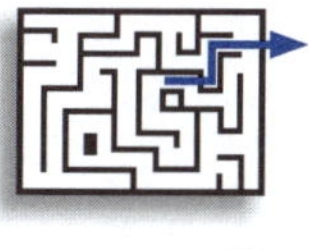

Degressive Kosten	Proportionale Kosten	Progressive Kosten
f)	b)	c)

B

7.

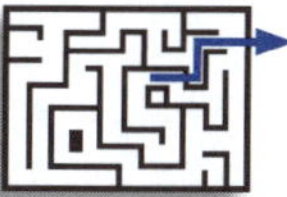

Die vom Beschäftigungsgrad abhängigen Kosten	Die dem einzelnen Produkt über Zuschlagssätze zugeordneten Kosten	Die Funktionsbereiche eines Betriebes
e)	b)	f)

B

8.

Aussage e)

B

9.

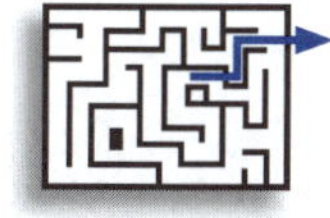

Aussage a)

A, B

A, B, C

10.

Aussage d)

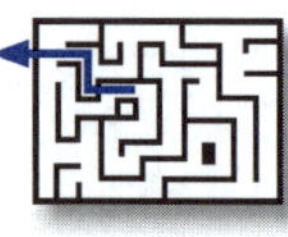
B, E

11.

75.000 € = 100 %
87.850 € = x   x = 117,13 %

87.850 € = 100 %
101.200 € = x   x = 115,29 %

101.200 € = 100 %
115.200 € = x   x = 113,83 %

600 = 100 %
700 = x   x = 116,67 %

700 = 100 %
800 = x   x = 114,29 %

800 = 100 %
900 = x   x = 112,50 %

Im Vergleich zur Produktionsmenge steigen die Materialgesamtkosten stärker an, sodass ein überproportionaler bzw. progressiver Kostenverlauf vorliegt.

Die Aussage e) ist falsch.

B

12.

Aussage e)

B

13.

Unter **Plankosten** versteht man Kostenvorgaben für zukünftige Abrechnungsperioden, die aufgrund von statistischem Datenmaterial prognostiziert werden. Neben der geplanten Beschäftigung (z. B. Produktionsmenge, Kapazitätsauslastung) fließen auch geplante Preise (z. B. Einkaufspreise, Stundenverrechnungssätze) in die Plankosten mit ein.

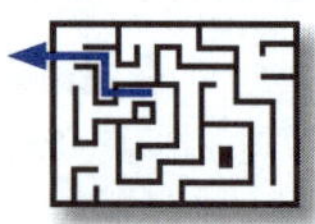
B

14.

Mischkosten enthalten zugleich variable als auch fixe Kostenbestandteile, z. B Stromkosten (Grundgebühr = fix, Verbrauch = variabel).

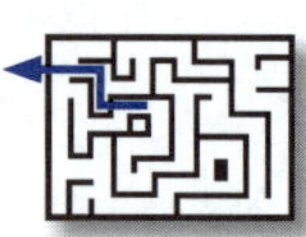
E

15.

Die Aussagen d), f) und g) sind richtig.

2. Fallsituation

2.1 Fall 1

A, B, C,
D, E

a)

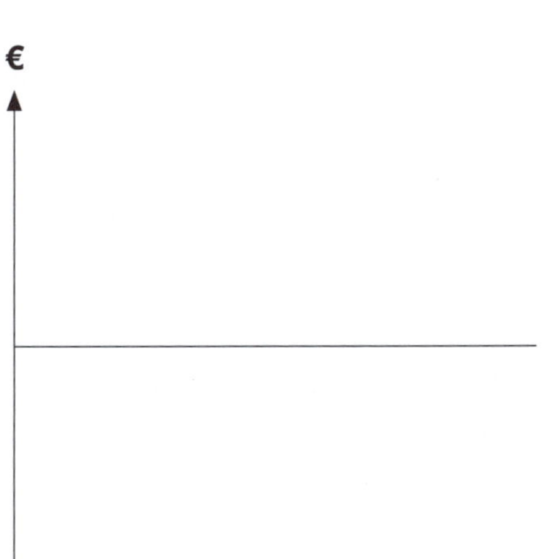

b)

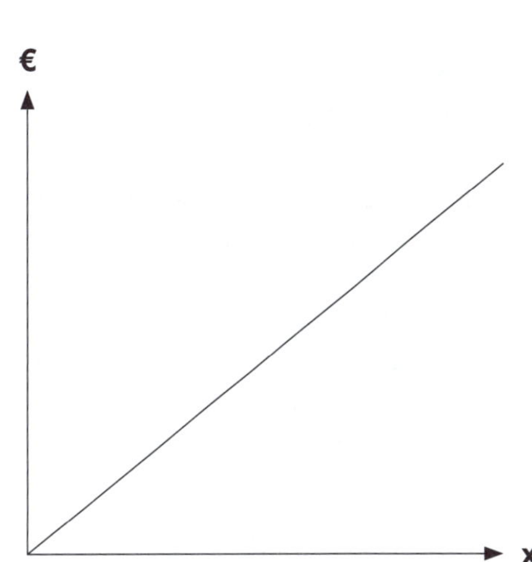

c)

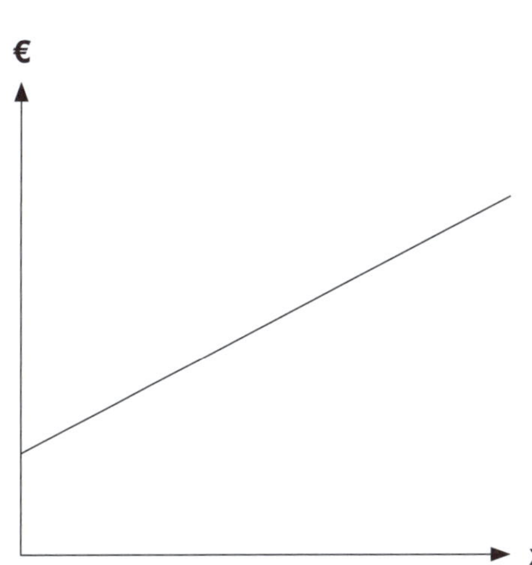

d)

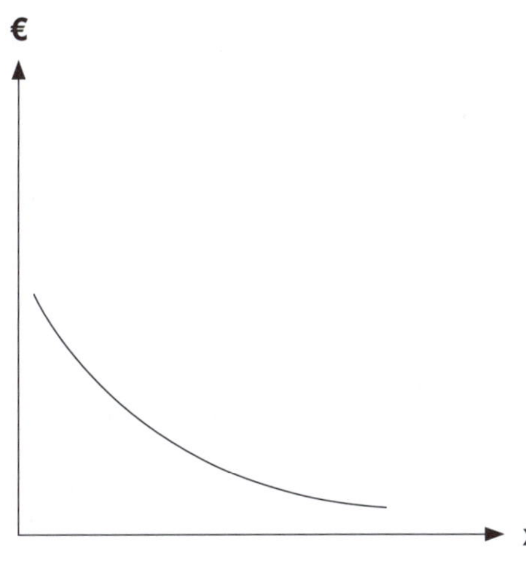

e)

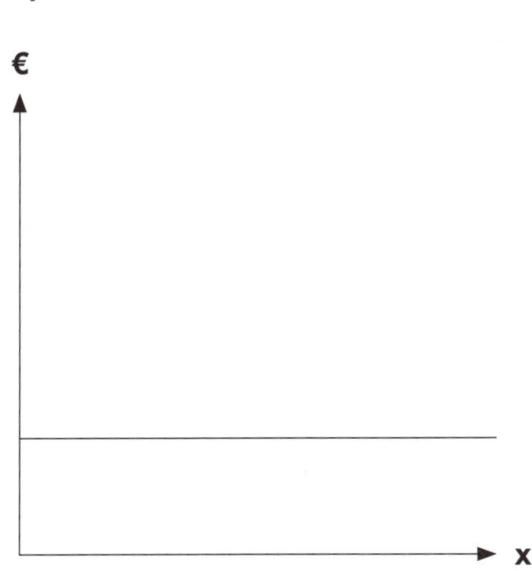

f)

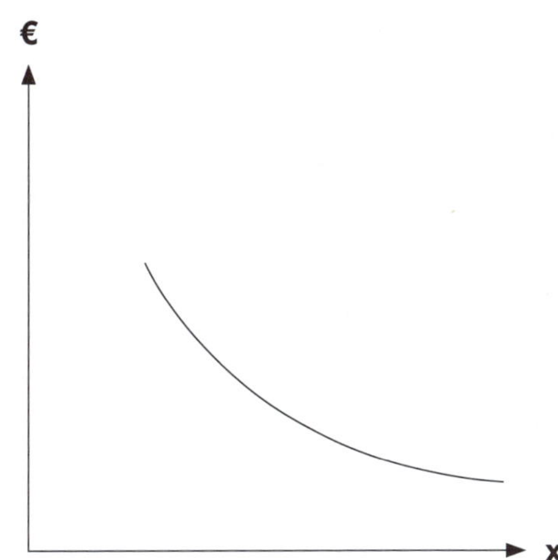

g)

Die „Heidelberger Druckmaschinen AG“ muss auf Nachfrageveränderungen mit angepassten Produktionsmengen reagieren. Da bestimmte Kosten auch abhängig von der produzierten Menge sind, werden sich bei der Anpassung der Beschäftigung auch andere Kostensituationen ergeben.

Ein Teil der Kosten (fixe Kosten) bleibt konstant, ein anderer Teil wird sich dagegen bei schwankender Beschäftigung anpassen (variable Kosten).

Mit steigender Produktionsmenge sinken die Stückkosten, da sich die fixen Gesamtkosten auf eine größere Produktionsmenge verteilen. Der Anteil der fixen Kosten pro Stück sinkt mit steigender Beschäftigung.

Bei konstanten variablen Stückkosten und sinkenden fixen Stückkosten sinken somit bei steigender Produktionsmenge die gesamten Stückkosten. (Man spricht in diesem Zusammenhang auch vom „Gesetz der Massenproduktion“ bzw. „Fixkostendegression“.)

h)

$$\text{Beschäftigungsgrad} = \frac{261 \cdot 100\,\%}{300} = \mathbf{87\,\%}$$

i)

	Verkaufspreis pro Stück		168.000,00 €
-	Variable Stückkosten	-	124.200,00 €
=	Stückdeckungsbeitrag	=	**43.800,00 €**

j)

$$\text{Gewinnschwellenmenge} = \frac{\text{Gesamte fixe Kosten}}{\text{Stückdeckungsbeitrag}}$$

$$= \frac{1.182.600\ €}{43.800\ €} = \mathbf{27\ Stück}$$

k)

kurzfristige Preisuntergrenze = variable Stückkosten **= 124.200 €**

l)

Langfristige Preisuntergrenze = gesamte Stückkosten

$$\frac{1.182.600\ €}{35} = 33.788,57\ €$$

33.788,57 + 124.200 € **= 157.988,57 €**

III. Vollkostenrechnung

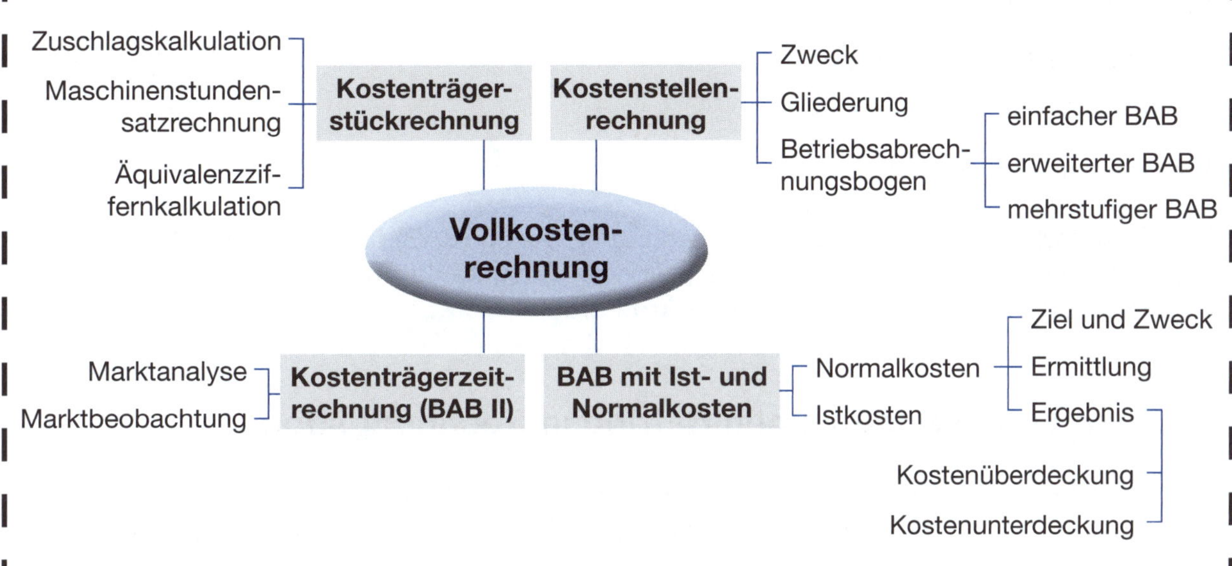

Was muss ich für die Prüfung wissen?

1. Kostenstellenrechnung

1.1. Welchem Zweck dient eine Kostenstellenrechnung?

Gemeinkosten müssen nach dem Verursachungsprinzip auf die betrieblichen Bereiche verteilt bzw. verrechnet werden, in denen sie entstanden sind. Diese Bereiche bezeichnet man als Kostenstellen. Die Koststellenrechnung übernimmt damit aber nicht nur eine Verrechnungsfunktion, sondern bildet auch die Grundlage für die Überwachung der Gemeinkosten.

Im Betriebsabrechnungsbogen werden die Gemeinkosten in Zuschlagssätze umgerechnet, wobei die entsprechenden Einzelkosten die Grundlage bilden. Damit bereitet die Kostenstellenrechnung die Verrechnung der Gemeinkosten auf die Kostenträger vor.

1.2 Wie werden Kostenstellen gegliedert?

Für die Gliederung von Kostenstellen gibt es keine einheitliche Vorgabe. Entscheidend ist vielmehr der vorrangige Gesichtspunkt, der für ihre Gliederung maßgeblich ist. So können Kostenstellen z. B. unter dem Aspekt

- der betrieblichen Organisation,
- der räumlichen Einteilung oder
- der betrieblichen Funktionsbereiche

gebildet werden.

Eine gängige Einteilung ist die Gliederung nach Funktionsbereichen. Hierbei wählt man die Grundfunktionen eines Industriebetriebes:

- Beschaffung = Bereich Material
- Produktion = Bereich Fertigung
- Verwaltung = Bereich Verwaltung
- Vertrieb = Bereich Vertrieb.

Diese Gliederung wird in den Betriebsabrechnungsbogen (BAB) übernommen. Dabei kann es sein, dass man sich auf die vier Grundeinteilungen beschränkt oder in einzelne Kostenstellen weiter untergliedert, wenn das die Aussagekraft erhöht.

1.3 Wozu benötigt man einen Betriebsabrechnungsbogen?

Das Ziel und Ergebnis jedes Betriebsabrechnungsbogens ist die Ermittlung von Zuschlagssätzen je Kostenstelle für die verteilten Gemeinkosten. Für die Berechnung benötigt man die Einzelkosten und die Summe der Gemeinkosten je Kostenstelle. Die Einzelkosten bilden die Basis mit 100 %. Den Zuschlagssatz erhält man, indem man die Gemeinkosten auf die Einzelkosten bezieht. Die allgemeine Formel lautet:

$$\text{Zuschlagssatz} = \frac{\text{Gemeinkosten} \cdot 100}{\text{Einzelkosten}}$$

1.4 Wie ist ein Betriebsabrechnungsbogen (BAB) gegliedert?

Ein Betriebsabrechnungsbogen ist ein Hilfsmittel, um Gemeinkosten auf die Kostenstellen zu verteilen. Er kann entsprechend den Bedürfnissen des Unternehmens gegliedert werden. Die einfachste Form ist der einfache oder einstufige BAB. Stellt man höhere Ansprüche an die Verteilung der Gemeinkosten, muss man den erweiterten und mehrstufigen BAB verwenden.

Jeder BAB ist nach demselben Schema aufgebaut. An die Spalten Gemeinkostenarten, Zahlen der Betriebsergebnisrechnung und Verteilungsgrundlagen, schließen sich die Spalten der einzelnen Kostenstellen an.

Betriebsabrechnungsbogen						
Gemein-kostenarten	Zahlen der Betriebs-ergebnis-rechnung	Verteilungs-grundlagen	Kosten-stelle Material	Kosten-stelle Fertigung	Kosten-stelle Verwaltung	Kosten-stelle Vertrieb

Einfacher Betriebsabrechnungsbogen

Dieser BAB bildet nur die vier grundsätzlichen Kostenstellen ab. Man bezeichnet diese Kostenstellen als **Hauptkostenstellen**.

Gemeinkosten-arten	Zahlen der Betriebs-ergebnis-rechnung	Vertei-lungs-grundlagen	Kosten-stelle Material	Kosten-stelle Fertigung	Kosten-stelle Verwaltung	Kosten-stelle Vertrieb
Summe der Gemeinkosten						
Gemeinkosten-zuschlagssätze						

Verteilungsgrundlagen können

konkrete Tatbestände, z. B.

- Gehälter aufgrund der Daten der Gehaltsabrechnung,
- Hilfsstoffe aufgrund von Entnahmescheinen oder
- Servicekosten für Büroeinrichtung aufgrund von Rechnungen

oder, wenn keine konkreten Unterlagen vorliegen,

Schätzungen, z. B.

- Verteilung des kalkulatorischen Unternehmerlohns sein.

Die Angabe der Verteilungsgrundlage ist unerlässlich, da sie die Basis der Verteilung der Gemeinkosten auf die einzelnen Kostenstellen angibt.

Erweiterter Betriebsabrechnungsbogen

Benötigt man eine genauere Zurechnung der Gemeinkosten auf Kostenstellen, muss man weitere Kostenstellen einrichten. Ein Grund dafür ist meist die Notwendigkeit einer genaueren Kostenkontrolle in Verbindung mit einer genaueren Zurechnung der Kosten im Rahmen der Kalkulation auf die Verkaufspreise der Erzeugnisse.

Eine Erweiterung kann stattfinden durch

- weitere Hauptkostenstellen, z. B. Fertigung 1, Fertigung 2, Fertigung 3
- Hilfskostenstellen, z. B. Arbeitsvorbereitung für die Fertigung
- Allgemeine Kostenstellen, z. B. Werkschutz, soziale Einrichtungen.

Wenn weitere Kostenstellen eingerichtet werden, müssen die Verteilungsgrundlagen entsprechend geändert werden.

- Erfolgt eine Erweiterung nur um zusätzliche Hauptkostenstellen, genügt ein erweiterter BAB.
- Erfolgt eine Erweiterung um allgemeine Kostenstellen und/oder Hilfskostenstellen, muss man die Form des mehrstufigen BAB wählen.
- Richtet man zusätzliche Hauptkostenstellen und zusätzlich allgemeine und/oder Hilfskostenstellen ein, benötigt man einen erweiterten mehrstufigen BAB.

Erweiterter mehrstufiger Betriebsabrechnungsbogen

Erweiterter und mehrstufiger Betriebsabrechnungsbogen mit fünf Hauptkostenstellen und einer Hilfskostenstelle							
Zahlen der Betriebs-ergebnis-rechnung	Verteilungs-grundlagen	Kosten-stelle Material	Hilfskos-tenstelle Arbeitsvor-bereitung	Kosten-stelle Fertigung 1	Kosten-stelle Fertigung 2	Kosten-stelle Verwaltung	Kosten-stelle Vertrieb

Diese Form des BAB ist notwendig, wenn zusätzliche Hauptkostenstellen eingerichtet wurden und Gemeinkosten einer ebenfalls zusätzlich eingerichteten Hilfskostenstelle oder allgemeinen Kostenstelle auf die Hauptkostenstellen verrechnet werden sollen.

2. Istkosten oder Normalkosten?

Als **Istkosten** bezeichnet man die Gemeinkosten, die zum Abrechnungszeitpunkt tatsächlich entstanden sind. Sie werden in der Gewinn- und Verlustrechnung ausgewiesen.

Als **Normalkosten** bezeichnet man Istkosten, die entsprechend den betrieblichen Erfordernissen verändert und an diese angepasst wurden. Diese Veränderungen können mehrere Ursachen haben, z. B.:

- Ansatz eines Mittelwertes aus mehreren Abrechnungsperioden, um Schwankungen zu vermeiden; Beispiel: schwankende Rohstoffpreise
- Vorausschauende Anpassung der Fertigungslöhne und Gehälter wegen vermuteter Entgelterhöhungen.

Diese Anpassung erreicht man, indem man die Zuschlagssätze für die Gemeinkosten verändert.

Sie dürfen dabei nicht die Kosten selbst, sondern nur die Zuschlagssätze verändern.

3. Wie sieht ein Betriebsabrechnungsbogen mit Normalkosten aus?

Dieser BAB ist in seiner Grundstruktur gleich mit dem BAB zu Istkosten. Er ist nur um 5 Zeilen erweitert. Diese Zeilen zeigen die Veränderungen durch die Normalkosten auf:

- Zuschlagsgrundlagen zu Normalkosten
- Zuschlagssätze zu Normalkosten
- Gemeinkosten in Euro zu Normalkosten
- einzelne Kostenüberdeckung oder Unterdeckung
- gesamte Kostenüberdeckung oder Kostenunterdeckung.

Erweiterter und mehrstufiger Betriebsabrechnungsbogen mit fünf Hauptkostenstellen und einer Hilfskostenstelle auf der Basis von Istkosten und Normalkosten								
Gemeinkostenarten	Zahlen der Betriebs-ergebnis-rechnung	Verteilungs-grundlagen	Kosten-stelle Material	Hilfskos-tenstelle Arbeitsvor-bereitung	Kosten-stelle Fertigung 1	Kosten-stelle Fertigung 2	Kosten-stelle Verwaltung	Kosten-stelle Vertrieb
.								
.								
.								
Zuschlagsgrund-lagen zu Istkosten								
Gemeinkosten-Istzuschlagssätze								
Zuschlagsgrund-lagen zu Normal-kosten								
Gemeinkosten-Normalzuschlags-sätze								
Normalgemein-kosten								
Überdeckung (+) Unterdeckung (-)								
Kostenüber- oder -unterdeckung gesamt								

Eine **Kostenüberdeckung** entsteht, wenn mehr Normalkosten eingeplant wurden als Istkosten tatsächlich entstanden sind. In diesem Fall entsteht eine gewisse „Reserve", mit der eventuelle Kostensteigerungen aufgefangen werden könnten.

→ Normalkosten > Istkosten

Eine **Kostenunterdeckung** entsteht, wenn die eingeplanten Normalkosten zu gering waren und die tatsächlich entstandenen Istkosten höher sind.

→ Istkosten > Normalkosten

4. Was ist eine Kostenträgerzeitrechnung?

Die Kostenträgerzeitrechnung bezeichnet man auch als BAB II, obwohl sie von ihrem Aufbau her nichts mit dem Betriebsabrechnungsbogen zu tun hat.

Die Kostenträgerzeitrechnung benötigt man zur vorläufigen Kostenkontrolle. Man will herausfinden, ob das Betriebsergebnis eines Kostenträgers (= Erzeugnis) positiv oder negativ ist bzw. wie hoch das Betriebsergebnis der einzelnen Kostenträger überhaupt ist.

Dazu ermittelt man die Selbstkosten des Umsatzes und verrechnet sie mit den Umsatzerlösen. Das Ergebnis ist das Betriebsergebnis. Die einzelnen Betriebsergebnisse der Kostenträger müssen in ihrer Summe wieder das gesamte Betriebsergebnis ergeben, das in der Ergebnistabelle, Gruppe 92, ermittelt wurde.

Die Kostenträgerzeitrechnung nimmt man

- zu Istkosten vor, wenn keine Normalkosten verwendet werden und
- zu Normalkosten vor, wenn man Normalkosten verwendet.

So sieht eine Kostenträgerzeitrechnung (BAB II) am Beispiel zweier Produkte auf der Basis von Istkosten aus:

Kostenträgerzeitrechnung (BAB II) auf Istkostenbasis			
Kalkulationsschema	**Gemeinkosten zu Istkosten insgesamt**	**Kostenträger**	
		Produkt A	**Produkt B**
Fertigungsmaterial + Materialgemeinkosten			
= **Materialkosten**			
Fertigungslöhne I			
+ Fertigungsgemeinkosten I			
= **Fertigungskosten I**			
Fertigungslöhne II			
+ Fertigungsgemeinkosten II			
= **Fertigungskosten II**			
Herstellkosten der Erzeugung			
- Mehrbestand			
+ Minderbestand			
= **Herstellkosten des Umsatzes**			
+ Verwaltungsgemeinkosten			
+ Vertriebsgemeinkosten			
= **Selbstkosten des Umsatzes**			
Nettoumsatzerlöse			
Umsatzergebnis			
Betriebsergebnis			

Die Kostenträgerzeitrechnung führt man zu Istkosten durch oder zu Normalkosten, wenn die Zuschlagssätze im BAB zu Normalkosten ermittelt wurden.

Der BAB II auf Normalkostenbasis sieht dann so aus:

Kostenträgerzeitrechnung (BAB II) auf Istkostenbasis			
Kalkulationsschema	**Gemeinkosten zu Normalkosten insgesamt**	**Kostenträger**	
		Produkt A	**Produkt B**
Fertigungsmaterial + Materialgemeinkosten			
= **Materialkosten**			
Fertigungslöhne I			
+ Fertigungsgemeinkosten I			
= **Fertigungskosten I**			
Fertigungslöhne II			
+ Fertigungsgemeinkosten II			
= **Fertigungskosten II**			
Herstellkosten der Erzeugung			
- Mehrbestand			
+ Minderbestand			
= **Herstellkosten des Umsatzes**			
+ Verwaltungsgemeinkosten			
+ Vertriebsgemeinkosten			
= **Selbstkosten des Umsatzes**			
Nettoumsatzerlöse			
Umsatzergebnis			
+ ***Kostenüberdeckung*** - ***Kostenunterdeckung***			
Betriebsergebnis			

Der Unterschied zum BAB II auf Istkostenbasis liegt in der Ermittlung der Kostenüberdeckung oder Kostenunterdeckung.

5. Wie kalkuliert man Angebotspreise?

5.1 Die Zuschlagskalkulation als Kostenträgerstückrechnung

Nachdem man die Gemeinkosten mittels des Betriebsabrechnungsbogens auf die Kostenstellen des Unternehmens verteilt und Zuschlagssätze ermittelt hat, kann man die Angebotspreise (= Verkaufspreise) für die Erzeugnisse kalkulieren. Dazu benötigt man auch die Einzelkosten, d. h. das verbrauchte Fertigungsmaterial und die angefallenen mengenabhängigen Fertigungslöhne.

Die Kalkulation erfolgt nach einem einheitlichen Schema, das Sie unbedingt einhalten müssen.

So sieht das Schema einer Kalkulation grundsätzlich aus:

	Materialeinzelkosten
+	Zuschlag in % für Materialgemeinkosten (MGK)
=	**Materialkosten**
	Fertigungslöhne
+	Zuschlag in % für Fertigungsgemeinkosten (FGK)
+	Sondereinzelkosten der Fertigung
=	**Fertigungskosten**
=	**Herstellkosten**
+	Zuschlag in % für Verwaltungsgemeinkosten
+	Zuschlag in % für Vertriebsgemeinkosten
+	Sondereinzelkosten des Vertriebs
=	**Selbstkosten**
+	Zuschlag in % für den Gewinn
=	**Barverkaufspreis**
+	Skonto in %
=	**Zielverkaufspreis**
+	Rabatt in %
=	**Angebotspreis**

Das Schema kann bei Bedarf erweitert werden. Dies ist z. B. der Fall, wenn mehrere Fertigungsstellen im BAB eingerichtet wurden.

Beispiel:

Fertigung 1:

	Fertigungslöhne 1
+	Zuschlag in % für Fertigungsgemeinkosten (FGK) 1
+	Sondereinzelkosten der Fertigung
=	**Fertigungskosten 1**

Fertigung 2:

	Fertigungslöhne 2
+	Zuschlag in % für Fertigungsgemeinkosten (FGK) 2
+	Sondereinzelkosten der Fertigung
=	**Fertigungskosten 2**
=	**gesamte Fertigungskosten**

Das Schema wird auch erweitert, wenn außer Skonto zusätzlich eine Vertreterprovision eingerechnet werden muss.

Beispiel:

	Barverkaufspreis
+	Skonto in %
+	Vertreterprovision in %
=	**Zielverkaufspreis**

Die **Berechnung der Zuschläge** erfolgt, bis auf drei Ausnahmen, immer vom Hundert. Das heißt z. B. für die Materialgemeinkosten:

$$\text{MGK} = \frac{\text{Fertigungsmaterial} \cdot \text{MGKZ (\%)}}{100}$$

Nach dieser Methode werden ermittelt:

- die Materialgemeinkosten
- die Fertigungsgemeinkosten
- der Gewinn
- die Verwaltungsgemeinkosten
- die Vertriebsgemeinkosten.

Ausnahmen sind die Berechnung des Skontos, der Vertreterprovision und des Rabatts. Diese Beträge dürfen Sie nicht vom Hundert berechnen.

Rabatte, Skonto und Vertriebsprovisionen erhöhen den Zielverkaufspreis und den Angebotspreis und werden in einem Prozentsatz auf diesen aufgeschlagen. Hier müssen Sie aber die Prozentrechnung „im Hundert“ verwenden, da der Kunde

- den Rabatt immer vom Angebotspreis berechnet und abzieht sowie
- den Skonto immer vom Zielverkaufspreis berechnet und abzieht.

Die Vertreterprovision müssen Sie ebenfalls vom Zielverkaufspreis berechnen.

Der Barverkaufspreis und der Zielverkaufspreis stellen daher keine 100 % dar, sondern 100 % minus Prozentsatz für Skonto, Vertreterprovision bzw. Rabatt.

Beispiel für die Berechnung des Rabatts:

	Zielverkaufspreis	= 80 %
+	20 % Rabatt	= 20 %
=	Angebotspreis	= 100 %

5.2 Wann verwendet man einen Maschinenstundensatz für die Kalkulation?

Mit steigender Automatisierung in einer Fertigungsstelle nimmt der prozentuale Anteil der Fertigungslöhne an den Kosten tendenziell ab. Das hat zur Folge, dass ein großer Teil der Gemeinkosten dieser Fertigungsstelle nur noch zu einem geringen Teil von den Fertigungslöhnen abhängen. Sie werden zunehmend von den maschinellen Anlagen der Fertigung bestimmt und daher von der Laufzeit der Maschinen beeinflusst.

Beispiele:

- Servicekosten
- Reparaturkosten
- Abschreibungen
- Kalkulatorische Zinsen
- Energiekosten.

Berücksichtigt man diese Entwicklung nicht, ergeben sich für die Fertigungsgemeinkosten völlig unklare Zuschlagssätze, da sich die Gemeinkosten auf wesentlich verringerte Einzelkosten (= Fertigungslöhne) beziehen.

Folge: Der Zuschlagssatz würde dadurch immer höher und damit unrealistischer.

Beispiel:

Situation vor der Automatisierung		Situation nach der Automatisierung	
Fertigungslöhne	20.000 €	Fertigungslöhne	12.000 €
Fertigungsgemeinkosten	22.000 €	Fertigungsgemeinkosten	22.000 €
$\text{FGK} = \frac{22.000 \cdot 100}{20.000} = 110\ \%$		$\text{FGK} = \frac{22.000 \cdot 100}{12.000} = 183{,}33\ \%$	

Um diesen Zustand zu korrigieren, definiert man im Betriebsabrechnungsbogen diese Fertigungsstelle als Fertigungshauptstelle und bezeichnet sie als Maschinenplatz.

Da in dieser Fertigungsstelle aber auch noch Gemeinkosten anfallen, die sich nach wie vor auf Fertigungslöhne beziehen, muss man die Fertigungsgemeinkosten entsprechend aufteilen.

Man unterteilt die Fertigungsgemeinkosten daher in

- **maschinenabhängige Fertigungsgemeinkosten**
  → Das Ziel ist die Ermittlung eines Maschinenstundensatzes in Euro.
  → Die Grundlage für die Berechnung sind die Laufstunden der Maschine.
- **nicht maschinenabhängige Fertigungsgemeinkosten = Restgemeinkosten**
  → Das Ziel ist die Ermittlung eines möglichst genauen Zuschlagssatzes in Prozent.
  → Die Grundlage für die Berechnung sind, wie bisher, die Fertigungslöhne.

Der Maschinenstundensatz ist ein Verrechnungssatz in Euro. Er wird bei der Kalkulation der Erzeugnisse für die benötigte Laufzeit der Maschine eingesetzt und ersetzt den vorher verwendeten pauschalen Zuschlagssatz für die gesamten Fertigungsgemeinkosten.

Die Maschine bildet im BAB eine eigene Hauptkostenstelle. Sie weist den Maschinenstundensatz in Euro und den Zuschlagssatz für die Restgemeinkosten in Prozent aus.

Die nicht maschinenabhängigen Fertigungsgemeinkosten bezeichnet man auch als Restgemeinkosten.

5.3 Wann kann man eine Kalkulation mit Äquivalenzziffern verwenden?

Unter der Bedingung, dass

- Erzeugnisse in ihrer Art gleich sind,
- in einem festen Kostenverhältnis zueinander stehen und
- in Sortenfertigung produziert werden,

kann man Äquivalenzziffern für die Kalkulation einsetzen.

Das Kostenverhältnis der Erzeugnisse zueinander ergibt sich durch die unterschiedliche Beanspruchung der Produktionsmittel. Diese Unterschiede muss man relativ genau feststellen, z. B. durch Beobachtung und Messmethoden. Man bestimmt ein Erzeugnis als „Haupterzeugnis" und setzt dieses Erzeugnis gleich „1". Die anderen Erzeugnisse setzt man dann mit einem Abschlag oder einem Zuschlag in das Verhältnis zum Haupterzeugnis. Diese Verhältniszahlen bezeichnet man als Äquivalenzziffern.

Äquivalenz ist das Fremdwort für Verhältnis. Daraus ergibt sich der Begriff Äquivalenzziffern. Diese Ziffern drücken das unterschiedliche Kostenverhältnis verschiedener Erzeugnisse zu einem festgelegten Haupterzeugnis aus.

Was erwartet mich in der Prüfung?

In der Prüfung erwartet man von Ihnen, dass Sie wissen, wie eine Koststellenrechnung aufgebaut ist und welchem Zweck sie dient.

Den Betriebsabrechnungsbogen in einfacher, erweiterter und mehrstufiger Form müssen Sie „anwenden", d. h. sie müssen Teile ergänzen und Zuschlagssätze berechnen. Im Falle eines BAB auf Normalkostenbasis erwartet man von Ihnen eine Aussage zu einer Kostenüberdeckung bzw. Kostenunterdeckung. Gleiches wie für den BAB gilt auch für die Kostenträgerzeitrechnung.

Die Kalkulation von Angebotspreisen auf der Basis der Zuschlags- oder der Äquivalenzziffernkalkulation müssen Sie beherrschen. Ebenso die Maschinenstundensatzrechnung.

1. Das Lernlabyrinth

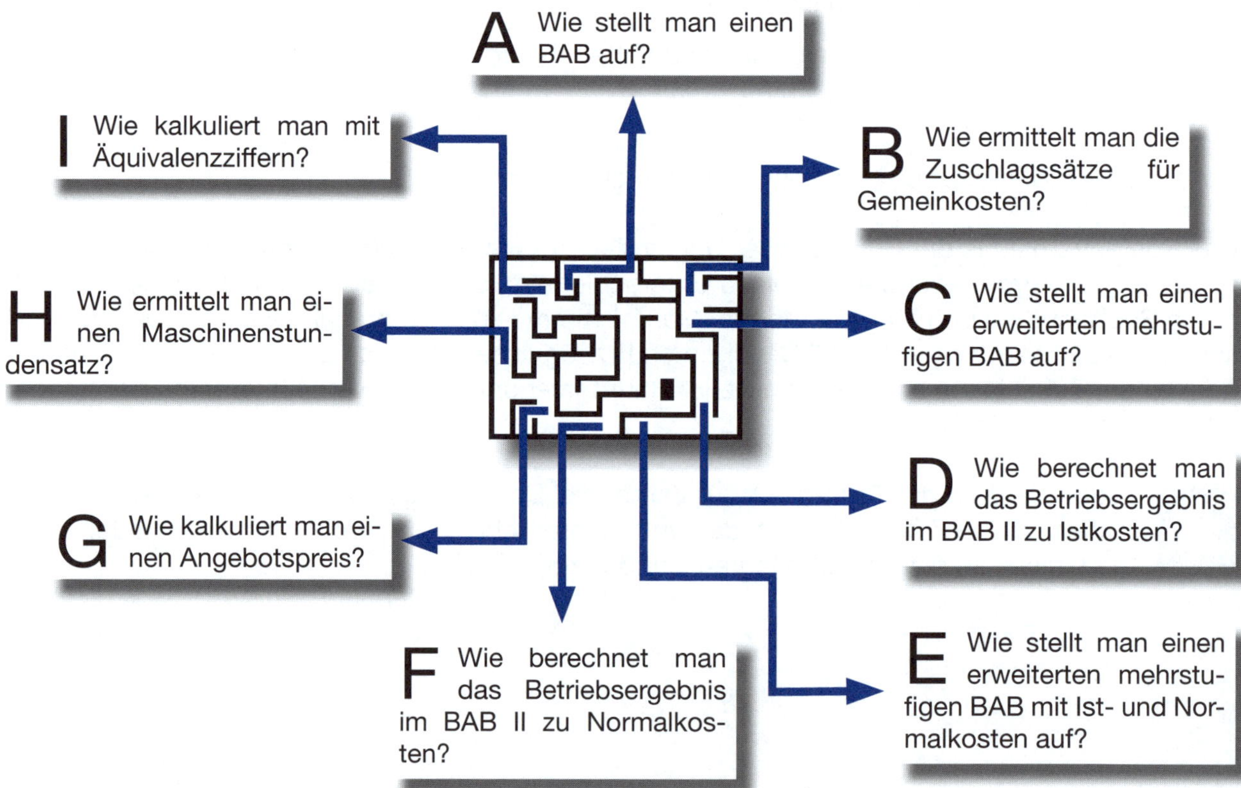

2. Wege aus dem Lernlabyrinth

 A

Wie stellt man einen BAB auf?

Gehen Sie in folgenden 2 Schritten vor:

1. Schritt:
Sie übernehmen zunächst die Werte aus der Betriebsergebnisrechnung und tragen Sie in den BAB ein.

Beachten Sie, dass Sie auch tatsächlich die Werte aus der Betriebsergebnisrechnung (RK II) übernehmen und nicht sämtliche Aufwendungen aus der Gewinn- und Verlustrechnung (RK I). Zur Verteilung im BAB dürfen nur die tatsächlichen Kosten eingehen. Sie dürfen aber nur die Gemeinkosten übernehmen und nicht die Einzelkosten. Denn nur die Gemeinkosten werden im BAB auf die Kostenstellen verteilt.

Rechnungskreis I				**Rechnungskreis II**					
Finanzbuchführung				**Abgrenzungsrechnung**				**Betriebsergebnisrechnung**	
				Unternehmensbezogene Abgrenzung **Gruppe 90**		**Kosten- und leistungsrechnerische Korrekturen** **Gruppe 91**		**Kosten- und Leistungsrechnung** **Gruppe 92**	
1	2	3	4	5	6	7	8	**9**	10
Konto-Nr.	Konto	Aufwand in T€	Ertrag in T€	Aufwand in T€	Ertrag in T€	Aufwand in T€	Ertrag in T€	**Kosten in T€**	Leistungen in T€
5000	UE		8.500						8.500
5200	BV	20						**20**	
5401	EMP		10		10				
5480	EHR		20				20		
5490	PFR		15				15		
6000	ROH	1.525				1.525	1.575	**1.575**	
6020	HIL	20						**20**	
6030	BET	30						**30**	
6050	ENG	20						**20**	
6200	LÖH	1.200						**1.200**	
6300	GEH	700						**700**	
6400	SAG	17						**17**	
6520	ABS	2.500				2.500	2.700	**2.700**	
6800	KOM	20						**20**	
6960	VAV	10				10			
7000	STEU	15						**15**	
7510	ZA	40				40	45	**45**	
Zusatzkosten									
Kalk. UL							150	**150**	
Kalk. WA							5	**5**	
Kalk. MI							6	**6**	
	Summe	6.117	8.545	0	10	4.075	4.516	6.523	8.520
	Salden	2.428		10		441		1.977	

Einfacher Betriebsabrechnungsbogen mit vier Hauptkostenstellen Beträge in T€						
Gemeinkosten-arten	**Zahlen der Betriebs-ergebnis-rechnung in T€**	**Verteilungsgrundlagen bzw. Verteilungsverhältnis**	**Kosten-stelle Material**	**Kosten-stelle Ferti-gung**	**Kosten-stelle Verwal-tung**	**Kosten-stelle Vertrieb**
Aufw. Hilfsst.	20					
Aufw. Betriebsst	30					
Aufw. Energie	20					
Gehälter	700					
Soz. Abgaben	17					
Abschr. a. SachA	2.700					
Aufw. f. Komm.	20					
Betr. Steuern	15					
Kalk. Zins	45					
Kalk. Untern. L.	150					
Kalk. Wagnisse	5					
Kalk. Miete	6					

2. Schritt:
Jetzt verteilen Sie die Gemeinkosten auf die einzelnen Kostenstellen. Hierzu benötigen Sie eine passende Verteilungsgrundlage. Anschließend bilden Sie die Summen je Kostenstelle und vergleichen die Gesamtsumme der 4 Kostenstellen mit der Gesamtsumme der Gemeinkosten.

Mögliche Verteilungsgrundlagen sind:

Hilfslöhne	→ Arbeitsstunden je Kostenstelle
Gehälter	→ Arbeitsstunden je Kostenstelle
Energiekosten	→ Wattzahl der Maschinen, Stromzähler je Kostenstelle
Abschreibungen	→ abnutzbares Anlagevermögen je Kostenstelle
Versicherungen	→ Anzahl der Beschäftigten je Kostenstelle
Gewerbesteuer	→ betriebsnotwendiges Vermögen je Kostenstelle
Heizkosten	→ Raumgröße in m^3
Kalkulat. Unternehmerlohn	→ Anzahl der Beschäftigten je Kostenstelle
Kalkulatorische Zinsen	→ betriebsnotwendiges Vermögen je Kostenstelle

Einfacher Betriebsabrechnungsbogen mit vier Hauptkostenstellen Beträge in T€						
Gemeinkosten-arten	**Zahlen der Betriebs-ergebnis-rechnung**	**Verteilungsgrundlagen bzw. Verteilungsverhältnis**	**Kosten-stelle Material**	**Kosten-stelle Ferti-gung**	**Kosten-stelle Verwal-tung**	**Kosten-stelle Vertrieb**
Aufw. Hilfsst.	20	Entnahmenachweise		15		5
Aufw. Betriebsst.	30	Entnahmenachweise		20	5	5
Aufw. Energie	20	Watt, m^3 1:5:3:1	2	10	6	2

Gehälter	700	Gehaltsliste	50	50	400	200
Soz. Abgaben	17	Gehaltsliste	1	1	10	5
Abschr. a. SachA	2.700	Anlagendatei	200	2.000	400	100
Aufw. f. Komm.	20	Schätzung 1:2:3:4	2	4	6	8
Betr. Steuern	15	Betriebsnotw. Vermögen	1	7	5	2
Kalk. Zins	45	Betriebsnotw. Vermögen	3	21	15	6
Kalk. Untern. L.	150	Beschäftigte	20	60	40	30
Kalk. Wagnisse	5	Schätzung 1:2:1:1	1	2	1	1
Kalk. Miete	6	Schätzung 1:2:2:1	1	2	2	1
Summe der Gemeinkosten	3.728		281	2.192	890	365

B Wie ermittelt man die Zuschlagssätze für Gemeinkosten?

Zunächst müssen Sie die Zuschlagsgrundlagen für die Berechnung der Gemeinkostenzuschläge in den BAB einsetzen.

Folgende Zuschlagsgrundlagen müssen Sie verwenden:

- Kostenstelle Material → Fertigungsmaterial = Einzelkosten
- Kostenstelle Fertigung → Fertigungslöhne = Einzelkosten
- Kostenstelle Verwaltung → Herstellkosten des Umsatzes
- Kostenstelle Vertrieb → Herstellkosten des Umsatzes

Fertigungsmaterial und Fertigungslöhne entnehmen Sie der Betriebsergebnisrechnung. Das Fertigungsmaterial ist unter dem Konto 6000 Aufwendungen für Rohstoffe ausgewiesen. Achten Sie aber darauf, dass Sie den Wert aus der Betriebsergebnisrechnung übernehmen und nicht den Wert aus der GuV-Rechnung.

Die Herstellkosten des Umsatzes müssen Sie erst ermitteln.

- Das Fertigungsmaterial beträgt 1.575.000 €
- Die Fertigungslöhne betragen 1.200.000 €.

Die beiden Kostenstellen Verwaltung und Vertrieb stellen eine Ausnahme dar, denn für sie steht keine vergleichbare Zuschlagsgrundlage zur Verfügung. Da sie weder vom Fertigungsmaterial, noch von den Fertigungslöhnen abhängen, kann man diese beiden Werte auch nicht als Grundlage verwenden.

Man kann aber davon ausgehen, dass die während der Abrechnungsperiode entstandenen Herstellkosten eine Zuschlagsgrundlage bilden können.

Bei den Herstellkosten unterscheidet man zwischen

- Herstellkosten der Erzeugung und
- Herstellkosten des Umsatzes.

Den Herstellkosten des Umsatzes liegt folgende Überlegung zugrunde:

- Erzeugte, aber in dieser Abrechnungsperiode noch nicht verkaufte Produkte haben Kosten verursacht, aber noch keine Umsatzerlöse erzielt.
  -> Es handelt sich um **Mehrbestände** (Bestandsaufbau).
  -> Deshalb subtrahiert man sie von den Herstellkosten der Erzeugung,
- Verkaufte, aber in dieser Abrechnungsperiode nicht erzeugte Produkte. haben Umsatzerlöse erzielt, aber keine Kosten verursacht.
  -> Es handelt sich um **Minderbestände** (Bestandsabbau).
  -> Deshalb addiert man sie zu den Herstellkosten der Erzeugung.
- Durch diese Berechnung erhält man die Herstellkosten, die sich auf die betriebliche Umsatzleistung beziehen.

	Herstellkosten der Erzeugung
-	Mehrbestand
+	Minderbestand
=	Herstellkosten des Umsatzes

Aus Gründen der Vereinfachung verwendet man die Herstellkosten des Umsatzes als Zuschlagsgrundlage nicht nur für die Kostenstelle Vertrieb, sondern auch für die Kostenstelle Verwaltung.

So berechnen Sie die Herstellkosten (HK) des Umsatzes:

	Fertigungsmaterial	1.575.000,00 €
+	Materialgemeinkosten	281.000,00 €
=	Materialkosten (MK)	1.856.000,00 €
	Fertigungslöhne	1.200.000.00 €
+	Fertigungsgemeinkosten	2.192.000,00 €
=	Fertigungskosten (FK)	3.392.000,00 €
	Herstellkosten der Erzeugung (MK+FK)	5.248.000,00 €
+	Minderbestand (Bestandsabbau)	20.000,00 €
-	Mehrbestand (Bestandsaufbau)	0,00 €
=	**Herstellkosten des Umsatzes**	**5.268.000,00 €**

Einen Mehr- oder Minderbestand entnehmen Sie der Betriebsergebnisrechnung (Abgrenzungstabelle) aus der Zeile mit dem Konto 5200 Bestandsveränderungen.

In diesem Fall handelt es sich um einen Minderbestand von 20.000 €.

So berechnen Sie die Zuschlagssätze für die Gemeinkosten:

Der Gemeinkostenzuschlag für die Kostenstelle Material

Berechnung:

Fertigungsmaterial = 100 %
Summe der Gemeinkosten = x %

$$\text{MGK-Zuschlagssatz} = \frac{\text{Materialgemeinkosten} \cdot 100}{\text{Fertigungsmaterial}}$$

$$\frac{281.000 \cdot 100}{1.575.00} = 17{,}84\ \%$$

Der Gemeinkostenzuschlag für die Kostenstelle Fertigung

Berechnung:

Fertigungslöhne = 100 %
Summe der Gemeinkosten = x %

$$\text{FGK-Zuschlagssatz} = \frac{\text{Fertigungsgemeinkosten} \cdot 100}{\text{Fertigungslöhne}}$$

$$\frac{2.192.000 \cdot 100}{1.200.000} = 182{,}67\ \%$$

Der Gemeinkostenzuschlag für die Kostenstellen Verwaltung und Vertrieb

Berechnung:

HK des Umsatzes = 100 %
Summe der Gemeinkosten = x %

$$\text{VWGK-Zuschlagssatz} = \frac{\text{Verwaltungsgemeinkosten} \cdot 100}{\text{HK des Umsatzes}}$$

$$\frac{890.000 \cdot 100}{5.268.000} = 16{,}89\ \%$$

$$\text{VTGK-Zuschlagssatz} = \frac{\text{Vertriebsgemeinkosten} \cdot 100}{\text{HK des Umsatzes}}$$

$$\frac{365.000 \cdot 100}{5.268.000} = 6{,}93\ \%$$

Einfacher Betriebsabrechnungsbogen mit vier Hauptkostenstellen Beträge in T€						
Gemeinkosten-arten	**Zahlen der Betriebs-ergebnis-rechnung**	**Verteilungsgrundlagen bzw. Verteilungsverhältnis**	**Kosten-stelle Material**	**Kosten-stelle Ferti-gung**	**Kosten-stelle Verwal-tung**	**Kosten-stelle Vertrieb**
Aufw. Hilfsst.	20	Entnahmenachweise		15		5
Aufw. Betriebsst.	30	Entnahmenachweise		20	5	5
Aufw. Energie	20	Watt, m^3 1:5:3:1	2	10	6	2
Gehälter	700	Gehaltsliste	50	50	400	200
Soz. Abgaben	17	Gehaltsliste	1	1	10	5
Abschr. a. SachA	2.700	Anlagendatei	200	2.000	400	100
Aufw. f. Komm.	20	1:2:3:4	2	4	6	8
Betr. Steuern	15	Betriebsnotw. Vermögen	1	7	5	2
Kalk. Zins	45	Betriebsnotw. Vermögen	3	21	15	6
Kalk. Untern. L.	150	Beschäftigte	20	60	40	30
Kalk. Wagnisse	5	1:2:1:1	1	2	1	1
Kalk. Miete	6	1:2:2:1	1	2	2	1
Summe der Gemeinkosten	3.728		281	2.192	890	365
Zuschlags-grundlagen			Ferti-gungs-material (FM) 1.575	Ferti-gungs-löhne (FL) 1.200	HK d. Umsat-zes 5.268	HK d. Umsat-zes 5.268
Gemeinkosten-zuschlagssätze			**17,84 %**	**182,67 %**	**16,89 %**	**6,93 %**

Der auffällig hohe Zuschlagssatz für die Fertigungsgemeinkosten ist durch die hohen Abschreibungen begründet. Diese wiederum entstehen durch die relativ hohen Neuinvestitionen im Bereich der Fertigung.

C

Wie stellt man einen erweiterten mehrstufigen BAB auf?

Der BAB wird erweitert.

Da die Ausstattung und Beanspruchung der Anlagen sehr unterschiedlich ist, wird der Fertigungsbereich in zwei Kostenstellen – Fertigung 1 und Fertigung 2 – aufgeteilt.

Der BAB wird mehrstufig.

Zusätzlich hat man sich für die Einrichtung einer Hilfskostenstelle Arbeitsvorbereitung entschieden. Man erhofft sich dadurch eine genauere Verteilung der Kosten auf die Kostenstelle Fertigung.

- Zunächst muss man versuchen, die anteiligen Kosten für die Hilfskostenstelle AV zu ermitteln und außerdem die Kosten auf die beiden Fertigungsstellen aufteilen.

- Anschließend legt man die Summe der Gemeinkosten der Arbeitsvorbereitung in einem bestimmten Verhältnis auf die nachfolgenden Kostenstellen um. In unserem Beispiel sind es die Kostenstellen Fertigung 1 und Fertigung 2.
- Dann muss man die neuen Summen der Kosten je Kostenstelle bilden und für die Kostenstellen, die von der Umlage betroffen waren, neue Zuschlagssätze berechnen. In diesem Fall betrifft das nur die Kostenstellen Fertigung 1 und Fertigung 2.

Durch diese Verteilung ergeben sich neue Zuschlagssätze für die Gemeinkosten der Kostenstelle Fertigung bzw. für die neuen Kostenstellen Fertigung 1 und Fertigung 2.

Die Zuschlagsgrundlage für die Kostenstellen Verwaltung und Vertrieb bleiben unverändert, da diese beiden Stellen von der Aufteilung der Gemeinkosten der Hilfskostenstelle nicht betroffen waren. Deshalb verändern sich auch die Zuschlagssätze für diese Kostenstellen nicht.

Berechnung:

Fertigungslöhne 1 = 100 %
Summe der Gemeinkosten Fertigung 1 = x %

$$\text{FGK 1-Zuschlagssatz} = \frac{\text{Fertigungsgemeinkosten 1} \cdot 100}{\text{Fertigungslöhne 1}}$$

$$\frac{1.447.000 \cdot 100}{700.000} = 206{,}71\ \%$$

Fertigungslöhne 2 = 100 %
Summe der Gemeinkosten Fertigung 1 = x %

$$\text{FGK 2-Zuschlagssatz} = \frac{\text{Fertigungsgemeinkosten 2} \cdot 100}{\text{Fertigungslöhne 1}}$$

$$\frac{745.000 \cdot 100}{500.000} = 149{,}00\ \%$$

Siehe folgende Tabelle.

Erweiterter und mehrstufiger Betriebsabrechnungsbogen mit fünf Hauptkostenstellen und einer Hilfskostenstelle Beträge in T€

Gemeinkosten-arten	**Zahlen der Betriebs-ergebnis-rechnung**	**Verteilungsgrund-lagen bzw. Vertei-lungsverhältnis**	**Kostenstelle Material**	**Hilfskosten-stelle Arbeits-vorbereitung**	**Kostenstelle Fertigung 1**	**Kostenstelle Fertigung 2**	**Kostenstelle Verwaltung**	**Kostenstelle Vertrieb**
Aufw. Hilfsst.	20,00	Entnahmenachweise		3,00	6,00	6,00		5,00
Aufw. Betriebsst.	30,00	Entnahmenachweise		2,00	10,00	8,00	5,00	5,00
Aufw. Energie	20,00	Watt, m^3 2:1:4:5:6:2	2,00	1,00	4,00	5,00	6,00	2,00
Gehälter	700,00	Gehaltsliste	50,00	10,00	30,00	10,00	400,00	200,00
Soz. Abgaben	17,00	Gehaltsliste	1,00	0,20	0,60	0,20	10,00	5,00
Abschr. a. SachA	2.700,00	Anlagendatei	200,00	200,00	1.200,00	600,00	400,00	100,00
Aufw. f. Komm.	20,00	2:2:1:1:6:8	2,00	2,00	1,00	1,00	6,00	8,00
Betr. Steuern	15,00	betriebsnotw. Vermögen	1,00	0,00	5,00	2,00	5,00	2,00
Kalk. Zins	45,00	betriebsnotw. Vermögen	3,00	4,00	10,00	7,00	15,00	6,00
Kalk. Untern.L.	150,00	Beschäftigte	20,00	10,00	25,00	25,00	40,00	30,00
Kalk. Wagnisse	5,00	1:0:1:1:1:1	1,00	0,00	1,00	1,00	1,00	1,00
Kalk. Miete	6,00	1:0:1:1:2:1	1,00	0,00	1,00	1,00	2,00	1,00
Summen	3.728,00		281,00	232,20	1.293,60	666,20	890,00	365,00
Umlage Arbeits-vorbereitung		Summe der FGK gerundet		→	153,40	78,80	0,00	0,00
Summe der Gemeinkosten	3.728,00		281,00	0,00	1.447,00	745,00	890,00	365,00
Zuschlags-grundlagen			Fertigungs-material (FM) 1.575,00		Fertigungs-löhne (FL) 700,00	Fertigungs-löhne (FL) 500,00	HK d. Umsatzes 5.268,00	HK d. Umsatzes 5.268,00
Gemeinkosten-zuschlagssätze			**17,84 %**		**206,71 %**	**149,00 %**	**16,89 %**	**6,93 %**

D Wie berechnet man das Betriebsergebnis im BAB II zu Istkosten?

Wir schränken die Betrachtung ein und gehen von der Herstellung zweier Produkte aus, M1 und M2.

- Die Gemeinkosten werden durch die im BAB ermittelten Zuschlagssätze auf die Produkte M1 und M2 im gleichen Verhältnis verrechnet.
- Die Einzelkosten, d. h. der Materialeinsatz und die Fertigungslöhne, sowie die Umsatzerlöse sind jedoch unterschiedlich hoch.
- Addiert man alle Kosten (= Vollkosten), die diese beiden Produkte insgesamt verursacht haben und zieht davon die Umsatzerlöse ab, erhält man ein positives oder negatives Ergebnis je Produkt.
- Die Summe der beiden Ergebnisse muss aber wieder das gesamte Betriebsergebnis ergeben.
- Dieses Ergebnis muss (bis auf geringe Differenzen, die sich aus den Rundungen ergeben) mit dem Betriebsergebnis in der Ergebnistabelle, Spalte 9, übereinstimmen.
- Zur Darstellung verwenden wir das Kostenträgerblatt. Man bezeichnet es auch als „BAB II".

Ziel dieser Berechnung ist es, den kurzfristigen Erfolg der einzelnen Kostenträger festzustellen.

Kostenträgerzeitrechnung (BAB II) auf Istkostenbasis				
Kalkulationsschema		**Istkosten insgesamt**	**Kostenträger**	
			Produkt M1	**Produkt M2**
	Fertigungsmaterial	1.575.000,00	1.000.000,00	575.000,00
+	17,84 % Materialgemeinkosten	280.980,00	178.400,00	102.580,00
=	**Materialkosten**	**1.855.980,00**	**1.178.400,00**	**677.580,00**
	Fertigungslöhne I	700.000,00	400.000,00	300.000,00
+	206,71 % Fertigungsgemeinkosten I	1.446.970,00	826.840,00	620.130,00
=	**Fertigungskosten I**	**2.146.970,00**	**1.226.840,00**	**920.130,00**
	Fertigungslöhne II	500.000,00	300.000,00	200.000,00
+	149,00 % Fertigungsgemeinkosten II	745.000,00	447.000,00	298.000,00
=	**Fertigungskosten II**	**1.245.000,00**	**747.000,00**	**498.000,00**
	Herstellkosten der Erzeugung	**5.247.950,00**	**3.152.240,00**	**2.095.710,00**
-	Mehrbestand	0,00	0,00	0,00
+	Minderbestand	20.000,00	0,00	20.000,00
=	**Herstellkosten des Umsatzes**	**5.267.950,00**	**3.152.240,00**	**2.115.710,00**
+	16,89 % Verwaltungsgemeinkosten	889.756,75	532.413,33	357.343,41
+	6,93 % Vertriebsgemeinkosten	365.068,93	218.450,23	146.618,70
=	**Selbstkosten des Umsatzes**	**6.522.775,68**	**3.903.103,56**	**2.619.672,11**
	Nettoumsatzerlöse	8.500.000,00	5.800.000,00	2.700.000,00
	Betriebsergebnis	**1.977.224,32**	**1.896.896,44**	**80.327,89**

Auswertung des Ergebnisses

Hinweise:

- Das Betriebsergebnis für beide Kostenträger beträgt nach dieser Berechnung 1.977.224,32 €. Das Betriebsergebnis aus der Ergebnisrechnung (Abgrenzungstabelle) beträgt genau 1.977.000 €.

  Die Differenz von 224,32 € ergibt sich durch die Rundung der Zuschlagssätze.

  Bei der Addition der Betriebsergebnisse von M1 und M2 ergibt sich beim Vergleich mit dem Gesamt-Betriebsergebnis ebenfalls eine Differenz von 0,01 € durch Rundungen.
- Beide Kostenträger weisen ein positives Betriebsergebnis auf, jedoch in deutlich unterschiedlichen Verhältnissen zu den Selbstkosten des Umsatzes.
- Zum Vergleich ermittelt man jetzt
  → den Erfolg, d. h. den Gewinn oder Verlust, jedes Kostenträgers in Prozent und
  → die Wirtschaftlichkeit jedes Kostenträgers.

Das Kostenträgerblatt wird dadurch zu einem einfachen Instrument einer kurzfristigen Ergebnisrechnung.

So berechnet man den Erfolg der Kostenträger:

Man bezieht das Betriebsergebnis auf die Selbstkosten des Umsatzes.

SK des Umsatzes Produkt M1	= 100 %	3.903.103,56 €	= 100 %
Betriebsergebnis Produkt M1	= x %	1.896.896,44 €	= x %

$$x = \frac{1.896.896,44 \cdot 100}{3.903.103,56} = 48,599\ \% \rightarrow \text{gerundet: } 48,60\ \%\ \text{Gewinn}$$

SK des Umsatzes Produkt M2	= 100 %	2.619.672,11 €	= 100 %
Betriebsergebnis Produkt M2	= x %	80.327,89 €	= x %

$$x = \frac{80.327,89 \cdot 100}{2.619.672,11} = 3,066\ \% \rightarrow \text{gerundet: } 3,07\ \%\ \text{Gewinn}$$

Was sagen diese Ergebnisse aus?

- **Produkt M1** erwirtschaftet einen sehr hohen Gewinn. Es handelt sich dabei um ein Produkt mit außergewöhnlich günstiger Kosten- und Preisstruktur.
  → Gewinne in dieser Höhe bilden die Ausnahme.
- **Produkt M2** liegt unterhalb der Gewinnerwartungen.
  → Hier muss man mit einer genauen Analyse der Kosten und der Produktionsprozesse versuchen, die Gewinnsituation zu verbessern.

E Wie stellt man einen erweiterten mehrstufigen BAB mit Ist- und Normalkosten auf?

Als **Istkosten** bezeichnet man die Kosten, die in der aktuellen Abrechnungsperiode in der Gewinn- und Verlustrechnung tatsächlich ausgewiesen wurden.

Als **Normalkosten** bezeichnet man Istkosten, die man entsprechend den betrieblichen Vorstellungen verändert und an diese Erfordernisse angepasst hat.

Diese Veränderung erreicht man, indem man die Zuschlagssätze für die Gemeinkosten, entsprechend den Erfordernissen ändert.

Nicht die Kosten selbst werden dabei verändert, sondern nur die Zuschlagssätze.

Anpassung bei den Materialgemeinkosten

Zuschlagssätze der letzten 12 Monate	
Monat 01	17,60 %
Monat 02	17,90 %
Monat 03	17,60 %
Monat 04	17,90 %
Monat 05	17,90 %
Monat 06	18,10 %
Monat 07	17,90 %
Monat 08	17,90 %
Monat 09	18,30 %
Monat 10	17,95 %
Monat 11	18,30 %
Monat 12	18,30 %

Aus diesen Angaben errechnet man den Durchschnitt für ein Monat:

$$\frac{17{,}60 + 17{,}90 + 17{,}60 + 17{,}90 + 17{,}90 + 18{,}10 + 17{,}90 + 17{,}90 + 18{,}30 + 17{,}95 + 18{,}30 + 18{,}30}{12} = 17{,}97\ \%$$

- Das Ergebnis zeigt, dass der Zuschlagssatz von 17,8 % aus dem Monat 01 zu niedrig gewesen wäre, wenn man ihn während des gesamten Jahres verwendet hätte.
- Eine laufende Anpassung wäre jedoch genauso ungünstig gewesen, da sich dadurch die kalkulierten Verkaufspreise laufend ändern würden. Das wäre am Markt nicht durchsetzbar.

Man muss deshalb bei der Kalkulation der Verkaufspreise mit einem Gemeinkostenzuschlagssatz für den Materialbereich von durchschnittlich 17,97 % rechnen.

Um geringfügige Preissteigerungen abzufangen, plant man ab sofort mit einem Zuschlagssatz für die Materialgemeinkosten von 18 %.

Den angepassten Zuschlag von 18 % bezeichnet man als „Zuschlagssatz zu Normalkosten".

Anpassung bei den Fertigungsgemeinkosten

Bei den Fertigungslöhnen in der Kostenstelle Fertigung 1 geht man von einer leichten Zunahme der Lohnkosten aus.
-> Wir erhöhen deshalb den FGK-Zuschlagssatz „leicht" um 0,29 % auf 207,00 %.

Bei den Fertigungslöhnen in der Kostenstelle Fertigung 2 geht man nur von einer unwesentlichen Erhöhung der Lohnkosten aus.
-> Wir verzichten deshalb auf eine Anpassung des FGK-Zuschlagssatzes.

Das ist das Ergebnis der Veränderungen bei den Kostenstellen Material und Fertigung:

Gemeinkosten-zuschlagsart	Zuschlagssatz Istkosten	Zuschlagssatz Normalkosten
Material	17,84 %	18,00 %
Fertigung 1	206,71 %	207,00 %
Fertigung 2	149,00 %	149,00 %

Damit die veränderten Zuschlagssätze wirksam werden, muss man sie im Betriebsabrechnungsbogen (BAB) berücksichtigen.

Die Zuschlagssätze für die Kostenstellen Verwaltung und Vertrieb dürfen Sie nicht einfach verändern. Sie müssen diese aus den Ansätzen zu Normalkosten der vorgeschalteten Kostenstellen ermitteln.

Daher müssen Sie jetzt die HK des Umsatzes zu Normalkosten ermitteln und von dieser Grundlage die Zuschlagssätze zu Normalkosten berechnen.

Die Berechnung kennen Sie bereits vom BAB zu Istkosten.

So berechnen Sie die Herstellkosten (HK) des Umsatzes zu Normalkosten:

	Fertigungsmaterial	1.575.000,00 €
+	Materialgemeinkosten 18,00 %	283.500,00 €
=	Materialkosten	1.858.500,00 €

	Fertigungslöhne 1	700.000,00 €
+	Fertigungsgemeinkosten 1 207,00 %	1.449.000,00 €
=	Fertigungskosten 1	2.149.000,00 €
	Fertigungslöhne 2	500.000,00 €
+	Fertigungsgemeinkosten 2 149,00 %	745.000,00 €
=	Fertigungskosten 2	1.245.000,00 €
	Fertigungskosten gesamt	3.394.000,00 €
	Herstellkosten der Erzeugung (MK+FK)	5.252.500,00 €
+	Minderbestand (Bestandsabbau)	20.000,00 €
-	Mehrbestand (Bestandsaufbau)	0,00 €
=	Herstellkosten des Umsatzes	5.272.500,00 €

Berechnung der Zuschlagssätze für Verwaltung und Vertrieb:

HK des Umsatzes zu Normalkosten = 100 %
Summe der Gemeinkosten = x %

$$\text{VWGK-Zuschlagssatz zu Normalkosten} = \frac{\text{Verwaltungsgemeinkosten} \cdot 100}{\text{HK des Umsatzes zu NK}}$$

$$\frac{890.000 \cdot 100}{5.272.500} = 16{,}88\ \%$$

$$\text{VTGK-Zuschlagssatz zu Normalkosten} = \frac{\text{Vertriebsgemeinkosten} \cdot 100}{\text{HK des Umsatzes zu NK}}$$

$$\frac{365.000 \cdot 100}{5.272.500} = 6{,}92\ \%$$

Das ist das gesamte Ergebnis der Veränderungen bei sämtlichen Kostenstellen:

Gemeinkosten-zuschlagsart	Zuschlagssatz Istkosten	Zuschlagssatz Normalkosten	Veränderung
Material	17,84 %	18,00 %	+ 0,16 %
Fertigung 1	206,71 %	207,00 %	+ 0,29 %
Fertigung 2	149,00 %	149,00 %	+/- 0,00 %
Verwaltung	16,89 %	16,88 %	- 0,01 %
Vertrieb	6,93 %	6,92 %	- 0,01 %

Jetzt können Sie den BAB zu Normalkosten aufstellen – gehen sie dabei in 6 Schritten vor:

1. Übernehmen Sie die Zuschlagssätze zu Normalkosten in den BAB.
2. Berechnen Sie die Normalkosten in Euro. Die Werte für die Bereiche Material und Fertigung können Sie aus der Aufstellung „Herstellkosten des Umsatzes zu Normalkosten" übernehmen.
3. Vergleichen Sie dann die Gemeinkosten zu Normalkosten mit den Gemeinkosten zu Istkosten. Eine Abweichung stellt eine Kostenüberdeckung oder Kostenunterdeckung dar.
4. Eine Kostenüberdeckung liegt vor, wenn die Gemeinkosten zu Normalkosten höher sind als die Gemeinkosten zu Istkosten.
5. Eine Kostenunterdeckung liegt vor, wenn die Gemeinkosten zu Normalkosten geringer sind als die Gemeinkosten zu Istkosten.
6. Ermitteln Sie die gesamte Kostenüber- oder -unterdeckung, indem Sie die Summe aus den Einzelwerten bilden.

Siehe Tabelle auf Seite 109.

Das ist das Ergebnis der Planung mit Normalkosten:

- Bei den Kostenstellen Material und Fertigung 1 plant man mehr Kosten ein, als tatsächlich entstanden sind:
  → Normalkosten > Istkosten = Kostenüberdeckung.
- Bei der Kostenstelle Fertigung 2 verändert man die Kostenansätze nicht:
  → Normalkosten = Istkosten.
- Bei den Kostenstellen Verwaltung und Vertrieb plant man weniger Kosten ein, als tatsächlich entstanden sind:
  → Normalkosten < Istkosten = Kostenunterdeckung.
- Insgesamt plant man mit einer Kostenüberdeckung von 3.290 €. Man plant höhere Kosten ein als momentan tatsächlich anfallen. Diese Kosten gehen in die Kalkulation der Verkaufspreise ein.

  Wenn die Umsatzerlöse in der geplanten Höhe zurückfließen, entsteht in diesem Fall eine kleine Reserve. Dadurch könnten eventuell steigende Kosten in geringem Umfang aufgefangen werden, ohne die Zuschlagssätze ändern zu müssen.

Eine Kostenüberdeckung liegt vor, wenn Normalkosten > Istkosten sind.

Eine Kostenunterdeckung liegt vor, wenn Normalkosten < Istkosten sind.

Erweiterter und mehrstufiger Betriebsabrechnungsbogen mit fünf Hauptkostenstellen und einer Hilfskostenstelle Beträge in T€

Gemeinkostenarten	**Zahlen der Betriebsergebnisrechnung**	**Verteilungsgrundlagen bzw. Verteilungsverhältnis**	**Kostenstelle Material**	**Hilfskostenstelle Arbeitsvorbereitung**	**Kostenstelle Fertigung 1**	**Kostenstelle Fertigung 2**	**Kostenstelle Verwaltung**	**Kostenstelle Vertrieb**
Aufw. Hilfsst.	20,00	Entnahmenachweise		3,00	6,00	6,00		5,00
Aufw. Betriebsst.	30,00	Entnahmenachweise		2,00	10,00	8,00	5,00	5,00
Aufw. Energie	20,00	Watt, m^3 2:1:4:5:6:2	2,00	1,00	4,00	5,00	6,00	2,00
Gehälter	700,00	Gehaltsliste	50,00	10,00	30,00	10,00	400,00	200,00
Soz. Abgaben	17,00	Gehaltsliste	1,00	0,20	0,60	0,20	10,00	5,00
Abschr. a. SachA	2.700,00	Anlagendatei	200,00	200,00	1.200,00	600,00	400,00	100,00
Aufw. f. Komm.	20,00	2:2:1:1:6:8	2,00	2,00	1,00	1,00	6,00	8,00
Betr. Steuern	15,00	betriebsnotw. Vermögen	1,00	0,00	5,00	2,00	5,00	2,00
Kalk. Zins	45,00	betriebsnotw. Vermögen	3,00	4,00	10,00	7,00	15,00	6,00
Kalk. Untern.L.	150,00	Beschäftigte	20,00	10,00	25,00	25,00	40,00	30,00
Kalk. Wagnisse	5,00	1:0:1:1:1:1	1,00	0,00	1,00	1,00	1,00	1,00
Kalk. Miete	6,00	1:0:1:1:2:1	1,00	0,00	1,00	1,00	2,00	1,00
Summen	3.728,00		281,00	232,20	1.293,60	666,20	890,00	365,00
Umlage Arbeitsvorbereitung		Summe der FGK gerundet		→	153,40	78,80	0,00	0,00
Summe der Gemeinkosten	3.728,00		281,00	0,00	1.447,00	745,00	890,00	365,00
Zuschlagsgrundlagen zu Istkosten			Fertigungsmaterial (FM) 1.575,00		Fertigungslöhne (FL) 700,00	Fertigungslöhne (FL) 500,00	HK d. Umsatzes 5.268,00	HK d. Umsatzes 5.268,00
Gemeinkosten-Istzuschlagssätze			17,84 %		206,71 %	149,00 %	16,89 %	6,93 %
Zuschlagsgrundlagen zu Normalkosten			**Fertigungsmaterial (FM) 1.575,00**		**Fertigungslöhne (FL) 700,00**	**Fertigungslöhne (FL) 500,00**	**HK d. Umsatzes 5.272,00**	**HK d. Umsatzes 5.272,00**
Gemeinkosten-Normalzuschlagssätze			**18,00 %**		**207,00 %**	**149,00 %**	**16,88 %**	**6,92 %**
Normalgemeinkosten			**283,50**		**1.449,00**	**745,00**	**889,91**	**364,82**
Kosten-Überdeckung(+) Unterdeckung(-) je Kostenstelle			+ 2,50		+ 2,00	+/- 0,00	- 0,09	- 0,18
Kosten-**Überdeckung(+)** Unterdeckung(-) gesamt	→				+ 4,23			

F

Wie berechnet man das Betriebsergebnis im BAB II zu Normalkosten?

Gehen sie genauso vor, wie bei der Aufstellung des BAB II zu Istkosten. Verwenden Sie aber jetzt die Zuschlagssätze aus dem BAB auf Normalkostenbasis.

! Sie müssen aber jetzt die Kostenüberdeckung oder die Kostenunterdeckung aus dem BAB zu Normalkosten im BAB II berücksichtigen.

Hinweis:
Durch die Rundung der Zuschlagssätze wird sich auch hier eine Differenz vom Betriebsergebnis im BAB II auf Istkostenbasis zu dem Betriebsergebnis im BAB II auf Normalkostenbasis ergeben. Diese Differenzen lasen sich nur vermeiden, wenn man absolut glatte Prozentsätze wählt, was in der Praxis jedoch nie gegeben sein wird.

Kostenträgerzeitrechnung (BAB II) auf Normalkostenbasis			
Kalkulationsschema	**Normalkosten insgesamt**	**Kostenträger**	
		Produkt M1	**Produkt M2**
Fertigungsmaterial + 18,00 % Materialgemeinkosten	1.575.000,00 283.500,00	1.000.000,00 180.000,00	575.000,00 103.500,00
= **Materialkosten**	**1.858.500,00**	**1.180.000,00**	**678.500,00**
Fertigungslöhne I + 207,00 % Fertigungsgemeinkosten I	700.000,00 1.449.000,00	400.000,00 828.000,00	300.000,00 621.000,00
= **Fertigungskosten I**	**2.149.000,00**	**1.228.000,00**	**921.000,00**
Fertigungslöhne II + 149,00 % Fertigungsgemeinkosten II	500.000,00 745.000,00	300.000,00 447.000,00	200.000,00 298.000,00
= **Fertigungskosten II**	**1.245.000,00**	**747.000,00**	**498.000,00**
Herstellkosten der Erzeugung	**5.252.500,00**	**3.155.000,00**	**2.097.500,00**
- Mehrbestand	0,00	0,00	0,00
+ Minderbestand	20.000,00	0,00	20.000,00
= **Herstellkosten des Umsatzes**	**5.272.500,00**	**3.155.000,00**	**2.117.500,00**
+ 16,88 % Verwaltungsgemeinkosten	889.998,00	532.564,00	357.434,00
+ 6,92 % Vertriebsgemeinkosten	364.857,00	218.326,00	146.531,00
= **Selbstkosten des Umsatzes**	**6.527.355,00**	**3.905.890,00**	**2.621.465,00**
Nettoumsatzerlöse	**8.500.000,00**	**5.800.000,00**	**2.700.000,00**
Umsatzergebnis	**1.972.645,00**	**1.894.110,00**	**78.535,00**
+ **Kostenüberdeckung**	**4.230,00**		
Betriebsergebnis	**1.976.875,00**		

Das Betriebsergebnis auf Normalkostenbasis weicht vom Betriebsergebnis auf Istkostenbasis um 349,32 € ab. Eine Differenz entsteht durch die Rundungen der Zuschlagssätze.

Auswertung des Ergebnisses

Im Gegensatz zum BAB II auf Istkostenbasis, weist der BAB II auf Normalkostenbasis das Umsatzergebnis aus. Außerdem kann man aus den Zahlen die Umsatzgewinnrate ermitteln.

1. Umsatzergebnis

Mit Umsatzergebnis bezeichnet man den Betrag, der sich hier als Differenz von den Umsatzerlösen zu den Selbstkosten des Umsatzes ergibt. Man erkennt daran,

- ob sich insgesamt ein Überschuss ergibt,
- ob sich bei den einzelnen Produkten ein Überschuss ergibt und
- wie hoch der jeweilige Überschuss ist.

2. Umsatzgewinnrate

Die Umsatzgewinnrate ist eine Kennzahl im Rahmen der Unternehmensbewertung. Sie sagt aus, welchen Anteil ein Produkt mit seinem Umsatzergebnis an den erzielten Umsatzerlösen hat.

- Eine positive Umsatzgewinnrate sagt aus, dass das Produkt einen entsprechenden Gewinn erwirtschaftet.
- Eine negative Umsatzgewinnrate sagt aus, dass das Produkt einen entsprechenden Verlust erwirtschaftet. Das heißt, dass jedes erzeugte Stück dieses Produkts das gesamte Umsatzergebnis schmälert.

Berechnung:

Umsatzerlöse Produkt M1 = 100 %
Umsatzergebnis Produkt M1 = x %

$$x = \frac{\text{Umsatzergebnis Produkt A} \cdot 100}{\text{Umsatzerlöse Produkt A}}$$

$$\text{UGR Produkt M1} = \frac{1.894.110 \cdot 100}{5.800.000} = 32{,}66\ \%$$

$$\text{UGR Produkt M2} = \frac{78.535 \cdot 100}{2.700.000} = 2{,}91\ \%$$

Beide Produkte haben eine positive Umsatzgewinnrate, wobei Produkt A ein wesentlich besseres Ergebnis erzielt.

→ Diese Tendenz hat sich schon bei der Erfolgskontrolle bei dem BAB II auf Istkostenbasis abgezeichnet.

 G

Wie kalkuliert man einen Angebotspreis?

Nachdem man die Gemeinkosten mittels des Betriebsabrechnungsbogens auf die Kostenstellen des Unternehmens verteilt und Zuschlagssätze ermittelt und diese auf Normalkosten angepasst hat, kann man mit der Berechnung der Verkaufspreise für die erzeugten Produkte beginnen. Hierzu benötigt man auch die Einzelkosten, d. h. das verbrauchte Fertigungsmaterial und die angefallenen mengenabhängigen Fertigungslöhne.

Die Kalkulation bezeichnet man auch als Kostenträgerstückrechnung.

So kalkuliert man eigene Erzeugnisse

Hinweis:
Bei der Kalkulation werden meist folgende Abkürzungen verwendet:

- MGK für Materialgemeinkosten
- FGK für Fertigungsgemeinkosten
- SEK für Sondereinzelkosten
- HK für Herstellkosten.

Sondereinzelkosten können anfallen

- im Bereich der Fertigung, z. B. für die Erstellung eines Modells oder einer speziellen Testserie („Nullserie“) und
- im Absatzbereich als Sondereinzelkosten des Vertriebs, z. B. Provisionen für Vertreter oder Kosten für Spezialverpackungen.

→ Sie werden mit dem entsprechenden Betrag in der Kalkulation berücksichtigt.

Die Kalkulation kann man in 5 logische Teilschritte zerlegen:

Teil 1 der Kalkulation – Berechnung der Herstellkosten

	Materialeinzelkosten	100,00 €		(100,00 : 100 · 18,00)
+	18,00 % MGK	18,00 €		
=	**Materialkosten**		**118,00 €**	
Fertigung 1				
	Fertigungslöhne	50,00 €		
+	207,00 % FGK 1	103,50 €		(50 : 100 · 207,00)
+	SEK der Fertigung	0,00 €		
=	**Fertigungskosten 1**	**153,50 €**		
Fertigung 2				
	Fertigungslöhne	30,00 €		
+	149,00 % FGK 2	44,70 €		(30 : 100 · 149,00)
+	SEK der Fertigung	0,00 €		
=	**Fertigungskosten 2**	**74,70 €**		
	Fertigungskosten (gesamt)		**228,20 €**	
=	**Herstellkosten**		**346,20 €**	(118,00 + 228,20)

Die Herstellkosten stellen jetzt die Grundlage für die Berechnung der Gemeinkosten für Verwaltung und Vertrieb dar. Auch sie werden mit einem Zuschlag in Form eines Prozentsatzes ermittelt.

Teil 2 der Kalkulation – Berechnung der Selbstkosten

	Herstellkosten	**346,20 €**	
+	16,88 % Verwaltungsgemeinkosten	58,44 €	(346,20 : 100 · 16,88)
+	6,92 % Vertriebsgemeinkosten	23,96 €	(346,20 : 100 · 6,92)
+	Sondereinzelkosten des Vertriebs	0,00 €	
=	**Selbstkosten**	**428,60 €**	

Jeder Unternehmer muss einen angemessenen Gewinn in die Verkaufspreise seiner Produkte einplanen. Dieser Gewinn wird ebenfalls in Form eines Zuschlags berechnet. Grundlage stellen hier die Selbstkosten dar. Wir planen einen Gewinn von 18 % ein.

Teil 2 der Kalkulation – Berechnung der Selbstkosten

	Selbstkosten	**428,60 €**	
+	18 % Gewinnzuschlag	77,15 €	(428,60 : 100 · 18)
=	**Barverkaufspreis**	**505,75 €**	

Im nächsten Schritt müssen Sie eine mögliche Provision für Vertreter und Skonto für die Kunden einkalkulieren.

Vertreterprovision und **Kundenskonto** sind Zuschläge im Rahmen der Absatzstrategie und Absatzpolitik des Unternehmens.

- Vertreterprovisionen fallen an, wenn Handelsvertreter als Absatzmittler eingesetzt werden.
- Skonto ist ein Instrument der Absatzpolitik und in vielen Branchen üblich.
- Skonto ist ein Angebot des Lieferanten an seine Kunden, den Rechnungsbetrag unter Abzug des entsprechenden Prozentsatzes innerhalb einer bestimmten Frist (= Skontofrist) zu begleichen. Hält der Kunde diese Frist nicht ein, muss er den um den Skonto erhöhten Betrag ausgleichen.
- Würde man bei der Kalkulation den Skonto nicht einrechnen, würde eine zinslose Finanzierung des Absatzes erfolgen. Die Folge wäre eine Reduzierung des kalkulierten Barverkaufspreises. Dadurch wären weder die Kosten gedeckt, noch der eingeplante Gewinn realisiert.

Kunden berechnen Skonto vom Zielverkaufspreis. Deshalb muss man Skonto in der Kalkulation „im Hundert“ vom Barverkaufspreis berechnen. Der Barverkaufspreis stellt daher keine 100 % dar, sondern 100 % minus Prozentsatz des Skontos. Gleiches gilt für die Vertreterprovision, da Vertreter ihre Provision vom Zielverkaufspreis erhalten.

Vertreterprovision kann auch ohne Kundenskonto und Kundenskonto ohne Vertreterprovision vorhanden sein.

Es gibt drei Möglichkeiten:

- Kundenskonto **ohne** Vertreterprovision
  1. Subtrahieren Sie den Prozentsatz des Skontos von 100.
  2. Dividieren Sie den Barverkaufspreis durch dieses Ergebnis von 1.
  3. Multiplizieren Sie das Ergebnis von 2. mit dem Skontosatz.
- Vertreterprovision **ohne** Kundenskonto
  1. Subtrahieren Sie den Prozentsatz der Provision von 100.
  2. Dividieren Sie den Barverkaufspreis durch dieses Ergebnis von 1.
  3. Multiplizieren Sie das Ergebnis von 2. mit dem Prozentsatz der Vertreterprovision.
- Kundenskonto **und** Vertreterprovision
  1. Addieren Sie die Prozentsätze der Provision und des Skontos.
  2. Subtrahieren Sie den Prozentsatz des Skontos von 100.

3. Dividieren Sie den Barverkaufspreis durch dieses Ergebnis von 2.
4. Multiplizieren Sie das Ergebnis von 3. mit dem Prozentsatz der Vertreterprovision. Das Ergebnis ist die Vertreterprovision.
5. Multiplizieren Sie das Ergebnis von 3. mit dem Prozentsatz des Skontos. Das Ergebnis ist der Skontobetrag.

Wir kalkulieren mit 6 % Vertreterprovision und 2 % Kundenskonto.

Teil 4 der Kalkulation – Berechnung des Zielverkaufspreises

	Barverkaufspreis	**505,75 €**	
+	6 % Vertreterprovision	32,98 €	(505,75 : 92 · 6)
+	2 % Kundenskonto	10,99 €	(505,75 : 92 · 2)
=	**Zielverkaufspreis**	**549,72 €**	

Kontrollieren Sie das Ergebnis, indem Sie vom Zielverkaufspreis Skonto und Vertreterprovision, sowie den Barverkaufspreis berechnen.

Im letzten Schritt muss man einen Rabatt einkalkulieren, sofern dieser gewährt wird. Rabatte sind, ähnlich wie Skonto, ein Instrument der Absatzpolitik und in vielen Branchen üblich. Sie müssen ebenfalls in den Angebotspreis eingerechnet werden. Ein Verzicht hätte dieselben Folgen wie bei einem Verzicht auf Einrechnung des Skontos.

Rabatte erhöhen den Listenverkaufspreis und werden in einem Prozentsatz auf diesen aufgeschlagen.

Die Berechnung erfolgt aber, wie beim Skonto, „im Hundert", d. h. der Zielverkaufspreis bildet nicht die Grundlage mit 100 %, sondern 100 abzüglich des Prozentsatzes für den Rabatt.

Wir kalkulieren mit 15 % Rabatt.

Teil 5 der Kalkulation – Berechnung des Listenverkaufspreises (netto)

	Zielverkaufspreis	**549,72 €**	
+	15 % Kundenrabatt	97,01 €	(549,72 : 85 · 15)
=	**Listenverkaufspreis (netto)** **Angebotspreis**	**646,73 €**	

Kontrollieren Sie das Ergebnis, indem Sie vom Listenverkaufspreis den Rabatt sowie den Zielverkaufspreis berechnen.

So sieht die vollständige Kalkulation aus:

	Kalkulationsschema			**Berechnung**
	Materialeinzelkosten	100,00 €		(100,00 : 100 · 18,00)
+	18,00 % MGK	18,00 €		
=	**Materialkosten**		**118,00 €**	
	Fertigung 1			
	Fertigungslöhne	50,00 €		
+	207,00 % FGK 1	103,50 €		(50 : 100 · 207,00)
+	SEK der Fertigung	0,00 €		
=	**Fertigungskosten 1**	**153,50 €**		
	Fertigung 2			
	Fertigungslöhne	30,00 €		
+	149,00 % FGK 2	44,70 €		(30 : 100 · 149,00)
+	SEK der Fertigung	0,00 €		
=	**Fertigungskosten 2**	**74,70 €**		
	Fertigungskosten (gesamt)		**228,20 €**	
=	**Herstellkosten**		**346,20 €**	(118,00 + 228,20)
+	16,88 % Verwaltungsgemeinkosten		58,44 €	(346,20 : 100 · 16,88)
+	6,92 % Vertriebsgemeinkosten		23,96 €	(346,20 : 100 · 6,92)
+	Sondereinzelkostendes Vertriebs		0,00 €	
=	**Selbstkosten**		**428,60 €**	
+	18 % Gewinnzuschlag		77,15 €	(428,60 : 100 · 18)
=	**Barverkaufspreis**		**505,75 €**	
+	6 % Vertreterprovision		32,98 €	(505,75 : 92 · 6)
+	2 % Kundenskonto		10,99 €	(505,75 : 92 · 2)
=	**Zielverkaufspreis**		**549,72 €**	
+	15 % Kundenrabatt		97,01 €	(549,72 : 85 · 15)
=	**Listenverkaufspreis (netto)**		**646,73 €**	**(= Angebotspreis)**

Wie ermittelt man einen Maschinenstundensatz?

Was geschieht, wenn in einer Fertigungskostenstelle zunehmend automatisiert wird?

- Die Personalkosten (= Fertigungslöhne) im Fertigungsbereich sinken,
  → d. h. die Einzelkosten nehmen ab.
- Die Abschreibungen, Energiekosten und Servicekosten steigen,
  → d. h. die Gemeinkosten (= Fertigungsgemeinkosten) nehmen zu.

Daraus ergibt sich die folgende Situation:

Da der Zuschlagssatz für die Fertigungsgemeinkosten nach der Formel

$$\text{FGK-Zuschlagssatz} = \frac{\text{Gemeinkosten der Fertigungsstelle} \cdot 100}{\text{Fertigungslöhne}}$$

berechnet wird, führen sinkende Fertigungslöhne automatisch zu steigenden Gemeinkostensätzen.

→ Dadurch leidet die Genauigkeit der Zuschlagskalkulation.

Die Zuschlagskalkulation ist umso ungenauer, je geringer der Anteil der Einzelkosten an dem Gemeinkostenzuschlagssatz ist.

Beispiel:
Im Monat 02 hat man bei der *Sunpower KG* in einer Fertigungslinie neue Maschinen in Betrieb genommen. Durch den wesentlich höheren Automatisierungsgrad nimmt der Personaleinsatz ab, die Fertigungslöhne sinken. Gleichzeitig steigt aber der Anteil der Gemeinkosten an.

Monat	Fertigungslöhne	Fertigungsgemeinkosten	FGK-Zuschlagssatz
01	20.000 €	40.000 €	200 %
02	16.000 €	48.000 €	300 %

Würde man dieses Ergebnis in dieser Art akzeptieren, würden sich die kalkulierten Angebotspreise in unrealistischer Weise erhöhen.

Um die Nachteile der Zuschlagskalkulation in diesem Fall zu überwinden, entwickelte man die Kalkulation mit Maschinenstundensätzen. Sie verfeinert die Kalkulation, indem sie die Gemeinkosten auf unterschiedlich hohe Kosten verursachende Maschinen aufteilt. Bezugsgröße sind jetzt aber nicht mehr die Fertigungslöhne, sondern die Laufstunden der jeweiligen Maschine.

Zunächst muss man die Fertigungsgemeinkosten untersuchen, ob man sie auf die Maschine überhaupt zurechnen kann.

Dazu teilt man sie auf in

- **maschinenabhängige FGK**
  → Für sie bilden die Laufstunden der Maschine ab sofort die Zuschlagsgrundlage in der Kalkulation.

  und

- **maschinenunabhängige FGK (= Restgemeinkosten)**
  → Für sie ändert sich nichts. Zuschlagsgrundlage für die Berechnung des Fertigungsgemeinkostenzuschlags bilden nach wie vor die Fertigungslöhne.

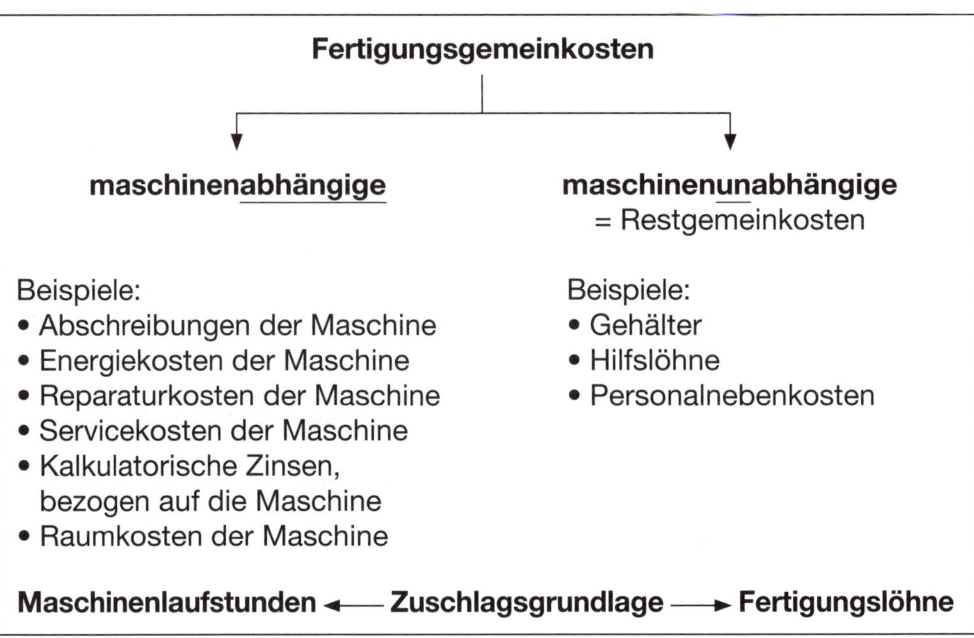

Die Berechnung der maschinenabhängigen FGK stellt kein wirkliches Problem dar.

Man muss aber den Zeitraum festlegen, für den die Berechnung gelten soll. In der Regel verwendet man dazu ein Jahr.

Beispiel Energiekosten

Den Stromverbrauch einer Maschine entnimmt man den Herstellerangaben, die Stromkosten je Kilowatt gibt der jeweilige Stromlieferant an.

Energiekosten = Stromverbrauch/Stunde · Preis/kWh · Maschinenlaufzeit

Beispiel Abschreibungen

Hier muss man beachten, ob statt der bilanziellen Abschreibungen kalkulatorische Abschreibungen verwendet werden.

Nicht jedes Unternehmen verwendet einen kalkulatorischen Ansatz und ist dazu auch nicht verpflichtet.

Bei der **bilanziellen Abschreibung** bilden die Anschaffungskosten die Basis für die Berechnung der Abschreibungsbeträge. Die Nutzungsdauer in Jahren ist durch die Bestimmungen des Einkommensteuerrechts verbindlich vorgegeben.

$$\text{Abschreibungsbetrag} = \frac{\text{Anschaffungskosten}}{\text{vorgegebene Nutzungsdauer in Jahren}}$$

Bei der **kalkulatorischen Abschreibung** bilden die voraussichtlichen Wiederbeschaffungskosten die Basis für die Berechnung der Abschreibungsbeträge. Die Nutzungsdauer kann man entsprechend den betrieblichen Vorstellungen festlegen.

$$\text{Abschreibungsbetrag} = \frac{\text{Wiederbeschaffungskosten}}{\text{betrieblich festgelegte Nutzungsdauer in Jahren}}$$

Beispiel Reparaturkosten

Für diese Kosten liegen zu Beginn des Maschinenbetriebes keine konkreten Werte vor. In diesem Fall muss man versuchen, die zu erwartenden Kosten während der Nutzungsdauer einzuschätzen. Anhaltspunkte können auch Werte vergleichbarer Anlagen sein.

$$\text{Reparaturkosten} = \frac{\text{geschätzte Kosten}}{\text{Nutzungsdauer in Jahren}}$$

Beispiel Servicekosten

Wenn ein Servicevertrag vorliegt, der sämtliche Kosten einschließt, übernehmen wir diese Kosten in die Berechnung. Werden Servicekosten je nach Anfall berechnet, muss man auch hier von einer Schätzung ausgehen und die Kosten pro Jahr wie bei den Reparaturkosten festlegen.

$$\text{Servicekosten} = \frac{\text{geschätzte oder tatsächliche Kosten}}{\text{Nutzungsdauer in Jahren}}$$

Beispiel kalkulatorische Zinsen

Für die Berechnung der kalkulatorischen Zinsen verwendet man als Grundlage den Durchschnitt der Investitionskosten der Maschine. Dazu dividiert man die Anschaffungskosten durch 2.

$$\text{durchschnittliche Investitionskosten} = \frac{\text{Anschaffungskosten}}{2}$$

Die kalkulatorischen Zinsen selbst sind dann vom verwendeten kalkulatorischen Zinssatz abhängig. Man orientiert sich dabei am Zinssatz des langfristigen Kapitalmarktes. Meist wählt man einen Zinssatz zwischen 6 % und 8 %.

$$\text{kalkulatorische Zinsen} = \frac{\text{durchschnittliche Investitionskosten} \cdot \text{kalkulatorischer Zinssatz}}{100}$$

Beispiel Raumkosten

Die Kosten für den Raum, in dem sich die Maschine befindet, kann man unterschiedlich detailliert ermitteln. Dies wiederum hängt von dem Anspruch ab, den man an die Genauigkeit des Maschinenstundensatzes stellt.

Im einfachsten Fall verwendet man die anteilige Raummiete, wenn die Betriebsräume gemietet sind oder die anteilige Abschreibung für das Gebäude, wenn die Betriebsräume Eigentum des Unternehmens sind.

Verwendet man einen kalkulatorischer Mietwert, berechnet man ebenfalls den Anteil für den Raum, in dem sich die Maschine befindet.

Will man eine genauere Ermittlung, muss man sämtliche Nebenkosten, wie Heizung, Reinigung, Beleuchtung u. Ä. in die Berechnung aufnehmen.

Für den Maschinenplatz in der Fertigungsstelle 3 liegen folgende Daten vor:	
Anschaffungskosten	100.000,00 €
Wiederbeschaffungskosten	120.000,00 €
Betriebsgewöhnliche Nutzungsdauer	10 Jahre
Kosten Service und Reparatur pro Jahr	2.000,00 €
Stromverbrauch pro Stunde	30 kW
Preis für 1 kWh Strom	0,18 €
Standfläche der Maschine	18 m^2
Raumkosten pro Monat	14,04 €
Kalkulatorischer Zinssatz	6 %
Tatsächliche Laufzeit der Maschine pro Jahr (= Laufzeit ohne Ausfallzeiten)	1.600 Stunden

Berechnung der maschinenabhängigen Fertigungsgemeinkosten pro Jahr:

Kosten	Berechnung	Betrag pro Jahr
Abschreibung	120.000,00 : 10	12.000,00 €
Kalk. Zinsen	(100.000,00 € : 2) · 6 %	3.000,00 €
Stromkosten	30 · 0,18 · 1.600	8.640,00 €
Service/Reparatur	lt. Angabe	2.000,00 €
Raumkosten	14,04 · 18 · 12	3.032,64 €
Summe der maschinenabhängigen Fertigungsgemeinkosten		28.672,64 €

Achten Sie genau darauf, dass Sie sämtliche Kosten auf den gleichen Zeitraum umrechnen müssen – in diesem Fall auf ein Jahr.

Berechnung Maschinenstundensatz:

$$\text{Maschinenstundensatz} = \frac{\text{maschinenabhängige Fertigungsgemeinkosten}}{\text{tatsächliche Laufstunden der Maschine}}$$

Die tatsächliche Laufzeit einer Maschine bezeichnet man auch als Netto-Laufzeit.

Berechnung: $\frac{28.672{,}64}{1.600} = 17{,}9204$

Der Maschinenstundensatz für diese Maschine beträgt gerundet 17,92 €.

Im nächsten Schritt müssen Sie den Zuschlagssatz für die Gemeinkosten ermitteln, die nicht von der Maschine abhängen = Restgemeinkosten.

In der Kostenstelle „Fertigung 3" liegen folgende Werte vor:

gesamte Fertigungsgemeinkosten	40.534,50 €
maschinenabhängige Fertigungsgemeinkosten	28.672,64 €
Fertigungslöhne	60.000,00 €

Vor Einführung des Maschinenstundensatzes betrug der Zuschlagssatz für die Fertigungsgemeinkosten 67,56 %.

Berechnung: $\frac{40.534{,}50 \cdot 100}{60.000} = 67{,}5575\ \%$

Berechnung der Restgemeinkosten:

	Gesamte Fertigungsgemeinkosten	40.534,50 €
-	Maschinenabhängige Fertigungsgemeinkosten	28.672,64 €
=	Restgemeinkosten	11.861,86 €

Für diese Restgemeinkosten sind die Fertigungslöhne die Zuschlagsgrundlage zur Ermittlung des Restgemeinkostenzuschlagssatzes.

So berechnen Sie den Zuschlagssatz für die Restgemeinkosten:

Fertigungslöhne = 100 %
Restgemeinkosten = x %

$$\text{Rest-GK-Zuschlag} = \frac{\text{Restgemeinkosten} \cdot 100}{\text{Fertigungslöhne}} = \frac{11.861{,}86 \cdot 100}{60.000} = 19{,}769$$

Der Zuschlagssatz für die Restgemeinkosten beträgt gerundet 19,77 %.

Was hat man damit erreicht?

- Der Zuschlagssatz für die Fertigungsgemeinkosten betrug vor Einführung des Maschinenstundensatzes 67,56 %.
- In diesem Zuschlagssatz waren sämtliche Kosten der Maschine eingerechnet, obwohl sich nur ein geringerer Teil der gesamten Fertigungsgemeinkosten tatsächlich auf die Fertigungslöhne bezog.
- Dadurch wurde die Kalkulation umso ungenauer, je mehr die Maschine bei der Herstellung eines Erzeugnisses eingesetzt wurde.
- Der Zuschlagssatz, der sich tatsächlich auf die Fertigungslöhne bezieht, konnte durch diese Maßnahme um mehr als ein Drittel gesenkt werden.
- Das Ergebnis ist eine wesentlich genauere Kalkulation der Herstellkosten und letztlich der Angebotspreise.

Wie kalkuliert man mit einem Maschinenstundensatz?

Für ein Erzeugnis einer Kleinserie gelten folgende Daten:		
Angaben zur Kalkulation der Herstellkosten	**mit Maschinenstundensatz**	**ohne Maschinenstundensatz**
Fertigungsmaterial	70,00 €	70,00 €
MGK-Zuschlagssatz	45 %	45 %
Fertigungslöhne	10,00 €	10,00 €
FGK-Zuschlagssatz	keine Berücksichtigung	67,56 %
Rest-GK-Zuschlagssatz	19,77 %	keine Berücksichtigung
Maschinenlaufzeit	10 Minuten	keine Berücksichtigung
Maschinenstundensatz	17,92 €	keine Berücksichtigung

Kalkulation (Kostenträgerstückrechnung) mit Maschinenstundensatz

	Fertigungsmaterial	70,00 €		
+	MGK-Zuschlag 45 %	31,50 €		
=	**Materialkosten**		**101,50 €**	
	Fertigungslöhne	10,00 €		
+	Restgemeinkostenzuschlag 19,77 %	1,98 €		
+	Maschinenkosten 17,92 € je Stunde	2,99 €		
=	**Fertigungskosten**		**14,97 €**	
=	**Herstellkosten**			**116,47 €**

Kalkulation (Kostenträgerstückrechnung) ohne Maschinenstundensatz

	Fertigungsmaterial	70,00 €		
+	MGK-Zuschlag 45 %	31,50 €		
=	**Materialkosten**		**101,50 €**	
	Fertigungslöhne	10,00 €		
+	FGK-Zuschlag 67,56 %	6,76 €		
=	**Fertigungskosten**		**16,76 €**	
=	**Herstellkosten**			**118,26 €**

Vergleich der Ergebnisse:

Herstellkosten **ohne** Maschinenstundensatz:	118,26 €
Herstellkosten **mit** Maschinenstundensatz:	116,47 €
Unterschied:	1,79 €

- Dieser Unterschied erscheint auf dem „ersten Blick" als relativ unbedeutend. Die Differenz wird jedoch umso größer, je höher oder geringer die Laufzeit der Maschine in der Produktion beteiligt ist.
- Die Herstellkosten mit Maschinenstundensatz können geringer oder höher als beim Verzicht auf die Maschinenstundensatzrechnung ausfallen. In beiden Fällen gilt jedoch, dass das Ergebnis unter Anwendung der Maschinenstundensatzrechnung erheblich genauer ist.
- Eine ungenaue Kalkulation, auch mit einer Differenz von 1,79 €, kann bei dem vorhandenen Preisdruck auf den Absatzmärkten zu einem Absatzverlust oder zu einer Reduzierung des eingeplanten Gewinns führen. Beides hat negative Folgen für das Unternehmen.

Durch die Anwendung von Maschinenstundensätzen werden dem Erzeugnis nicht die Gemeinkosten sämtlicher Maschinen der gesamten Fertigung belastet, sondern nur die, die auch tatsächlich an der Erzeugung des entsprechenden Produkts beteiligt sind.

Außerdem wird den Fertigungslöhnen nur der Anteil der Gemeinkosten zugerechnet, der sie auch tatsächlich betrifft.

Hinweis:
Maschinenstundensätze kann man auch im Rahmen des Betriebsabrechnungsbogens (BAB) darstellen. Dazu ist aber notwendig, dass man für jede Maschine, die nach diesen Stundensätzen abgerechnet wird, eine eigene Fertigungshauptkostenstelle einrichtet.

Wie kalkuliert man mit Äquivalenzziffern?

Die *Sunpower KG* produziert für ihre Solarzellen zwei Rahmen aus Aluminium, Rahmen R1 und Rahmen R2. Die Produkte erfüllen die Bedingungen für die Anwendung der Kalkulation mit Äquivalenzziffern:

- Sie sind in ihrer Art gleich,
- stehen in einem festen Kostenverhältnis zueinander und
- werden in Sortenfertigung hergestellt.

Rahmen R1 ist das Produkt, dessen Kosten als Leitlinie gelten. Es erhält die Äquivalenzziffer 1.

→ Produkte, deren Kosten höher als die von R1 sind, erhalten eine entsprechend höhere Äquivalenzziffer.
→ Produkte, deren Kosten geringer als die von R1 sind, erhalten eine entsprechend geringere Äquivalenzziffer.

Äquivalenzziffern drücken das Verhältnis der Kosten von zwei oder mehreren Erzeugnissen zueinander aus. Es handelt sich um Verhältniszahlen.

Ziel ist es, gleichwertige Verrechnungseinheiten zu erzeugen. Dies erreicht man, indem man die jeweils produzierte Menge einer Periode mit der Äquivalenzziffer des entsprechenden Produkts multipliziert.

Verrechnungseinheit = Produktionsmenge einer Periode · Äquivalenzziffer

Beispiel:

Man hat ermittelt, dass bei den sonst vergleichbaren Produkten R1 und R2 Materialeinsatz und Bearbeitungszeit unterschiedlich hoch sind. R2 verursacht 20 % höhere Kosten als R1.

Auf dieser Grundlage legt man folgende Äquivalenzziffern fest:

Produkt	Äquivalenzziffer
R1	1,0
R2	1,2

Für das vergangene Quartal, Monate 01 bis 03, liegen folgende Zahlen vor:

Produktion R1: 7.000 Stück
Produktion R2: 5.000 Stück
Kosten gesamt: 84.000 €

Auf dieser Basis kann man jetzt die Selbstkosten je Sorte und je Stück mithilfe der Äquivalenzziffern berechnen.

Gehen Sie in folgenden Schritten vor:

1. Stellen Sie eine Tabelle auf und tragen Sie die produzierte Menge und die entsprechenden Äquivalenzziffern ein.
2. Ermitteln Sie die Verrechnungseinheiten
   → Produktionsmenge · Äquivalenzziffer.
3. Tragen Sie die gesamten Selbstkosten dieser „Sorte“ Aluminiumrahmen ein.

Produkt	Menge Stück	Äquivalenz-ziffer	Verrech-nungs-einheit	Selbst-kosten je Sorte	Selbst-kosten je Stück
R1	7.000	1,0	7.000		
R2	5.000	1,2	6.000		
			13.000	84.000	

4. Berechnen Sie den Wert in Euro für eine Verrechnungseinheit (VE).

$$\frac{\text{gesamte Selbstkosten}}{\text{Summe der VE}} = \frac{84.000}{13.000} = 6{,}461538462 \text{ €}$$

Wenn Sie das Ergebnis der Verrechnungseinheiten in Euro auf 2 Nachkommastellen runden, ergeben sich beim Abgleich der Summen Differenzen. Es ist daher besser, auf eine Rundung zu verzichten.

5. Multiplizieren Sie Verrechnungseinheit mit dem ermittelten Wert für eine VE.

R1: 7.000 · 6,461538462 = 45.230,77 €
R2: 6.000 · 6,461538462 = 38.769,23 €
84.000,00 €

Das Ergebnis sind die Selbstkosten je Sorte.

Kontrollieren Sie das Ergebnis, indem Sie die Summe aus den Einzelbeträgen bilden. Dieses Ergebnis muss mit den gesamten Selbstkosten übereinstimmen.

Übernehmen Sie diese Werte in die Tabelle.

Produkt	Menge Stück	Äquivalenz-ziffer	Verrech-nungs-einheit	Selbst-kosten je Sorte	Selbst-kosten je Stück
R1	7.000	1,0	7.000	45.230,77	
R2	5.000	1,2	6.000	38.769,23	
			13.000	84.000,00	

6. Berechnen Sie jetzt die Selbstkosten je Stück. Dazu dividieren Sie die Selbstkosten je Sorte durch die hergestellte Menge.

   R1: 45.230,77 : 7.000 = 6,46 €
   R2: 38.769,23 : 5.000 = 7,75 €

   Übernehmen Sie auch diese Werte in die Tabelle.

Produkt	Menge Stück	Äquivalenz-ziffer	Verrech-nungs-einheit	Selbst-kosten je Sorte	Selbst-kosten je Stück
R1	7.000	1,0	7.000	45.230,77	6,46 €
R2	5.000	1,2	6.000	38.769,23	7,75 €
			13.000	84.000,00	

So trainiere ich für die Prüfung

Aufgaben

1. Wissensfragen

1. In der Kosten- und Leistungsrechnung der „Hamelner Maschinenwerke GmbH“ wird unter anderem ein einfacher Betriebsabrechnungsbogen aufgestellt. Welche Zielsetzung verfolgen Sie mit der Aufstellung des BAB?

a) Mithilfe des BAB errechnet man das Betriebsergebnis für jede Kostenstelle.

b) Der BAB dient dazu, die Einzelkosten verursachungsgerecht auf die Kostenträger (Endprodukte) zu verteilen.

c) Im BAB trennt man die unternehmensbezogenen Aufwendungen von den betriebsbezogenen Aufwendungen.

d) Dem BAB kann man die Selbstkosten der verschiedenen Produkte entnehmen.

e) Der BAB erfasst die in den einzelnen Betriebsabteilungen (Kostenstellen) entstandenen Einzelkosten.

f) Der BAB erfasst die in den einzelnen Betriebsabteilungen (Kostenstellen) entstandenen Gemeinkosten.

2. Bei welchen der nachfolgenden Kosten handelt es sich nicht um Kostenstelleneinzelkosten?

a) Der kalkulatorische Unternehmerlohn wird mithilfe des erzielten Umsatzes je Kostenstelle verteilt.

b) Die Gehälter werden anhand der Entgeltabrechnungen auf die Kostenstellen umgelegt.

c) Die Aufwendungen für Betriebsstoffe wurden aufgrund von Stücklisten zugeordnet.

d) Die Stromkosten pro Kostenstelle können mithilfe von Stromzählern den Abteilungen genau zugeordnet werden.

e) Aufwendungen für Hilfsstoffe werden durch Materialentnahmescheine auf die Kostenstellen verteilt.

3. Sie sollen einen mehrstufigen Betriebsabrechnungsbogen (eine Hilfskostenstelle) erstellen. Bringen Sie in diesem Zusammenhang die folgenden Schritte in eine logische Reihenfolge.

1. Ermittlung der Gemeinkostenzuschlagssätze je Hauptkostenstelle
2. Verteilung der Gemeinkosten auf die Kostenstellen
3. Ermittlung der Gemeinkostenzwischensummen je Kostenstelle
4. Umlage der Gemeinkosten der Hilfskostenstellen auf die Hauptkostenstellen
5. Festlegung, welche Haupt- und Hilfskostenstellen eingerichtet werden sollen
6. Die Gemeinkosten der jeweiligen Hauptkostenstellen werden zu den entsprechenden Zuschlagsgrundlagen ins Verhältnis gesetzt
7. Ermittlung der endgültigen Gemeinkostensummen je Hauptkostenstelle

4. Sie sind kaufmännischer Mitarbeiter im Controlling der „Dresdner Stollenund Keksfabrik KG". Für die Kalkulation eines Weihnachtsstollens in der Premiumqualität liegen Ihnen die folgenden Daten vor:

Fertigungsmaterial:	3,50 €
Materialgemeinkosten:	32 %
Fertigungslöhne I:	1,70 €
Fertigungsgemeinkosten I:	100 %
Fertigungslöhne II:	0,90 €
Fertigungsgemeinkosten II:	85 %
Verwaltungsgemeinkosten:	0,60 €
Vertriebsgemeinkosten:	7,8 %
Bestandsveränderungen:	keine

a) Wie viel Euro betragen die Vertriebsgemeinkosten?

b) Wie hoch ist der Verwaltungsgemeinkostenzuschlagssatz in Prozent?

5. Die Kostenstellenrechnung der „Hamburger Schiffsmotorenwerke AG" enthält nach der Verteilung der Gemeinkosten für eine Abrechnungsperiode folgende Daten:

Gemeinkostenarten	**Materialkostenstelle**	**Fertigungshauptkostenstellen**				**Verwaltungskostenstelle**	**Vertriebskostenstelle**
		Dreherei	**Fräserei**	**Schleiferei**	**Montage**		
insgesamt	**52.000 €**	**576.000 €**	**275.000 €**	**225.000 €**	**315.000 €**	**792.000 €**	**252.000 €**
Zuschlagsgrundlagen	650.000 €	480.000 €	250.000 €	180.000 €	350.000 €	Herstellkosten des Umsatzes	Herstellkosten des Umsatzes

a) Ermitteln Sie als kaufmännischer Mitarbeiter der „Hamburger Schiffsmotorenwerke AG" die Gemeinkostenzuschlagssätze für jede Kostenstelle.

b) Ermitteln Sie die Selbstkosten des Umsatzes für diese Abrechnungsperiode, wenn Sie einen Minderbestand an unfertigen Erzeugnissen von 500.000 € und einen Mehrbestand an fertigen Erzeugnissen von 253.000 € unterstellen.

6. Erläutern Sie den sachlichen Zusammenhang zwischen dem Betriebsabrechnungsbogen (Kostenstellenrechnung) und der Zuschlagskalkulation (Kostenträgerstückrechnung).

7. Die „Mannheimer Metallwarenfabrik GmbH" gibt der „Maschinenwerke Schwäbisch Hall KG" einen Auftrag für die Fertigung einer speziellen Rotationsstanzmaschine.

Die „Maschinenwerke Schwäbisch Hall KG" kalkuliert den Angebotspreis für die Rotationsstanzmaschine anhand folgender Daten:

Fertigungsmaterial 23.500 €; Materialgemeinkostenzuschlagssatz 30 %; Fertigungslöhne 7.000 €; Fertigungsgemeinkostenzuschlagssatz 120 %; Verwaltungsgemeinkostenzuschlagssatz 6 %; Vertriebsgemeinkostenzuschlagssatz 4 %; Kosten für die Konstruktionszeichnung 780 €; Kosten für die Transportverpackung 400 €; Gewinnaufschlag 20 %; Kundenskonto 3 %; Vertreterprovision 2 %; Kundenrabatt 5 %.

Berechnen Sie als Mitarbeiter der „Maschinenwerke Schwäbisch Hall KG" den Netto-Angebotspreis für die Rotationsstanzmaschine.

Hinweis:
Bearbeiten Sie die Aufgaben 8 bis 13 als kaufmännischer Mitarbeiter im Rechnungswesen der „WERASKO GmbH". Ihr Unternehmen fertigt spezielle Trägersysteme für Wohnmobile und Pkws.

8. Ausgangsrechnung Nr. 23789 über 100 Dachträgersysteme Typ 89 AL1 an die „Verdes Autozubehörhandel GmbH" (Debitorennummer 24002, Kundennummer 20002). Angebotspreis 123,50 € netto. Der Kunde erhält einen Skonto von 2 % bei Rechnungsausgleich innerhalb von 10 Tagen. Nach 30 Tagen ist die Rechnung ohne Abzug auszugleichen.

Buchen Sie den Rechnungsausgang.

9. Für den amerikanischen Markt wurde ein spezielles Heckträgersystem für große Wohnmobile konstruiert. Für die Verkaufspreisermittlung stehen folgende Werte zur Verfügung:

Materialeinzelkosten 51 €, Gemeinkostenzuschlag Material 45 %, Fertigungslöhne inklusive der anteiligen Fertigungsgemeinkosten 37 € je Stunde, Fertigungszeit je Stück 2,0 Stunden, Verwaltungs- und Vertriebsgemeinkostenzuschlag 12 %, Gewinnzuschlagssatz 30 %, Kundenrabatt 3,45 %, Kundenskonto 3 % vom Barverkaufspreis. Der Artikel wird unter der Artikelnummer Typ 90 AL8 angeboten.

Ermitteln Sie den Angebotspreis netto für ein Stück.

10. Die „Verdes Autozubehörhandel GmbH" reklamiert nach 3 Tagen 1 Dachträgersystem Typ 89 AL1 wegen eines berechtigten Mangels aus der Lieferung Rechnung Nr. 23789. Das reklamierte Teil geht bei der „WERASKO GmbH" ein.

Der Kunde erhält eine Gutschrift zur Verrechnung. Buchen Sie die Korrektur.

11. Der Autozubehörhandel „Carsten Freimann KG" stellt eine Bestellung von 250 Trägersystemen des Typs 89 AL1 in Aussicht. Er verlangt jedoch einen Zielverkaufspreis inklusive 2 % Skonto von 119,75 € netto. Die Selbstkosten betragen lt. Kalkulation 98,82 €, der Gewinnzuschlagssatz beträgt 25 %.

Um wie viel Prozentpunkte muss der Gewinnaufschlag reduziert werden, wenn man bei der „WERASKO GmbH" auf diese Forderung eingehen würde?

12. Angenommen, man würde bei der „WERASKO GmbH" unter der Bedingung weiterer Bestellungen durch die „Freimann KG" auf die Preisforderung eingehen und die Differenz von 3,75 € je Stück durch einen Rabatt auffangen, um den ursprünglichen Angebotspreis von netto 123,50 € (siehe Aufgabe 8) nicht zu verändern. Ermitteln Sie den Rabatt in Prozent, der dazu notwendig wäre.

13. Am 01.05.2018 wurde unser Kunde, die „Autohaus Rhön OHG", (Ausgangsrechnung Nr. 22599) bereits zum zweiten Mal gemahnt. Der Rechnungseingang ist bis heute (17.05.2018) noch nicht erfolgt. Die Rechnung war am 10.04.2018 fällig. Der Rechnungsbetrag lautete auf 6.790 €.

Ermitteln Sie die Verzugszinsen in Euro mithilfe des § 288 BGB. Welcher Buchungssatz ist in diesem Zusammenhang notwendig?

Rechtsgrundlage zu Aufgabe 13

§ 288 BGB Verzugszinsen

(1) Eine Geldschuld ist während des Verzugs zu verzinsen. Der Verzugszinssatz beträgt für das Jahr fünf Prozentpunkte über dem Basiszinssatz.

(2) Bei Rechtsgeschäften, an denen ein Verbraucher nicht beteiligt ist, beträgt der Zinssatz für Entgeltforderungen acht Prozentpunkte über dem Basiszinssatz.

(3) Der Gläubiger kann aus einem anderen Rechtsgrund höhere Zinsen verlangen.

(4)Die Geltendmachung eines weiteren Schadens ist nicht ausgeschlossen.

Hinweis: *Die Deutsche Bundesbank legt zweimal im Jahr (01.01. und 01.07.) den aktuellen Basiszins fest. Gehen Sie von einem Basiszins in Höhe von 2,70 % aus. Wenden Sie die 30/360 Zinsmethode an!*

14. Sie arbeiten im Rechnungswesen der „Hamelner Maschinenwerke AG". Sie sollen mithilfe eines Kostenträgerzeitblatts eine Vor- und eine Nachkalkulation durchführen. Ihnen liegen folgende Daten vor:

Kosten	**Istkosten**		**Über- bzw. Unterdeckung**	**Normalkosten**		**Kostenträger**	
	€	**%**		**€**	**%**	**Produkt A €**	**Produkt B €**
Fertigungsmaterial				1.800.000		800.000	
Materialgemeinkosten	50.000					40.000	
Materialkosten							
Fertigungslöhne						1.200.000	800.000
Fertigungsgemeinkosten			+ 200.000		150		
Fertigungskosten							

a) Wie viel Prozent beträgt der Materialgemeinkostenzuschlagssatz auf Normalkostenbasis?

b) Wie viel Euro betragen die Fertigungsgemeinkosten auf Istkosten-Basis?

c) Wie viel Euro betragen die Fertigungsgemeinkosten zu Normalkosten für Kostenträger B?

15. Sie arbeiten als Controller in der „Industrie AG". Aus der Abgrenzungstabelle und aus dem Kostenträgerzeitblatt liegen Ihnen folgende Daten vor:

Umsatzergebnis:	100.000 T€
Kostenüberdeckung:	10.000 T€
Ergebnis aus unternehmensbezogener Abgrenzung:	Haben 40.000 T€
Ergebnis aus kostenrechnerischen Korrekturen:	Soll 30.000 T€

Berechnen Sie das Gesamtergebnis (Unternehmensergebnis) der „Industrie AG" (in T€).

16. Welche Aussagen zur Kostenträgerzeitrechnung mit Ist- und Normalkosten sind richtig?

a) Sie ermittelt die kurzfristige Preisuntergrenze für die verschiedenen Kostenträger.

b) Mithilfe der Kostenträgerzeitrechnung werden die Gemeinkosten verursachungsgerecht auf die Kostenstellen verteilt.

c) Sie schafft die Voraussetzungen zu einer besseren Aufgliederung der Kostenarten.

d) Sie ermittelt das Umsatzergebnis für verschiedene Produkte innerhalb einer bestimmten Abrechnungsperiode.

e) Mithilfe der Kostenträgerzeitrechnung werden für alle Hauptkostenstellen Gemeinkostenzuschlagssätze auf Normal- und Istkostenbasis berechnet.

f) Sie ermittelt die Unter- bzw. Überdeckungen bei den Einzelkosten für eine bestimmte Abrechnungsperiode.

g) Sie ermittelt aus den gesamten Aufwendungen einer Abrechnungsperiode die betriebsbezogenen, periodengerechten und ordentlichen Aufwendungen (Kosten).

h) Sie ermittelt die Unterbzw. Überdeckungen bei den Gemeinkosten für eine bestimmte Abrechnungsperiode.

17. In welchem Fall liegt eine Kostenüberdeckung vor?

a) Die Normalgemeinkosten sind höher als die Leistungen.

b) Die Normalgemeinkosten sind niedriger als die Leistungen.

c) Die Normalgemeinkosten sind höher als die Istgemeinkosten.

d) Die Normalgemeinkosten sind niedriger als die Istgemeinkosten.

e) Die Fertigungslöhne sind höher als das Fertigungsmaterial.

f) Die Normalgemeinkosten sind höher als die Selbstkosten.

g) Die Normalgemeinkosten sind höher als die Umsatzerlöse.

18. Sie sind kaufmännischer Mitarbeiter im Rechnungswesen der „Erlanger Medizintechnik GmbH“. Ihnen liegt folgendes unvollständiges Kostenträgerzeitblatt vor:

Kostenträgerzeitrechnung	Normalkosten in €
Fertigungsmaterial Materialgemeinkosten (5 %) Fertigungslöhne Fertigungsgemeinkosten (120 %)	600.000,00 30.000,00 1.000.000,00 1.200.000,00
Herstellkosten der Erzeugung	2.830.000,00
+/- Bestandsveränderungen	
Herstellkosten des Umsatzes Verwaltungsgemeinkosten (8 %) Vertriebsgemeinkosten (12 %)	
Selbstkosten des Umsatzes	
Nettoverkaufserlöse	3.680.000,00
+/- Kostenüber- /-unterdeckungen	
Betriebsergebnis	352.000,00

Anfangsbestand fertige und unfertige Erzeugnisse: 756.000 €
Schlussbestand fertige und unfertige Erzeugnisse: 886.000 €

a) Wie viel Euro betragen die Selbstkosten des Umsatzes in Euro?

b) Wie viel Euro beträgt die Kostenüberbzw. Kostenunterdeckung?

19. Sie sind Auszubildender zur/zum Industriekauffrau/-mann bei der „Global Industrie AG“. Sie erhalten die Aufgabe, den folgenden unvollständigen BAB II zu ergänzen!

Kostenträgerblatt (BAB II) der Global Industrie AG					
Angaben in T€	**Ist-Gk-Zuschlags-satz**	**Ist-Kosten**	**Normal-Gk-Zu-schlags-satz**	**Normal-Kosten**	**Kosten-über-/-unter-deckung**
Fertigungsmaterial		100			
+ Materialgemeinkosten	12 %		10 %		
= Materialkosten					
Fertigungslöhne		50			
+ Fertigungsgemeinkosten	110 %		100 %		
= Fertigungskosten					
= Herstellungskosten der Produktion					
+ Minderbestand					
- Mehrbestand					
=					

+ Verwaltungsgemeinkosten	10 %		12 %		(+) 3,48
+ Vertriebsgemeinkosten	4 %		5 %		
= Selbstkosten des Umsatzes					
Nettoumsatzerlöse		270			
Umsatzergebnis					
+ Kostenüberdeckung					
- Kostenunterdeckung					
Betriebsergebnis					

Zusätzliche Angaben:
Mehrbestand an fertigen Erzeugnissen: 3 T€
Minderbestand an unfertigen Erzeugnissen: 2 T€

20. Der zum 01.01.2018 neu gegründete Betrieb „Georg Schwarzenbeck Formenbau e. K." fertigt im Kundenauftrag an der einzigen existierenden Kunststoffspritzmaschine Eindrückdeckel als Verschlüsse für kleine Behälter.

Nach Ablauf des ersten Quartals zum 31.03.2018 hat Herr Schwarzenbeck für die Herstellung von 120.000 Stück Eindrückdeckel folgende Kosten ermittelt:

Materialkosten: 40.000 €
Fertigungskosten: 80.000 €
Verwaltungskosten: 40.000 €
Vertriebskosten: 8.000 €

Wenden Sie die Divisionskalkulation an und ermitteln Sie Herstellkosten pro 100 Stück der Eindrückdeckel!

21. Bei welchen Industrieunternehmen ist die Anwendung der Divisionskalkulation sinnvoll?

22. Die Unternehmung „Georg Schwarzenbeck Formenbau e. K." (siehe Aufgabe 20) steigert die Ausbringungsmenge durch Einführung einer zweiten Schicht. So ist es möglich, neben Eindrückdeckel mit 12 mm Durchmesser (Artikel A) auch Verschlusskappen (Artikel B) zu fertigen. Beide Artikel werden nach Austausch der Formen an der einen Spritzgussmaschine aus dem gleichen Kunststoffgranulat jeweils in den vom Kunden geforderten Mengen produziert.

Als kaufmännischer Mitarbeiter im Rechnungswesen des Unternehmers „Georg Schwarzenbeck Formenbau e. K." liegen Ihnen die folgenden Zahlen vor:

	Artikel A	**Artikel B**
Anschaffungskosten der Spritzgussformen	4.800 €	6.000 €
Ausbringungsmenge pro Stunde	1.800 Stück	1.200 Stück
Nettogewicht der Produktionsmenge pro Stunde	2.000 g	4.000 g
Monatliche Ausbringungsmenge im Zweischichtbetrieb	576.000 Stück	384.000 Stück
Selbstkosten pro Monat: 89.088 €		

Wegen der unterschiedlichen Kosten, bedingt vor allem durch Materialeinsatz und Produktions- und Umrüstzeiten, würde bei der Anwendung der Divisionskalkulation eine „ungerechte“ Kostenverteilung auf die Artikel A und B vorgenommen werden. Aufgrund von statistischem Datenmaterial wurde analysiert, dass die Gesamtkosten für die Produktion von Artikel B um 40 % höher liegen als bei Artikel A.

a) Ermitteln Sie durch Anwendung der Äquivalenzziffernrechnung die Selbstkosten je 100 Stück von Artikel A und B!

Unterstellen Sie dabei, dass dem Artikel A die Äquivalenzziffer (ÄZ) 1 zugeordnet wird. Verwenden Sie zur Lösung die folgende Tabelle:

Produkt	Mengeneinheit (ME)	Äquivalenz-Ziffer (ÄZ)	Recheneinheit (RE)	Kosten/RE	Kosten/ Produkt	Kosten/ ME
A						
B						
Summe						
RE = ÄZ · ME						

b) Bei welchen internen Rahmenbedingungen in einem Industriebetrieb ist die Anwendung der Äquivalenzziffernrechnung zu empfehlen?

Nennen Sie in diesem Zusammenhang auch konkrete Beispiele und Branchen!

23. Die „Breso GmbH“ in Unterfranken produzierte im vergangenen Geschäftsjahr 20.000 HiFi-Boxen der „Premiumklasse“.

Der Anfangsbestand gemäß Inventur zum 01.01.2018 betrug 4.500 Boxen. Als Schlussbestand am 31.12.2018 wurden 6.500 Stück festgestellt.

Zudem liegen Ihnen folgende Daten vor:

Materialkosten:	2.500.000 €
Fertigungskosten:	1.500.000 €
Verwaltungskosten:	290.000 €
Vertriebskosten:	360.000, €

Berechnen Sie die Selbstkosten je HiFi-Box. **Hinweis:** Von den insgesamt 290.000 € Verwaltungskosten sind dem Vertriebsbereich 90.000 € verursachungsgerecht zuzuordnen.

24. Mithilfe der „differenzierten“ Divisionskalkulation soll der Angebotspreis brutto für ein Produkt ermittelt werden.

Ihnen liegen folgende Daten vor:

Produktionsmenge:	28.000 Stück
Absatzmenge:	32.000 Stück
Herstellkosten:	350.000 €
Vertriebskosten:	64.000 €
Verwaltungskosten, die nicht im Vertriebsbereich anfielen:	112.000 €
20 % Gewinnaufschlag:	20 %
Umsatzsteuer:	19 %

25. Ihr Unternehmen stellt die Produkte I, II, III, IV und V her und wendet die Äquivalenzziffernkalkulation an.

Folgende Plandaten stehen Ihnen für das Quartal 01.07. bis 30.09.20.. zur Verfügung:

Produkte	Produktionsmenge	Rechnungseinheit
I	24.000 Stück	24.000
II	16.000 Stück	29.520
III	5.600 Stück	4.200
IV	3.800 Stück	8.740
V	16.500 Stück	9.900
Selbstkosten: 53.452 €		

a) Ermitteln Sie für alle fünf Produkte die entsprechenden Äquivalenzziffern.

b) Wie hoch sind die gesamten Selbstkosten je Produkt?

c) Ermitteln Sie die Stückkosten je Produkt.

2. Fallsituationen

2.1 Fall 1

Sie sind kaufmännischer Mitarbeiter der „Möbeltischlerei Klaus Strasser & Sohn KG".

a) Erstellen Sie auf Grundlage der vorgegebenen Zahlen den nachfolgenden Betriebsabrechnungsbogen für den Abrechnungsmonat September.

Betriebsabrechnungsbogen der Klaus Strasser & Sohn KG						
Gemeinkostenarten	**Zahlen der Betriebsergebnisrechnung in €**	**Verteilungsgrundlagen**	**Kostenstelle Material in €**	**Kostenstelle Fertigung in €**	**Kostenstelle Verwaltung in €**	**Kostenstelle Vertrieb in €**
Aufwendungen für Hilfsstoffe	325.000	nach Stücklisten	7.000	290.400	9.000	18.600
Aufwendungen für Betriebsstoffe	35.300	nach Materialentnahmescheinen	5.600	18.000	8.400	3.300
Gehälter	305.600	nach Entgeltabrechnungen	26.800	242.800	16.400	19.600
Werbeaufwendungen	398.800	nach Rechnungen	37.000	66.800	217.800	77.200
Soziale Abgaben	307.000	nach Entgeltabrechnungen	19.600	179.400	65.200	42.800
Mietaufwendungen	240.000	nach Flächen	*400 m²*	*1.200 m²*	*240 m²*	*160 m²*
Versicherungen	62.400	nach Versicherungssummen	*400.000*	*2.400.000*	*800.000*	*400.000*
Bürokosten	141.600	nach Rechnungen	13.600	46.800	63.000	18.200

Betriebliche Steuern	181.000	nach Verhältniszahlen	0	143.200	37.800	0
Kalkulatorische Abschreibungen		nach Verhältniszahlen	*2*	*12*	*4*	*2*
Kalkulatorische Zinsen		nach Verhältniszahlen	*3*	*10*	*4*	*3*
Summe der Gemeinkosten						
Zuschlagsgrundlagen						
Gemeinkostenzuschlagssätze						

Ihnen liegen zusätzlich die folgende Angaben vor:

Kalkulatorische Abschreibungen **pro Jahr:**
auf 0530: 1,5 % von Anschaffungskosten in Höhe von 4.800.000 €
auf 0700: 15 % von Wiederbeschaffungskosten in Höhe von 2.000.000 €
auf 0800: 10 % von Wiederbeschaffungskosten in Höhe von 1.080.000 €

Kalkulatorische Zinsen **pro Jahr:**
6 % vom betriebsnotwendigen Kapital in Höhe von 9.000.000 €

Minderbestand an unfertigen Erzeugnissen: 51.320 €
Mehrbestand an fertigen Erzeugnissen: 62.810 €
Fertigungsmaterial: 1.027.000 €
Fertigungslöhne: 826.760 €

b) Welche Art von Betriebsabrechnungsbogen liegt bei Aufgabe a) vor?

Herr Strasser ist mit der Aussagefähigkeit des Betriebsabrechnungsbogens (BAB) (siehe Aufgabe a) nicht zufrieden.

Aus diesem Grund erweitert er den BAB um eine weitere Fertigungshauptkostenstelle und eine zusätzliche Fertigungshilfskostenstelle.

Als kaufmännischer Mitarbeiter der Möbeltischlerei „Klaus Strasser & Sohn KG" liegt Ihnen für den Abrechnungsmonat Oktober folgender BAB und folgendes Datenmaterial vor:

Erweiterter und mehrstufiger Betriebsabrechnungsbogen mit fünf Hauptkostenstellen und einer Hilfskostenstelle der Klaus Strasser & Sohn KG

Gemeinkostenarten	Zahlen der betriebsergebnisrechnung	Verteilungsgrundlagen	Kostenstelle Material	Hilfskostenstelle Arbeitsvorbereitung	Kostenstelle Fertigung I	Kostenstelle Fertigung II	Kostenstelle Verwaltung	Kostenstelle Vertrieb
Aufwendungen für Hilfsstoffe	180.000	nach Stücklisten	4.000	2.000	100.000	50.000	8.200	15.800
Aufwendungen für Betriebsstoffe	22.330	nach Materialentnahmescheinen	3.200	1.150	5.500	6.200	4.870	1.410
Gehälter	152.800	nach Entgeltabrechnungen	13.400	2.250	59.575	59.575	8.200	9.800
Werbeaufwendungen	70.370	nach Rechnungen	0	0	16.700	16.700	11.740	25.230

Soziale Abgaben	153.500	nach Entgeltabrechnungen	9.800	700	44.500	44.500	32.600	21.400
Mietaufwendungen	128.000	nach Flächen	*200 m²*	*0 m²*	*280 m²*	*320 m²*	*120 m²*	*80 m²*
Versicherungen	31.200	nach Versicherungssummen	*200.000*	*200.000*	*400.000*	*600.000*	*400.000*	*200.000*
Bürokosten	55.650	nach Rechnungen	3.000	4.500	10.000	7.030	28.000	3.120
Betriebliche Steuern	101.000	nach Verhältniszahlen	*1,7*	*0,8*	*3,2*	*7,4*	*4,2*	*2,9*
Kalkulatorische Abschreibungen	20.000	nach Bruchzahlen	*1/8*	*2/16*	*1/4*	*1/4*	*4/32*	*1/8*
Kalkulatorische Zinsen	22.920	nach Köpfen	*16*	*2*	*74*	*43*	*32*	*24*
Zwischensumme								
Umlage Arbeitsvorbereitung		nach Prozentzahlen		→	25 %	75 %		
Summe der Gemeinkosten								
Zuschlagsgrundlagen								
Gemeinkostenzuschlagssätze								

Ihnen liegen zusätzlich die folgenden Angaben vor:

Minderbestand an unfertigen Erzeugnissen:	30.000 €
Mehrbestand an fertigen Erzeugnissen:	18.200 €
Fertigungsmaterial:	400.000 €
Fertigungslöhne I:	300.000 €
Fertigungslöhne II:	250.000 €

c) Berechnen Sie die Herstellkosten des Umsatzes.

d) Ermitteln Sie für alle Hauptkostenstellen die Gemeinkostenzuschlagssätze.

e) Warum liegt hier ein mehrstufiger und erweiteter Betriebsabrechnungsbogen vor?

2.2 Fall 2

Die „Herzogenauracher Sportartikel AG" beschafft gemäß Eingansrechnung 12345-2018 1.000 Paar Fußballschuhe der Marke Coppa Mundial 2018 von der „Schuhfabrik Gebrüder Dassler GmbH":

Listeneinkaufspreis 62.000 €; Liefererskonto 3 % vom Warenwert; Liefererrabatt 12 %. Die „Gebrüder Dassler GmbH" stellt der „Herzogenauracher Sportartikel AG" anteilige Transportkosten von pauschal 1.500 € netto in Rechnung.

a) Wie hoch ist der Bezugspreis für ein Paar Fußballschuhe der Marke Coppa Mundial 2018, wenn die „Herzogenauracher Sportartikel AG" die Rechnung 12345-2018 unter Abzug von Skonto begleicht?

b) Buchen Sie die Eingangsrechnung 12345-2018 aus der Sicht der „Herzogenauracher Sportartikel AG".

c) Buchen Sie die Rechnung 12345-2018 aus der Sicht der „Schuhfabrik Gebrüder Dassler GmbH".

d) Die „Herzogenauracher Sportartikel AG" liefert 50 Paar Fußballschuhe Coppa Mundial 2018 an das „Sport Center 2000" in Erlangen.

   Folgende Angaben liegen Ihnen vor:
   Handlungskostenzuschlagssatz 50 %, Gewinnzuschlag 80 %; Kundenskonto 2 % vom Barverkaufspreis; Kundenrabatt 6 %.

   Berechnen Sie den Angebotspreis netto für ein Paar Fußballschuhe.

e) Buchen Sie die Ausgangsrechnung aus der Sicht der „Herzogenauracher Sportartikel AG". Das „Sport Center 2000" wird unter der Debitorennummer 24071 geführt.

f) Das „Sport Center 2000" begleicht die Ausgangsrechnung (siehe Aufgabe e) unter Abzug von Skonto auf den Rechnungsbetrag. Der Zahlungseingang erfolgt auf dem Konto bei der Raiffeisenbank Herzogenaurach (Nr. 28021).

   Buchen Sie aus der Sicht der „Herzogenauracher Sportartikel AG".

2.3 Fall 3

Sie sind kaufmännischer Mitarbeiter im Controlling der „Nürnberger Werkzeugfabrik GmbH". Aus der Abgrenzungstabelle liegen Ihnen folgende Zahlen vor:

Kosten und Leistungen	Insgesamt	Kostenträger	
		Produkt A	Produkt B
Fertigungsmaterial	1.700.000,00 €	1.040.000,00 €	660.000,00 €
Fertigungslöhne	920.000,00 €	680.000,00 €	240.000,00 €
Unfertige Erzeugnisse			
Anfangsbestand	200.000,00 €	120.000,00 €	80.000,00 €
Schlussbestand	280.000,00 €	180.000,00 €	100.000,00 €
Fertige Erzeugnisse			
Anfangsbestand	320.000,00 €	200.000,00 €	120.000,00 €
Schlussbestand	440.000,00 €	300.000,00 €	140.000,00 €
Nettoumsatzerlöse	5.792.000,00 €	3.768.000,00 €	2.024.000,00 €

Aus dem aktuellen Betriebsabrechnungsbogen entfallen auf die vier Hauptkostenstellen folgende Istgemeinkosten:

Istgemeinkosten	Material	Fertigung	Verwaltung	Vertrieb
2.558.200 €	192.800 €	1.769.000 €	426.800 €	169.600 €

In der vergangenen Abrechnungsperiode hat die „Nürnberger Werkzeugfabrik GmbH“ mit folgenden Normalgemeinkostenzuschlagssätzen kalkuliert:

Material	Fertigung	Verwaltung	Vertrieb
11 %	200 %	10 %	6 %

a) Ermitteln Sie die Herstellkosten des Umsatzes auf Normalkostenbasis insgesamt.

b) Wie hoch sind in den vier Kostenstellen die Kostenüber- bzw. -unterdeckungen?

c) Erstellen Sie das Kostenträgerzeitblatt auf Normalkostenbasis nach folgendem Schema.

Kostenträgerzeitrechnung (BAB II) auf Normalkostenbasis der Nürnberger Werkzeugfabrik GmbH

Kalkulationsschema	Normalkosten insgesamt	Kostenträger	
		Produkt A	Produkt B
Fertigungsmaterial + Materialgemeinkosten			
= **Materialkosten**			
Fertigungslöhne + Fertigungsgemeinkosten			
= **Fertigungskosten**			
Herstellkosten der Erzeugung			
- Mehrbestand			
+ Minderbestand			
= **Herstellkosten des Umsatzes**			
+ Verwaltungsgemeinkosten			
+ Vertriebsgemeinkosten			
= **Selbstkosten des Umsatzes**			
Nettoumsatzerlöse			
Umsatzergebnis			
+ **Kostenüberdeckung** - **Kostenunterdeckung**			
Betriebsergebnis			

d) Beschreiben Sie den sachlichen Zusammenhang zwischen dem Betriebsabrechnungsbogen (BAB I), der Kostenträgerstückrechnung (Zuschlagskalkulation) und dem Kostenträgerzeitblatt (BAB II).

e) Grenzen Sie das Betriebsergebnis und das Umsatzergebnis voneinander ab.

2.4 Fall 4

Die „Regensburger Werkzeugtechnik OHG" kalkuliert im Bereich der Fertigung unter anderem mit Maschinenstundensätzen. Dazu werden die Fertigungsgemeinkosten (FGM) in maschinenabhängige FGK und in maschinenunabhängige FGK (Restfertigungsgemeinkosten) aufgeteilt. Als kaufmännischer Mitarbeiter der „Regensburger Werkzeugtechnik OHG" liegen Ihnen für die Hauptkostenstelle Fertigung die folgenden Kalkulationsdaten vor:

- Anschaffungskosten der Fertigungsmaschinen: 3.200.000 €
  Anschaffungsdatum der Maschinen: 19. Januar 20..
  Betriebgewöhnliche Nutzungsdauer gemäß AfA-Tabelle: 10 Jahre
  Wiederbeschaffungskosten der Fertigungsmaschinen: 3.440.000 €
  „Betriebsinterne" Nutzungsdauer: 12 Jahre
  AfA-Methode: linear
- Kalkulatorische Zinsen: 8 % von den halben Anschaffungskosten
- Entgelte der kaufmännischen Angestellten: 280.000 €
- Arbeitgeberanteil zur SV (Lohnund Gehaltsbereich): 490.000 €
- Platzkosten der Fertigungsmaschinen: Standfläche der Anlage 80 m^2
  Kalkulatorische Gebäudeabschreibung: 750 €/m^2 monatlich
  Reparatur- und Wartungskosten: 150.000 € jährlich
  Werkzeugkosten: 54.000 € jährlich
- Betriebliche Steuern jährlich: 20.000 €
- Anteiliger jährlicher kalkulatorischer Unternehmerlohn: 40.000 €
- Bürokosten jährlich: 50.000 €
- Stromkosten der Maschinen: Maschinenleistung 40 kW im Jahr; Arbeitspreis pro 1,20 €/kWh; Grundgebühr 800 €/Monat
- Sonstige Betriebsstoffkosten je Monat: 7.500 €
- Maschinenlaufzeitstunden: In einer 40-stündigen Arbeitswoche läuft die Anlage durchschnittlich 37,5 Stunden; 2,5 Stunden sind erforderlich, um die Anlage umzurüsten und zu reinigen. 48 Wochen im Jahr ist die Anlage im Betrieb.
- Fertigungslöhne der Hauptkostenstelle Fertigung: 3.520.000 €.

a) Berechnen Sie die maschinenabhängigen Fertigungsgemeinkosten in Euro.

b) Wie hoch ist der Restfertigungsgemeinkostenzuschlagssatz?

c) Berechen Sie den Maschinenstundensatz.

d) Welche Kosten verursacht die Maschine pro Minute?

e) Die „Regensburger Werkzeugtechnik OHG" fertigt im Kundenauftrag folgendes Werkstück:

   Bearbeitzeit:
   Fertigungsarbeiter: 3,5 Stunden, Stundenlohn: 36 €
   Maschinenstunden: 3,5 Stunden
   Fertigungsmaterial: 1.800 €

Gemeinkostenzuschlagssätze laut aktuellem BAB:
Material: 10 %
Fertigung: siehe Lösung zu Aufgabe b)
Verwaltung: 22 %
Vertrieb: 10 %

Berechnen Sie die Selbstkosten des Werkstückes!

2.5 Fall 5

Sie sind kaufmännischer Mitarbeiter im Rechnungswesen der „Conti Reifenwerke AG" in Hannover und haben in diesem Zusammenhang den folgenden Vorgang zu bearbeiten:

Am 04.09.2018 wurde für netto 72.000 € zur Gummiherstellung ein 3.000-Liter-Trommelmischer (Lieferant: Schmidt & Sohn KG, Kreditorennummer 44044) angeschafft und mit einem Sicherungsübereignungskredit durch die „Niedersachsenbank AG" finanziert. Für den Transport ab Werk fielen brutto 1.154,30 € an, für die Montage mit eigenem Personal wurden Kosten in Höhe von 430 € ermittelt. Wegen nicht behebbarer starker Vibration bei hoher Drehzahl gewährte uns die „Schmidt & Sohn KG" am 25.09.2018 auf den Warenwert des Mischers einen Preisnachlass in Höhe von 8 %. Am 30.09.2018 begleichen wir die Eingangsrechnung ohne Skontoabzug über unser Konto bei der Niedersachsenbank AG (Nr. 28028).

a) Buchen Sie den Rechnungseingang am 04.09.2018 und die Montage in Eigenleistung.
b) Kontieren Sie am 25.09.2018 die zu verrechnende Gutschrift für die Preisnachgewährung (Nettomethode).
c) Ermitteln Sie die Anschaffungskosten des Trommelmischers zum 25.09.2018.
d) Wie ist am 30.09.2018 zu buchen?
e) Mit wie viel Prozent müssen Sie den Trommelmischer Ende 2018 bilanziell abschreiben? Unterstellen Sie die lineare Abschreibungsmethode. Nutzen Sie dazu den folgenden Auszug aus der amtlichen AfA-Tabelle.

Auszug aus der amtlichen AfA-Tabelle

Maschinen der Materialbearbeitung	Nutzungsdauer in Jahren
Mischer, Schnell	6
Mischer, Taumel	11
Mischer, Teller-/Trog-/Trommel-, ab 250 l Inhalt	7
Mischer, Tellerklein-/Trog-/Trommel-, bis 249 l Inhalt	6
Mischer, Transport	4
Mischer, Transportbeton	7

f) Im Rahmen der Betriebsbuchführung setzt die „Conti Reifenwerke AG" für den Trommelmischer eine kalkulatorische Abschreibung an.

Die Wiederbeschaffungskosten des Trommelmischers betragen 78.000 €. Da der Trommelmischer im Dreischichtbetrieb eingesetzt wird, rechnet man „intern" mit einer Nutzungsdauer von 5 Jahren. Kalkulatorisch wird linear abgeschrieben. Wie hoch ist die kalkulatorische Abschreibung für einen Monat?

g) In der Kosten- und Leistungsrechnung fließt die unter f) ermittelte kalkulatorische Abschreibung ein. Welche zwei Ergebnisse werden dadurch unmittelbar beeinflusst?

1. das Umsatzergebnis
2. das Betriebsergebnis
3. das Ergebnis aus unternehmensbezogener Abgrenzung
4. das Gesamtergebnis
5. das Ergebnis aus der Gewinn- und Verlustrechnung
6. das Ergebnis aus kosten- und leistungsrechnerischen Korrekturen
7. das Ergebnis des letzten Champions Legaue-Spiels des F. C. Bayern München

h) Erläutern Sie die Art der Kreditsicherung, die von der „Niedersachenbank AG" zur Finanzierung des Trommelmischers gewählt wurde (siehe Modul Geschäftsprozesse „Finanzwirtschaftliche Prozesse").

1. Es handelt sich um einen Kredit, bei dem die „Niedersachsenbank AG" gegenüber der „Schmidt & Sohn KG" als Bürge haftet.
2. Es handelt sich um einen Kredit, bei dem die „Niedersachsenbank AG" unmittelbarer Besitzer und die „Conti Reifenwerke AG" Eigentümer des Trommelmischers wird.
3. Es handelt sich um einen Kredit, bei dem die „Niedersachsenbank AG" bedingt Eigentümer des Trommelmischers wird.
4. Es handelt sich um einen persönlichen Blankokredit.
5. Es liegt ein Kontokorrentkredit vor.
6. Die „Niedersachsenbank AG" lässt sich als Sicherheit ein Grundpfandrecht im Grundbuch eintragen.

i) Der Vorstand der „Conti Reifenwerke AG" prüft zur Finanzierung weiterer größerer Investitionsvorhaben andere Möglichkeiten der Fremdfinanzierung. Welche der folgenden Aussagen ist in diesem Zusammenhang richtig?

1. Der Vorstand möchte sich auf der Hauptversammlung eine Kapitalerhöhung durch die Ausgabe „junger" Aktien einräumen lassen.
2. der Verkauf festverzinslicher Wertpapiere aus dem eigenen Bestand der „Conti Reifenwerke AG"
3. die Inanspruchnahme von Liefererskonti
4. die Einstellung eines Teils des Jahresüberschusses in die Gewinnrücklagen
5. die Aufnahme eines Hypothekendarlehens

j) Ermitteln Sie unter Berücksichtigung der folgenden Angaben, wie viel Euro die kalkulatorischen Zinsen je Betriebsstunde für den Trommelmischer betragen.

Kalkulatorischer Zinnsatz:	8,5 %
Geplante Laufzeit pro Jahr:	5.000 €
Zu berücksichtigendes Kapital:	halbe Wiederbeschaffungskosten
Wiederbeschaffungskosten:	78.000 €

k) Für den Trommelmischer ergeben sich bei der geplanten Laufzeit von jährlich 5.000 Stunden im Dreischichtbetrieb die folgenden Kosten:

Variable Maschinenkosten je Maschinenstunde:	80 €
Fixe Maschinenkosten je Maschinenstunde:	234 €

Für die nächste Planperiode erwarten Sie einen Beschäftigungsrückgang der jährlichen Laufleistung um 10 %.

Ermitteln Sie für die neue Planperiode den Maschinenstundensatz in Euro!

l) Prüfen Sie, wie viel Euro fixe Kosten nicht gedeckt werden, wenn Sie trotz des Beschäftigungsrückganges mit den ursprünglichen geplanten fixen Maschinenkosten je Stunde in Höhe von 234 € (siehe Aufgabe k) kalkulieren!

m) Bei welchen Kosten erfassen Sie die nicht maschinenabhängigen Fertigungsgemeinkosten im Betriebsabrechnungsbogen?

1. Anderskosten
2. Rest-Fertigungsgemeinkosten
3. Zusatzkosten
4. Sollkosten
5. Einzelkosten
6. Verwaltungskosten

n) Ermitteln Sie die Fertigungskosten für einen Auftrag, wenn folgende Zahlen vorliegen!

Maschinenkosten:	12 Stunden zu 320 €
Rest-Fertigungsgemeinkosten:	130 %
Fertigungslöhne:	8 Stunden zu 37,80 €

Lösungen

1. Wissensfragen

A, B

1.

Aussage f) ist richtig.

B

2.

Aussage a)

A, B, C

3.

5) → 2) → 3) → 4) → 7) → 6) → 1)

B

4.

	Fertigungsmaterial	3,50 €
+	32 % Materialgemeinkosten	1,12 €
=	Materialkosten	4,62 €
	Fertigungslöhne I	1,70 €
+	100 % Fertigungsgemeinkosten I	1,70 €
	Fertigungslöhne II	0,90 €
+	85 % Fertigungsgemeinkosten	0,77 €
=	Fertigungskosten	5,07 €
	Herstellkosten	9,69 €

a)

100 % = 9,69 €
7,8 % = x

$$x = \frac{9{,}69\ € \cdot 7{,}8\ \%}{100\ \%} = \mathbf{0{,}76\ €}$$

b)

9,69 € = 100 %
0,60 € = x

$$x = \frac{100\ \% \cdot 0{,}60\ €}{9{,}69\ €} = \mathbf{6{,}19\ \%}$$

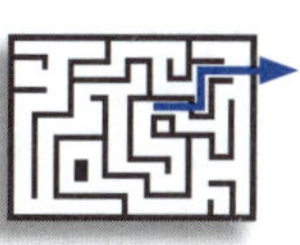

B

5.

a)

$$\text{Materialgemeinkostenzuschlagssatz} = \frac{\text{Materialgemeinkosten} \cdot 100\ \%}{\text{Fertigungsmaterial (Materialeinzelkosten)}}$$

$$\frac{52.000\ € \cdot 100\ \%}{650.000\ €} = \mathbf{8{,}00\ \%}$$

$$\text{Fertigungsgemeinkostenzuschlagssatz} = \frac{\text{Fertigungsgemeinkosten} \cdot 100\ \%}{\text{Fertigungslöhne (Fertigungseinzelkosten)}}$$

$$\text{Dreherei} = \frac{576.000\ € \cdot 100\ \%}{480.000\ €} = \mathbf{120{,}00\ \%}$$

$$\text{Fräserei} = \frac{275.000\ € \cdot 100\ \%}{250.000\ €} = \mathbf{110{,}00\ \%}$$

$$\text{Schleiferei} = \frac{275.000\ € \cdot 100\ \%}{180.000\ €} = \mathbf{125{,}00\ \%}$$

$$\text{Montage} = \frac{315.000\ € \cdot 100\ \%}{350.000\ €} = \mathbf{90{,}00\ \%}$$

$$\text{Verwaltungsgemeinkostenzuschlagssatz} = \frac{\text{Verwaltungsgemeinkosten} \cdot 100\ \%}{\text{Herstellkosten des Umsatzes}}$$

$$\frac{792.000\ € \cdot 100\ \%}{3.600.000\ €} = \mathbf{22{,}00\ \%}$$

$$\text{Vertriebsgemeinkostenzuschlagssatz} = \frac{\text{Vertriebsgemeinkosten} \cdot 100\ \%}{\text{Herstellkosten des Umsatzes}}$$

$$\frac{252.000\ € \cdot 100\ \%}{3.600.000\ €} = \mathbf{7{,}00\ \%}$$

b)

	Fertigungsmaterial	650.000,00 €
+	Materialgemeinkosten	52.000,00 €
=	Materialkosten	702.000,00 €
	Fertigungslöhne Dreherei	480.000,00 €
+	Fertigungsgemeinkosten Dreherei	576.000,00 €
+	Fertigungslöhne Fräserei	250.000,00 €
+	Fertigungsgemeinkosten Fräserei	275.000,00 €
+	Fertigungslöhne Schleiferei	180.000,00 €
+	Fertigungsgemeinkosten Schleiferei	225.000,00 €
+	Fertigungslöhne Montage	350.000,00 €
+	Fertigungsgemeinkosten Montage	315.000,00 €
=	Fertigungskosten	2.651.000,00 €

	Herstellkosten der Erzeugung	3.353.000,00 €
+	Minderbestand	500.000,00 €
-	Mehrbestand	253.000,00 €
=	Herstellkosten des Umsatzes	3.600.000,00 €
+	Verwaltungsgemeinkosten	792.000,00 €
+	Vertriebsgemeinkosten	252.000,00 €
=	**Selbstkosten des Umsatzes**	**4.644.000,00 €**

A, G

6.

Im Rahmen des Betriebsabrechnungsbogens werden für alle Hauptkostenstellen (z. B. Material, Fertigung, Verwaltung und Vertrieb) die Gemeinkostenzuschlagssätze ermittelt.

Anschließend werden im Rahmen der Kalkulation die ermittelten Zuschlagssätze zu den entsprechenden Zuschlagsgrundlagen (z. B. Fertigungsmaterial, Fertigungslöhne, Herstellkosten des Umsatzes) in Beziehung gesetzt und somit die Gemeinkosten in Euro ermittelt.

G

7.

	Materialeinzelkosten	23.500,00 €		
+	30 % Materialgemeinkosten	7.050,00 €		
=	Materialkosten	30.550,00 €		
	Fertigungseinzelkosten	7.000,00 €		
+	120 % Fertigungsgemeinkosten	8.400,00 €		
+	Sondereinzelkosten der Fertigung	780,00 €		
=	Fertigungskosten	16.180,00 €		
=	Herstellkosten	46.730,00 €		
+	6 % Verwaltungsgemeinkosten	2.803,80 €		
+	4 % Vertriebsgemeinkosten	1.869,20 €		
+	Sondereinzelkosten des Vertriebs	400,00 €		
=	Selbstkosten	51.803,00 €		
+	20 % Gewinnaufschlag	10.360,60 €		
=	Barverkaufspreis	62.163,60 €	(95 %)	
+	3 % Kundenskonto	1.963,06 €	(3 %)	
+	2 % Vertreterprovision	1.308,71 €	(2 %)	
=	Zielverkaufspreis	65.435,37 €	(100 %)	(95 %)
+	5 % Kundenrabatt	3.443,97 €	(5 %)	
=	**Listenverkaufspreis/Angebotspreis netto**	**68.879,34 €**		(100 %)

Der Netto-Angebotspreis für die Rotationsstanzmaschine beträgt 68.879,34 €.

8. Keine Zuordnung zu Labyrinthfragen möglich

Kto-Nr.	Kontobezeichnung	SOLL €	HABEN €
24002	Forderungen a. LL.	14.696,50	
5000	Umsatzerlöse f. eigene Erzeugnisse		12.350,00
4800	Umsatzsteuer		2.346,50

9.

	Materialeinzelkosten	51,00 €		
+	45 % Materialgemeinkosten	22,95 €		
=	Materialkosten	73,95 €		
=	Fertigungskosten	74,00 €		
=	Herstellkosten	147,95 €		
+	12 % Verwaltungsgemeinkosten/ Vertriebsgemeinkosten	17,75 €		
=	Selbstkosten	165,70 €		
+	30 % Gewinnaufschlag	49,71 €		
=	Barverkaufspreis	215,41 €	(97 %)	
+	3 % Kundenskonto	6,66 €	(3 %)	
=	Zielverkaufspreis	222,07 €	(100 %)	(96,55 %)
+	3,45 %Kundenrabatt	7,94 €	(3,45 %)	
=	**Listenverkaufspreis/Angebotspreis netto**	**230,01 €**	(100 %)	

10. Keine Zuordnung zu Labyrinthfragen möglich

Kto-Nr.	Kontobezeichnung	SOLL €	HABEN €
5000	Umsatzerlöse für eigene Erzeugnisse	123,50	
4800	Umsatzsteuer	23,47	
24002	Forderungen a. LL.		146,97

11.

	Selbstkosten	98,82 €	
+	18,75 % Gewinnaufschlag	18,53 €	
=	Barverkaufspreis	117,35 €	(98 %)
+	2 % Kundenskonto	2,40 €	(2 %)
=	Zielverkaufspreis	119,75 €	(100 %)

25 % - 18,75 % = **6,25 %**

Der Gewinn muss um 6,25 % auf 18,75 % reduziert werden.

12.

	Selbstkosten	98,82 €		
+	18,75 % Gewinnaufschlag	18,53 €		
=	Barverkaufspreis	117,35 €	(98 %)	
+	2 % Kundenskonto	2,40 €	(2 %)	
=	Zielverkaufspreis	119,75 €	(100 %)	(96,96 %)
+	**3,04 % Rabatt**	3,75 €	(3,04 %)	
=	Angebotspreis netto	123,50 €	(100 %)	

Es muss ein Rabatt von **3,04 %** gewährt werden.

13. Keine Zuordnung zu Labyrinthfragen möglich

Da es sich um einen zweiseitigen Handelskauf (zwei Kaufleute haben einen Kaufvertrag abgeschlossen) handelt, muss der § 288 Abs. 2 BGB angewendet werden, sodass sich ein Zinssatz in Höhe von 10,7 % (8 % + 2,7 %) ergibt.

$$\text{Verzugszinsen} = \frac{6.790\ € \cdot 10{,}7\ \% \cdot 37\ \text{Tage}}{100\ \% \cdot 360\ \text{Tage}} = \mathbf{74{,}67\ \%}$$

Kto-Nr.	Kontobezeichnung	SOLL €	HABEN €
2690	Sonstige Forderungen	74,67	
5790	Sonstige zinsähnliche Erträge		74,67

D, E, F

14.

Kosten	Istkosten		Über- bzw. Unter- deckung	Normalkosten		Kostenträger	
	€	%		€	%	Produkt A €	Produkt B €
Fertigungs- material	1.800.000			1.800.000		800.000	1.000.000
Material- gemeinkosten	50.000	2,78	+ 40.000	90.000	5	40.000	50.000
Material- kosten	1.850.000			1.890.000		840.000	1.050.000
Fertigungs- löhne	2.000.000			2.000.000		1.200.000	800.000
Fertigungs- gemeinkosten	2.800.000	140	+ 200.000	3.000.000	150	1.800.000	1.200.000
Fertigungs- kosten	4.800.000			5.000.000		3.000.000	2.000.000

a)

800.000 € = 100 %
40.000 € = x

$$x = \frac{100\ \% \cdot 40.000\ €}{800.000\ €} = \mathbf{5\ \%}$$

b)

100 % = 2.000.000 €
150 % = x

$$x = \frac{2.000.000\ € \cdot 150\ \%}{100\ \%} = 3.000.000\ €$$

3.000.0000 € - 200.000 € = **2.800.000 €**

c)

100 % = 800.000 €
150 % = x

$$x = \frac{800.000\ € \cdot 150\ \%}{100\ \%} = \mathbf{1.200.000\ €}$$

15.

E, F

	Umsatzergebnis	+ 100.000 T€
+	Kostenüberdeckung	+ 10.000 T€
=	Betriebsergebnis	+ 110.000 T€
+	Neutrales Ergebnis	- 10.000 T€
=	**Gesamtergebnis**	**+ 100.000 T€**

16.

E, F

Die Aussagen d) und h) sind richtig.

17.

E, F

Aussage c) ist richtig.

18.

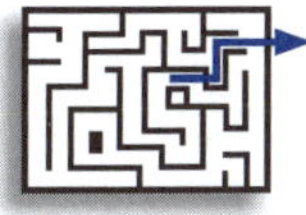

E, F

Kostenträgerzeitrechnung	Normalkosten in €
Fertigungsmaterial Materialgemeinkosten (5 %) Fertigungslöhne Fertigungsgemeinkosten (120 %)	600.000,00 30.000,00 1.000.000,00 1.200.000,00
Herstellkosten der Erzeugung	2.830.000,00
+/- Bestandsmehrung	130.000,00
Herstellkosten des Umsatzes Verwaltungsgemeinkosten (8 %) Vertriebsgemeinkosten (12 %)	2.700.000,00 216.000,00 324.000,00
Selbstkosten des Umsatzes	3.240.000,00
Nettoverkaufserlöse	3.680.000,00
+/- Kostenunterdeckung	440.000,00
Betriebsergebnis	352.000,00

a)

3.240.000 €

b)

88.000 € (Kostenunterdeckung)

D, E, F

19.

Kostenträgerblatt (BAB II) der Global Industrie AG

Angaben in T€	Ist-Gk-Zuschlags-satz	Ist-Kosten	Normal-Gk-Zu-schlags-satz	Normal-Kosten	Kosten-über-/ -unter-deckung
Fertigungsmaterial		100,00		100,00	
+ Materialgemeinkosten	12 %	12,00	10 %	10,00	
= Materialkosten		112,00		110,00	(-) 2,00
Fertigungslöhne		50,00		50,00	
+ Fertigungsgemeinkosten	110 %	55,00	100 %	50,00	(-) 5,00
= Fertigungskosten		105,00		100,00	
= Herstellungskosten der Produktion		217,00		210,00	
+ Minderbestand		2,00		2,00	
- Mehrbestand		3,00		3,00	
= Herstellkosten des Umsatzes		216,00		209,00	
+ Verwaltungsgemeinkosten	10 %	21,60	12 %	25,08	(+) 3,48
+ Vertriebsgemeinkosten	4 %	8,64	5 %	10,45	(+) 1,81
= Selbstkosten des Umsatzes		246,24		244,53	
Nettoumsatzerlöse		270,00		270,00	
Umsatzergebnis		–		25,47	
+ Kostenüberdeckung					
- Kostenunterdeckung				1,71	(-) 1,71
Betriebsergebnis		23,76		–	

G

20.

	Materialkosten	40.000,00 €
+	Fertigungskosten	80.000,00 €
=	Herstellkosten	120.000,00 €
+	Verwaltungskosten	40.000,00 €
+	Vertriebskosten	8.000,00 €
=	Selbstkosten	168.000,00 €

$$\text{Selbstkosten/Stück} = \frac{168.000\text{ €}}{120.000\text{ Stück}} = 1{,}40\text{/Stück}$$

Selbstkosten je 100 ME = **140 €**

21.

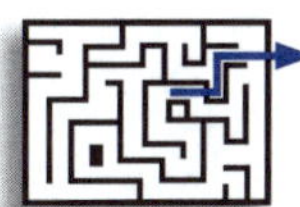

G

Die Divisionskalkulation kann nur von Unternehmen angewendet werden, die grundsätzlich nur **ein Produkt** herstellen oder über einen längeren Zeitraum Aufträge mit großen Stückzahlen erledigen.

22.

I

a)

Produkt	Mengen-einheit (ME)	Äquivalenz-ziffer (ÄZ)	Rechen-einheit (RE)	Kosten/RE	Kosten/ Produkt	Kosten/ME
A	576.000	1	576.000	0,08	46.080	0,080 €
B	384.000	1,4	537.600	0,08	43.008	0,112 €
Summe			1.113.600		89.088	

$$\text{Kosten/RE} = \frac{89.088\ €}{1.113.600} = 0{,}08\ €/\text{RE}$$

Kosten/Produkt = Kosten/RE · RE

Selbstkosten/100 ME = **8,00 €**
Selbstkosten/100 ME = **11,20 €**

b)

- Voraussetzung: Gleichartige Produkte (Sorten) stehen in einem festen Kostenverhältnis zueinander.
- Ein Produkt, dessen Kostenverursachung als „normal" angesehen wird, erhält die Äquivalenzziffer (ÄZ) 1. Davon ausgehend werden höhere bzw. geringere Kostenverläufe der anderen Produkte durch entsprechende ÄZ ausgedrückt.
- Kann von Unternehmen (z. B. der Landbierbrauerei „Fränkische Schweiz") angewendet werden, die gleichartige Produkte (z. B. Kellerbier, Landbier, Weizenbier) herstellen. Gleichartig: Gleicher Rohstoff, aber die Produkte unterscheiden sich z. B. hinsichtlich Größe, Qualität, Bearbeitungszeit, Materialeinsatzmengen.

23.

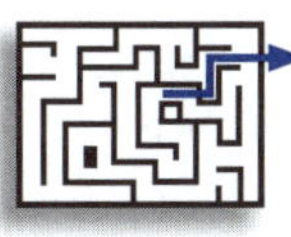

G

$$\frac{4.000.000\ €}{20.000\ \text{Stück}} = \quad 200{,}00\ €/\text{Box}$$

$$\frac{360.000\ €}{18.000\ \text{Stück}} = \quad 20{,}00\ €/\text{Box}$$

$\frac{200.000\ €}{20.000\ \text{Stück}}$ =		10,00 €/Box
$\frac{90.000\ €}{18.000\ \text{Stück}}$ =		5,00 €/Box
Selbstkosten =		**235,00 €/Box**

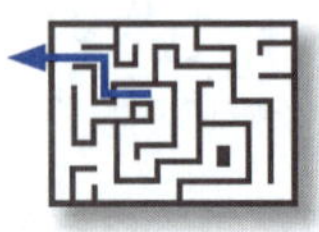

G

24.

	$\frac{\text{Herstellkosten}}{\text{Produktionsmenge}}$ =	$\frac{350.000\ €}{28.000}$	= 12,50 €/Produkt
	$\frac{\text{Vertriebskosten}}{\text{Absatzmenge}}$ =	$\frac{64.000\ €}{32.000}$	= 2,00 €/Produkt
	$\frac{\text{Herstellkosten}}{\text{Produktionsmenge}}$ =	$\frac{112.000\ €}{28.000}$	= 4,00 €/Produkt
=	Selbstkosten		= 18,50 €/Produkt
+	20 % Gewinnzuschlag		= 3,70 €/Produkt
=	Netto-Angebotspreis		= 22,20 €/Produkt
+	19 % Umsatzsteuer		= 4,22 €/Produkt
=	**Brutto-Angebotspreis**		**= 26,42 €/Produkt**

I

25.

Produkt	ÄZ	RE	Stückkosten/Produkt	Selbstkosten gesamt
I	1,0	24.000	0,70	16.800 €
II	1,845	29.520	1,2915	20.664 €
III	0,75	4.200	0,525	2.940 €
IV	2,3	8.740	1,61	6.118 €
V	0,6	9.900	0,42	6.930 €
Summe		76.360		53.452 €

a)

Produkt	ÄZ
I	1
II	1,845
III	0,75
IV	2,3
V	0,6

b)

Produkt	Stückkosten/Produkt
I	0,70 €
II	1,29 €
III	0,525 €
IV	1,61 €
V	0,42 €

c)

Produkt	Selbstkosten gesamt
I	16.800 €
II	20.664 €
III	2.940 €
IV	6.118 €
V	6.930 €

2. Fallsituationen

2.1 Fall 1

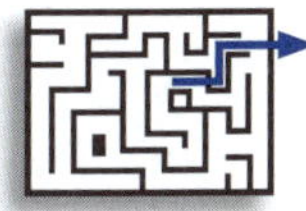

A, B, C

a)

Mietaufwendungen:
240.000 € : 2.000 m² = 120 €/m²

Versicherungen:
62.400 € : 4.000.000 € = 0,0156 €/1 € Versicherungssumme

Kalkulatorische Abschreibungen pro Jahr:
auf 0530: 1,5 % von 4.800.000 € = 72.000,00 €
auf 0700: 15 % von 2.000.000 € = 300.000,00 €
auf 0800: 10 % von 1.080.000 € = 108.000,00 €
480.000,00 €

480.000 € : 12 Monate = 40.000 €/Monat

40.000 € : 20 = 2.000 €/Verhältniszahl

Kalkulatorische Zinsen pro Jahr:
6 % von 9.000.000 € = 540.000 €

540.000 € : 12 Monate = 45.000 €/Monat

45.000 € : 20 = 2.250 €/Verhältniszahl

	Fertigungsmaterial	1.027.000,00 €
+	Materialgemeinkosten	174.590,00 €
=	Materialkosten	1.201.590,00 €
	Fertigungslöhne	826.760,00 €
+	Fertigungsgemeinkosten	1.215.340,00 €
=	Fertigungskosten	2.042.100,00 €
	Herstellkosten der Erzeugung	3.243.690,00 €
+	Minderbestand	51.320,00 €
-	Mehrbestand	62.810,00 €
=	**Herstellkosten des Umsatzes**	**3.232.200,00 €**

Betriebsabrechnungsbogen der Klaus Strasser & Sohn KG						
Gemeinkostenarten	**Zahlen der Betriebs-ergebnis-rechnung in €**	**Verteilungs-grundlagen**	**Kosten-stelle Material in €**	**Kosten-stelle Fertigung in €**	**Kosten-stelle Verwaltung in €**	**Kosten-stelle Vertrieb in €**
Aufwendungen für Hilfsstoffe	325.000	nach Stücklisten	7.000	290.400	9.000	18.600
Aufwendungen für Betriebsstoffe	35.300	nach Material-entnahmescheinen	5.600	18.000	8.400	3.300
Gehälter	305.600	nach Entgelt-abrechnungen	26.800	242.800	16.400	19.600
Werbeaufwendungen	398.800	nach Rechnungen	37.000	66.800	217.800	77.200
Soziale Abgaben	307.000	nach Entgelt-abrechnungen	19.600	179.400	65.200	42.800
Mietaufwendungen	240.000	nach Flächen	48.000	144.000	28.800	19.200
Versicherungen	62.400	nach Versiche-rungssummen	6.240	37.440	12.480	6.240
Bürokosten	141.600	nach Rechnungen	13.600	46.800	63.000	18.200
Betriebliche Steuern	181.000	nach Verhältnis-zahlen	0	143.200	37.800	0
Kalkulatorische Abschreibungen	40.000	nach Verhältnis-zahlen	4.000	24.000	8.000	4.000
Kalkulatorische Zinsen	45.000	nach Verhältnis-zahlen	6.750	22.500	9.000	6.750
Summe der Gemeinkosten	2.081.700		174.590	1.215.340	475.880	215.890
Zuschlagsgrundlagen			1.027.000	826.760	3.232.200	3.232.200
Gemeinkostenzuschlagssätze			**17 %**	**147 %**	**14,72 %**	**6,68 %**

b)

Es liegt ein einfacher Betriebsabrechnungsbogen mit vier Hauptkostenstellen und keiner Hilfs-kostenstelle vor.

c) bis e)

Erweiterter und mehrstufiger Betriebsabrechnungsbogen mit fünf Hauptkostenstellen und einer Hilfskostenstelle der Klaus Strasser & Sohn KG								
Gemeinkostenarten	**Zahlen der Betriebsergebnisrechnung**	**Verteilungsgrundlagen**	**Kostenstelle Material**	**Hilfskostenstelle Arbeitsvorbereitung**	**Kostenstelle Fertigung I**	**Kostenstelle Fertigung II**	**Kostenstelle Verwaltung**	**Kostenstelle Vertrieb**
Aufwendungen für Hilfsstoffe	180.000	nach Stücklisten	4.000	2.000	100.000	50.000	8.200	15.800
Aufwendungen für Betriebsstoffe	22.330	nach Materialentnahmescheinen	3.200	1.150	5.500	6.200	4.870	1.410
Gehälter	152.800	nach Entgeltabrechnungen	13.400	2.250	59.575	59.575	8.200	9.800
Werbeaufwendungen	70.370	nach Rechnungen	0	0	16.700	16.700	11.740	25.230
Soziale Abgaben	153.500	nach Entgeltabrechnungen	9.800	700	44.500	44.500	32.600	21.400
Mietaufwendungen	128.000	nach Flächen	25.600	0	35.840	40.960	15.360	10.240
Versicherungen	31.200	nach Versicherungssummen	3.120	3.120	6.240	9.360	6.240	3.120
Bürokosten	55.650	nach Rechnungen	3.000	4.500	10.000	7.030	28.000	3.120
Betriebliche Steuern	101.000	nach Verhältniszahlen	8.500	4.000	16.000	37.000	21.000	14.500
Kalkulatorische Abschreibungen	20.000	nach Bruchzahlen	2.500	2.500	5.000	5.000	2.500	2.500
Kalkulatorische Zinsen	22.920	nach Köpfen	1.920	240	8.880	5.160	3.840	2.880
Zwischensumme	937.770		75.040	20.460	308.235	281.485	142.550	110.000
Umlage Arbeitsvorbereitung		nach Prozentzahlen			5.115	15.345		
Summe der Gemeinkosten	937.770		75.040		313.350	296.830	142.550	110.000
Zuschlagsgrundlagen			Fertigungsmaterial 400.000		Fertigungslöhne I 300.000	Fertigungslöhne II 250.000	Herstellkosten des Umsatzes 1.647.020	Herstellkosten des Umsatzes 1.647.020
Gemeinkostenzuschlagssätze			18,76 %		104,45 %	118,73 %	8,66 %	6,68 %

c)

	Fertigungsmaterial	400.000,00 €
+	Materialgemeinkosten	75.040,00 €
=	Materialkosten	475.040,00 €
	Fertigungslöhne I	300.000,00 €
+	Fertigungsgemeinkosten I	313.350,00 €
+	Fertigungslöhne II	250.000,00 €
+	Fertigungsgemeinkosten II	296.830,00 €
=	Fertigungskosten	1.160.180,00 €
	Herstellkosten der Erzeugung	1.635.220,00 €
+	Minderbestand	30.000,00 €
-	Minderbestand	18.200,00 €
=	**Herstellkosten des Umsatzes**	**1.647.020,00 €**

d)

$$\text{Materialgemeinkostenzuschlagssatz} = \frac{\text{Materialgemeinkosten} \cdot 100\ \%}{\text{Fertigungsmaterial (Materialeinzelkosten)}}$$

$$= \frac{75.040\ € \cdot 100\ \%}{400.000\ €} = \mathbf{18{,}76\ \%}$$

$$\text{Fertigungsgemeinkostenzuschlagssatz I} = \frac{\text{Fertigungsgemeinkosten I} \cdot 100\ \%}{\text{Fertigungslöhne I (Fertigungseinzelkosten I)}}$$

$$= \frac{313.500\ € \cdot 100\ \%}{300.000\ €} = \mathbf{104{,}45\ \%}$$

$$\text{Fertigungsgemeinkostenzuschlagssatz II} = \frac{\text{Fertigungsgemeinkosten II} \cdot 100\ \%}{\text{Fertigungslöhne II (Fertigungseinzelkosten II)}}$$

$$= \frac{296.830\ € \cdot 100\ \%}{250.000\ €} = \mathbf{118{,}73\ \%}$$

$$\text{Verwaltungsgemeinkostenzuschlagssatz} = \frac{\text{Verwaltungsgemeinkosten} \cdot 100\ \%}{\text{Herstellkosten des Umsatzes}}$$

$$= \frac{142.550\ € \cdot 100\ \%}{1.647.020\ €} = \mathbf{8{,}66\ \%}$$

$$\text{Vertriebsgemeinkostenzuschlagssatz} = \frac{\text{Vertriebsgemeinkosten} \cdot 100\ \%}{\text{Herstellkosten des Umsatzes}}$$

$$= \frac{110.000\ € \cdot 100\ \%}{1.647.020\ €} = \mathbf{6{,}68\ \%}$$

e)

Erweiteter BAB = Es liegen mehr als vier Hauptkostenstellen vor. Mehrstufiger BAB = Es liegt mindestens eine Hilfskostenstelle vor.

2.2 Fall 2

G

a)

	Listeneinkaufspreis (LEP)	62,00 €
-	12 % Liefererrabatt	7,44 €
=	Zieleinkaufspreis (ZEP)	54,56 €
-	3 % Liefererskonto	1,64 €
=	Bareinkaufspreis (BEP)	52,92 €
+	Bezugskosten (BZK)	1,50 €
=	**Bezugspreis/Einstandspreis**	**54,42 €**

b)

Kto-Nr.	Kontobezeichnung	SOLL €	HABEN €
2280 6280	Handelswaren Aufwendungen Handelswaren	54.560,00	
2281 6281	Bezugskosten Handelswaren	1.500,00	
2600	Vorsteuer	10.651,40	
4400	Verbindlichkeiten a. LL.		66.711,40

c)

Kto-Nr.	Kontobezeichnung	SOLL €	HABEN €
2400	Forderungen a. LL.	66.711,40	
5100	Umsatzerlöse für Handelswaren		56.060,00
4800	Umsatzsteuer		10.651,40

d)

	Bezugspreis/Einstandspreis	54,42 €		
+	50 % Handlungskosten	27,21 €		
=	Selbstkosten	81,63 €		
+	80 % Gewinn	65,30 €		
=	Barverkaufspreis (BVP)	146,93 €	(98 %)	
+	2 % Kundenskonto	3,00 €	(2 %)	
=	Zielverkaufspreis (ZVP)	149,93 €	(100 %)	(94 %)
+	6 % Kundenrabatt	9,57 €	(6 %)	
=	**Angebotspreis netto/Listenverkaufspreis (LVP)**	**159,50 €**		**(100 %)**

e)

	ZVP (149,93 € · 50)	7.496,50 €
+	19 % Umsatzsteuer	1.424,34 €
=	Rechnungsbetrag	8.920,84 €

Kto-Nr.	Kontobezeichnung	SOLL €	HABEN €
24071	Forderungen a. LL.	8.920,84	
5100	Umsatzerlöse für Handelswaren		7.496,50
4800	Umsatzsteuer		1.424,34

f)

Nettomethode unter Abzug von Skonto

Kto-Nr.	Kontobezeichnung	SOLL €	HABEN €
28021	Raiffeisenbank Herzogenaurach	8.742,42	
5101	Erlösberichtigungen Handelswaren	149,93	
4800	Umsatzsteuer	28,49	
24071	Forderungen a. LL.		8.920,84

Bruttomethode unter Abzug von Skonto

Kto-Nr.	Kontobezeichnung	SOLL €	HABEN €
28021	Raiffeisenbank Herzogenaurach	8.742,42	
5101	Erlösberichtigungen Handelswaren	178,42	
24071	Forderungen a. LL.		8.920,84

Kto-Nr.	Kontobezeichnung	SOLL €	HABEN €
4800	Umsatzsteuer	28,49	
5101	Erlösberichtigungen Handelswaren		28,49

2.3 Fall 3

A, D, E, F

a)

	Fertigungsmaterial	1.700.000,00 €
+	11 % Materialgemeinkosten	187.000,00 €
=	Materialkosten	1.887.000,00 €
	Fertigungslöhne	920.000,00 €
+	200 % Fertigungsgemeinkosten	1.840.000,00 €
=	Fertigungskosten	2.760.000,00 €
	Herstellkosten der Erzeugung	4.647.000,00 €
-	Mehrbestand	200.000,00 €
=	**Herstellkosten des Umsatzes**	**4.447.000,00 €**

b)

	Material	Fertigung	Verwaltung	Vertrieb	gesamt
Istgemeinkosten in €	192.800	1.769.000	426.800	169.600	2.558.200
Zuschlagsgrundlagen (Istkosten) in €	1.700.000	920.000	4.381.800	4.381.800	
Zuschlagsgrundlagen (Normalkosten) in €	1.700.000	920.000	4.447.000	4.447.000	
Istgemeinkostenzuschlagssätze	11,34 %	192,28 %	9,74 %	3,87 %	
Normalgemeinkostenzuschlagssätze	11 %	200 %	10 %	6 %	
Normalgemeinkosten	187.000	1.840.000	444.700	266.820	2.738.520
Kostenüber-/-unterdeckungen	(-) 5.800	(+) 71.000	(+) 17.900	(+) 97.220	(+)180.320

c)

Kostenträgerzeitrechnung (BAB II) auf Normalkostenbasis der Nürnberger Werkzeugfabrik GmbH

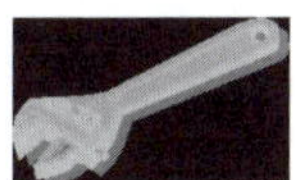

Kalkulationsschema	Normalkosten insgesamt	Kostenträger	
		Produkt A	Produkt B
Fertigungsmaterial + Materialgemeinkosten	1.700.000,00 187.000,00	1.040.000,00 114.400,00	660.000,00 72.600,00
= **Materialkosten**	1.887.000,00	1.154.400,00	732.600,00
Fertigungslöhne + Fertigungsgemeinkosten	920.000,00 1.840.000,00	680.000,00 1.360.000,00	240.000,00 480.000,00
= **Fertigungskosten**	2.760.000,00	2.040.000,00	720.000,00
Herstellkosten der Erzeugung	4.647.000,00	3.194.400,00	1.452.600,00
- Mehrbestand	200.000,00	160.000,00	40.000,00
+ Minderbestand	0,00	0,00	0,00
= **Herstellkosten des Umsatzes**	4.447.000,00	3.034.400,00	1.412.600,00
+ Verwaltungsgemeinkosten	444.700,00	303.440,00	141.260,00
+ Vertriebsgemeinkosten	266.820,00	182.064,00	84.756,00
= **Selbstkosten des Umsatzes**	5.158.520,00	3.519.904,00	1.638.616,00
Nettoumsatzerlöse	5.792.000,00	3.768.000,00	2.024.000,00
Umsatzergebnis	633.480,00	248.096,00	385.384,00
+ Kostenüberdeckung **- Kostenunterdeckung**	180.320,00		
Betriebsergebnis	813.800,00		

d)

Mithilfe des **Betriebsabrechnungsbogens** werden die Gemeinkosten direkt (Kostenstelleneinzelkosten) bzw. indirekt (Kostenstellengemeinkosten) auf die Kostenstellen verteilt.

Anschließend ermittelt man für jede Hauptkostenstelle den Gemeinkostenzuschlagssatz, damit man im Rahmen der **Kostenträgerstückrechnung** die Gemeinkosten prozentual den Kostenträgern „zuschlagen" kann.

Hauptziel der **Kostenträgerzeitrechnung** ist dagegen die Ermittlung des Erfolges (Betriebsergebnis bzw. Umsatzergebnis) eines Kostenträgers (z. B. eines Produktes) für eine bestimmte Abrechnungsperiode.

e)

Das Betriebsergebnis drückt auf Istkostenbasis den Erfolg einer Abrechnungsperiode bzw. eines Kostenträgers aus. Das Umsatzergebnis dagegen stellt den Erfolg einer Abrechnungsperiode bzw. eines Kostenträger auf „Normalkosten-Basis" dar.

Betriebsergebnis und Umsatzergebnis unterscheiden sich demnach durch eine Kostenabweichung (Kostenüberdeckung bzw. -unterdeckung).

	Nettoumsatzerlöse (Normalkosten = Istkosten)
-	Selbstkosten des Umsatzes (Normalkosten)
=	Umsatzergebnis (Normalkosten)
+	Kostenüberdeckung
-	Kostenunterdeckung
=	Betriebsergebnis (Istkosten)

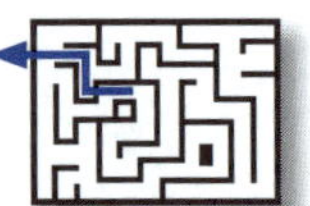

G, H

2.4 Fall 4

a)

	Kalkulatorische Abschreibung:	286.666,67 €	(3.440.000 : 12)
+	Kalkulatorische Zinsen:	128.000,00 €	(8 % von 1.600.000)
+	Platzkosten:	924.000,00 €	(80 · 750 · 12 + 150.000 + 54.000)
+	Stromkosten:	96.000,00 €	(40 · 1.800 · 1,2 + 800 · 12)
+	Sonstige Betriebsstoffkosten:	90.000,00 €	(7.500 · 12)
=	**Maschinenabhängige FGK**	**1.524.666,67 €**	

b)

	Gehälter:	280.000,00 €
+	Arbeitgeberanteil zur SV:	490.000,00 €
+	Betriebliche Steuern:	20.000,00 €
+	Kalkulatorischer Unternehmerlohn:	40.000,00 €
+	Bürokosten:	50.000,00 €
=	**Maschinenunabhängige FGK**	**880.000,00 €**

$$\text{Fertigungsgemeinkostenzuschlagssatz} = \frac{\text{Fertigungsgemeinkosten} \cdot 100\ \%}{\text{Fertigungslöhne}}$$

$$\text{Fertigungsgemeinkostenzuschlagssatz} = \frac{880.000\ € \cdot 100\ \%}{3.520.000\ €} = \mathbf{25\ \%}$$

c)

effektive Laufzeitstunden der Maschine: 37,5 · 48 = 1.800 Stunden

$$\text{Maschinenstundensatz} = \frac{\text{maschinenabhängige FGK}}{\text{Maschinenlaufzeitstunden}} = \frac{1.524.666{,}67\ €}{1.800\ \text{Stunden}} = \mathbf{847{,}04\ €/Std.}$$

d)

847,04 €/Stunde : 60 Minuten = **14,12 €/Minute**

e)

	Materialeinzelkosten	1.800,00 €
+	10 % Materialgemeinkosten	180,00 €
=	Materialkosten	1.980,00 €
	Fertigungseinzelkosten (3,5 · 36)	126,00 €
+	25 % Restfertigungsgemeinkosten	31,50 €
+	Maschinenabhängige FGK (3,5 · 847,04)	2.964,64 €
=	Fertigungskosten	3.122,14 €
=	Herstellkosten	5.102,14 €
+	22 % Verwaltungsgemeinkosten	1.122,47 €
+	10 % Vertriebsgemeinkosten	510,21 €
=	**Selbstkosten**	**6.734,82 €**

2.5 Fall 5 Keine Zuordnung zu Labyrinthfragen möglich.

a)

Kto-Nr.	Kontobezeichnung	SOLL €	HABEN €
0720	Maschinen der Materialbearbeitung und -verarbeitung	72.970,00	
2600	Vorsteuer	13.864,30	
44044	Verbindlichkeiten a. LL.		86.834,30

Kto-Nr.	Kontobezeichnung	SOLL €	HABEN €
0720	Maschinen der Materialbearbeitung und -verarbeitung	430,00	
5300	Aktivierte Eigenleistung		430,00

b)

Kto-Nr.	Kontobezeichnung	SOLL €	HABEN €
44044	Verbindlichkeiten a. LL.	6.854,40	
0720	Maschinen der Materialbearbeitung und -verarbeitung		5.760,00
2600	Vorsteuer		1.094,40

c)

	Warenwert	72.000,00 €
+	Transportkosten	970,00 €
+	Montagekosten	430,00 €
-	8 % Preisnachlass auf 72.000 €	5.760,00 €
=	**Anschaffungskosten**	**67.640,00 €**

d)

Kto-Nr.	Kontobezeichnung	SOLL €	HABEN €
44044	Verbindlichkeiten a. LL.	80.491,60	
28028	Niedersachsenbank AG		80.491,60

e)

$$\frac{100\ \%}{7\ \text{Jahre}} = 14{,}28\ \%$$

Monatsgenaue Berechnung des AfA-Betrages:

$$\frac{14{,}28\ \% \cdot 4\ \text{Monate}}{12\ \text{Monate}} = \mathbf{4{,}76\ \%}$$

f)

$$\frac{78.000\ €}{5\ \text{Jahre}} = 15.600\ €$$

Monatsgenaue Berechnung des AfA-Betrages:

$$\frac{15.600\ € \cdot 1\ \text{Monat}}{12\ \text{Monate}} = = \mathbf{1.300\ €}$$

g)

Die Aussagen 2. und 6. sind richtig.

h)

Die Aussage 3. ist richtig.

i)

Die Aussage 5. ist richtig.

j)

$$\frac{78.000\ €}{2} = 39.000\ €$$

$$\frac{39.000\ €}{5.000\ \text{Stunden}} = 7{,}80\ €$$

100 % = 7,80 €
8,5 % = x x = **0,66 €**

k)

$$\frac{234\ € \cdot 5.000\ \text{Stunden}}{4.500\ \text{Stunden}} = 260\ €$$

260 € + 80 € = **340 €**

l)

260 € - 234 € = 26 € · 4.500 Stunden = **117.000 €**

m)

Die Aussage 2. ist richtig.

n)

	Fertigungslöhne: 8 Stunden · 37,80 € =	302,40 €
+	Restfertigungsgemeinkosten: 130 % von 302,40 €	393,12 €
+	Maschinenabhängige Kosten: 12 · 320,00 € =	3.840,00 €
=	**Fertigungskosten**	**4.535,52 €**

IV. Teilkostenrechnung

Was muss ich für die Prüfung wissen?

1. Vergleich zwischen Vollkostenrechnung und Teilkostenrechnung

Die Vollkostenrechnung (siehe Kapitel III) erfasst alle Kostenarten periodengerecht und weist sie den Kostenträgern zu. Sie erfüllt ihre Aufgabe sinnvoll, wenn die mithilfe der Zuschlagskalkulation ermittelten Preise auf dem Markt auch akzeptiert werden. Sobald der Markt aber die Preise durch die Konkurrenzsituation vorgibt oder in Zeiten von Unterbeschäftigung, führt die Vollkostenrechnung zu betrieblichen Fehlentscheidungen.

Hier setzen nun die Überlegungen der Teilkostenrechnung an, indem man sich in einem Industrieunternehmen den aktuellen Rahmenbedingungen des Marktes hinsichtlich Preis, Absatzmenge und Produktprogramm anpasst. So hat beispielsweise in Zeiten der Unterbeschäftigung die Unternehmensführung eines Industriebetriebes zu entscheiden, ob es bei fallenden Marktpreisen sinnvoll ist, kurzfristig Produkte zu nicht Kosten deckenden Preisen zu produzieren und auch abzusetzen.

2. Immer die Konkurrenz im Auge – die Deckungsbeitragsrechnung als Teilkostenrechnung

Der Einsatz der Teilkostenrechnung in der Kosten- und Leistungsrechnung eines Unternehmens setzt voraus, dass für die zu kalkulierenden Produkte auch Marktpreise bzw. Verkaufspreise (z. B. Preise der Konkurrenz) bekannt sind.

Des Weiteren werden alle anfallenden Kosten auf ihre Abhängigkeit von der Produktion untersucht und danach in variable und fixe Kosten eingeteilt. Die entscheidende Erfolgsgröße eines Produktes ist nicht der Stückgewinn, sondern der absolute Stückdeckungsbeitrag bzw. der Gesamtdeckungsbeitrag.

	Preis je Stück (p)
-	Stückvariable Kosten (kv)
=	Stückdeckungsbeitrag (db)
	Umsatzerlöse einer Abrechnungsperiode
-	Variable Kosten einer Abrechnungsperiode
=	Gesamtdeckungsbeitrag (DB)

Solange Produkte einen positiven Stückdeckungsbeitrag (db) aufweisen, verbleiben sie im Produktionsprogramm, denn sie tragen zur Deckung der ohnehin anfallenden beschäftigungsunabhängigen gesamten Fixkosten bei und verbessern die Erfolgssituation (Betriebsergebnis) eines Industrieunternehmens.

3. Das kleine ABC der Deckungsbeitragsrechnung

Absolute Preisuntergrenze
Die absolute Preisuntergrenze legt den Verkaufspreis fest, der genau die variablen Kosten eines Produktes (Kostenträger) deckt. Bei der absoluten Preisuntergrenze wird auch von der kurzfristigen Preisuntergrenze gesprochen.

Absoluter Stückdeckungsbeitrag (db)
Zieht man vom Verkaufspreis eines Produktes (Stückpreis) die beschäftigungsabhängigen (variablen) Stückkosten ab, erhält man den absoluten Stückdeckungsbeitrag.

Betriebsgewinn
Gesamtdeckungsbeitrag > gesamte Fixkosten

Betriebsverlust
Gesamtdeckungsbeitrag < gesamte Fixkosten

Break-even-Menge
Entspricht der Produktionsmenge, bei der weder ein Betriebsgewinn noch ein Betriebsverlust erzielt wird. Grafisch liegt diese Menge im Schnittpunkt von der Erlösfunktion und der Kostenfunktion.

Die break-even-Menge entspricht der Gewinnschwellenmenge.

Erlösfunktion $E(x) = p \cdot x$
Die Erlösfunktion E(x) setzt sich aus dem Verkaufpreis je Stück (p) und der jeweiligen Produktionsmenge (x) zusammen.

Fixkosten
Kosten, die unabhängig vom Beschäftigungsgrad anfallen (z. B. Mietaufwendungen, Abschreibungen oder Zinsaufwendungen).

Fixkostendegression
Mit steigender Produktionsmenge verteilen sich die beschäftigungsgradunabhängigen Fixkosten auf eine größere Ausbringungsmenge. Bei konstanten variablen Stückkosten sinken somit mit steigendem Beschäftigungsgrad die Stückkosten („Gesetz der Massenproduktion").

Gesamtdeckungsbeitrag I (DB I)
Dieser wird ermittelt, indem man von den gesamten Umsatzerlösen eines Produktes bzw. einer Abrechnungsperiode die gesamten variablen Kosten subtrahiert.

Gesamtdeckungsbeitrag II (DB II)
Subtrahiert man von den Deckungsbeiträgen I der einzelnen Produkte (Kostenträger) deren produktfixe (erzeugnisfixe) Kosten, erhält man den Deckungsbeitrag II. Dieser zeigt den Beitrag der Produkte zur Deckung der restlichen Fixkosten (z. B. produktgruppenfixe und unternehmensfixe Kosten) an.

Gesamtdeckungsbeitrag III (DB III)
Subtrahiert man von dem gruppenweise zusammengefassten DB II die produktgruppenfixen (erzeugnisgruppenfixen) Kosten, so erhält man den Deckungsbeitrag III. Er gibt die Deckung für die unternehmensfixen Kosten durch die Produktgruppen an.

Gewinnschwellenmenge
Entspricht der Produktionsmenge, bei der weder ein Betriebsgewinn noch ein Betriebsverlust erzielt wird. Grafisch liegt die Gewinnschwellenmenge im Schnittpunkt von der Erlösfunktion und der Kostenfunktion. Die Gewinnschwellenmenge entspricht der break-even-Menge.

Kostenfunktion $K(x) = k_v \cdot x + K_f$
Die Kostenfunktion K(x) setzt sich aus den beschäftigungsabhängigen variablen Kosten $K_v(x) = k_v \cdot x$ und den beschäftigungsunabhängigen fixen Kosten K_f zusammen.

Kurzfristige Preisuntergrenze
Die kurzfristige Preisuntergrenze legt den Verkaufspreis fest, der genau die variablen Kosten eines Produktes (Kostenträger) deckt. Bei der kurzfristigen Preisuntergrenze wird auch von der absoluten Preisuntergrenze gesprochen.

Langfristige Preisuntergrenze
Die langfristige Preisuntergrenze entspricht genau dem Verkaufspreis eines Produktes, an dem alle variablen und fixen Stückkosten gedeckt werden. Der Stückgewinn ist bei diesem Verkaufspreis null.

Relativer Stückdeckungsbeitrag (relativer db)
Beim Vorliegen eines betrieblichen Engpasses (z. B. Produktionsmenge oder Produktionszeit) wird die Produktrangfolge durch relative Stückdeckungsbeiträge bestimmt. Zur Berechnung des relativen db werden die absoluten Stückdeckungsbeiträge dividiert durch den jeweiligen Engpass (z. B. Produktionszeit in Minuten).

Variable Kosten
Beschäftigungsgradabhängige Kosten, wie z. B. Fertigungsmaterial und Fertigungslöhne.

Was erwartet mich in der Prüfung?

Die Teilkostenrechnung ist im Prüfungsteil „Kaufmännische Steuerung und Kontrolle" im Bereich Kosten- und Leistungsrechnung in der Vergangenheit fester Bestandteil der Abschlussprüfung.

Um die gestellten Aufgaben richtig zu lösen, müssen sie mit den kostenrechnerischen Fachbegriffen (vgl. „Das kleine ABC der Teilkostenrechnung") vertraut sein. Durch eine gewissenhafte Prüfungsvorbereitung und eine konzentrierte Bearbeitung der Prüfungsaufgaben sollten Sie die Punkte in dem Bereich Teilkostenrechnung „sicher einfahren". Bei den Übungsaufgaben haben wir uns am Niveau der IHK-Prüfungen orientiert.

1. Das Lernlabyrinth

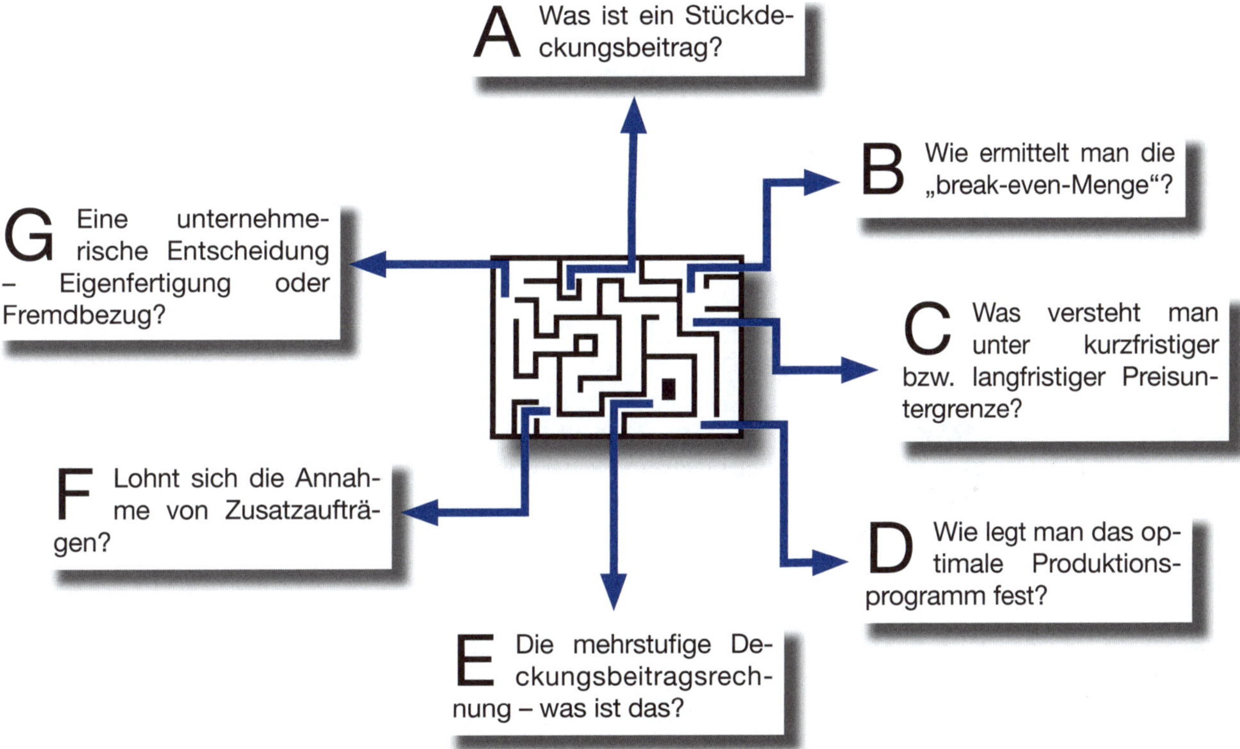

2. Wege aus dem Lernlabyrinth

1. Ausgangssituation

Sie arbeiten als Industriekauffrau/-mann in der Controllingabteilung der „Hamelner Schuhfabrik GmbH". Ihr Unternehmen plant, ein leer stehendes Gebäude in der Gemeinde Bisperode zu mieten, um dort eine Produktionsstätte zur Fertigung von hochwertigen Outdoor-Schuhen für Kinder zu errichten.

Ihnen liegen für den Abrechnungsmonat März die folgenden Planzahlen vor:

- Kurzfristig unbeeinflussbare, ohne Rücksicht auf die Produktionsmenge anfallende Kosten (z. B. Gehälter, Gebäudemiete, Grundsteuer) in Höhe von 120.000 € je Abrechnungsmonat.
- Von der Produktionsmenge abhängige Kosten (z. B. Fertigungsmaterial, Fertigungslöhne) je Paar Outdoor-Schuhe: 60 €.
- Der Verkaufspreis je Paar Schuhe beträgt 100 €.

A Was ist ein Stückdeckungsbeitrag?

Bei der Deckungsbeitragsrechnung erfolgt eine Aufspaltung der Kosten in

- mengenabhängige bzw. variable Kosten, die durch den jeweiligen Auftrag verursacht wurden und
- zeitabhängige bzw. fixe Kosten, die unabhängig vom jeweiligen Auftrag anfallen.

Den Überschuss des Verkaufpreises über die variablen Stückkosten nennen wir absoluten Stückdeckungsbeitrag (db).

	Preis je Stück (p)	100,00 €
-	Stückvariable Kosten (kv)	60,00 €
=	Stückdeckungsbeitrag (db)	+ 40,00 €

Jedes verkaufte Paar Outdoor-Schuh weist einen positiven Stückdeckungsbeitrag in Höhe von 40 € auf und trägt somit zur Deckung der ohnehin anfallenden beschäftigungsunabhängigen Fixkosten (120.000 €) bei.

B Wie ermittelt man die „break-even-Menge"?

Die „break-even-Menge" oder auch Gewinnschwellenmenge genannt, ist genau die Absatzmenge an Outdoor-Schuhen, bei der die Gesamtkosten (variabel und fix) durch die Umsatzerlöse gerade abgedeckt werden. Grundsätzlich kann diese Absatzmenge rechnerisch oder grafisch festgestellt werden.

Rechnerische Lösung:

Bei der rechnerischen Ermittlung der „break-even-Menge" setzt man die Erlösfunktion E(x) und Kostenfunktion K(x) gleich. Anschließend wird die Funktion nach der Absatzmenge X aufgelöst.

$E(x) = K(x)$

$E(x) = p \cdot X$

$K(x) = K_f + k_v \cdot X$

$p \cdot X = K_f + k_v \cdot X \;/ - k_v \cdot X$

$p \cdot X - k_v \cdot X = K_f$

$X\,(p - k_v) = Kf \;/ : (p - k_v)$

$$X = \frac{K_f}{(p - k_v)} = \frac{K_f}{db} = \frac{120.000\ €}{40\ €} = 3.000 \text{ Paar Schuhe}$$

Bei einer Absatzmenge von exakt 3.000 Paar Schuhen erzielt die „Hamelner Schuhfabrik GmbH“ weder einen Gewinn noch einen Verlust. Bei dieser Menge sind die Umsatzerlöse demnach genau so hoch wie die Gesamtkosten.

$E(x) = p \cdot X$

$= 100\ € \cdot 3.000 \text{ Stück} = 300.000\ €$

$K(x) = K_f + k_v \cdot X$

$= 120.000\ € + 60\ € \cdot 3.000 \text{ Stück} = 300.000\ €$

Ab einer Absatzmenge von über 3.000 Paar Outdoor-Schuhen im Monat erreicht die „Hamelner Schuhfabrik GmbH“ die Gewinnzone. Bei einer Absatzmenge von 4.000 Paar würde sich folgender Gewinn ergeben:

Gewinn = Erlöse - Kosten

$= 100\ € \cdot 4.000 \text{ Stück} - (120.000\ € + 60\ € \cdot 4.000 \text{ Stück})$

$= 400.000\ € - 360.000\ € = 40.000\ €$

Grafische Lösung:

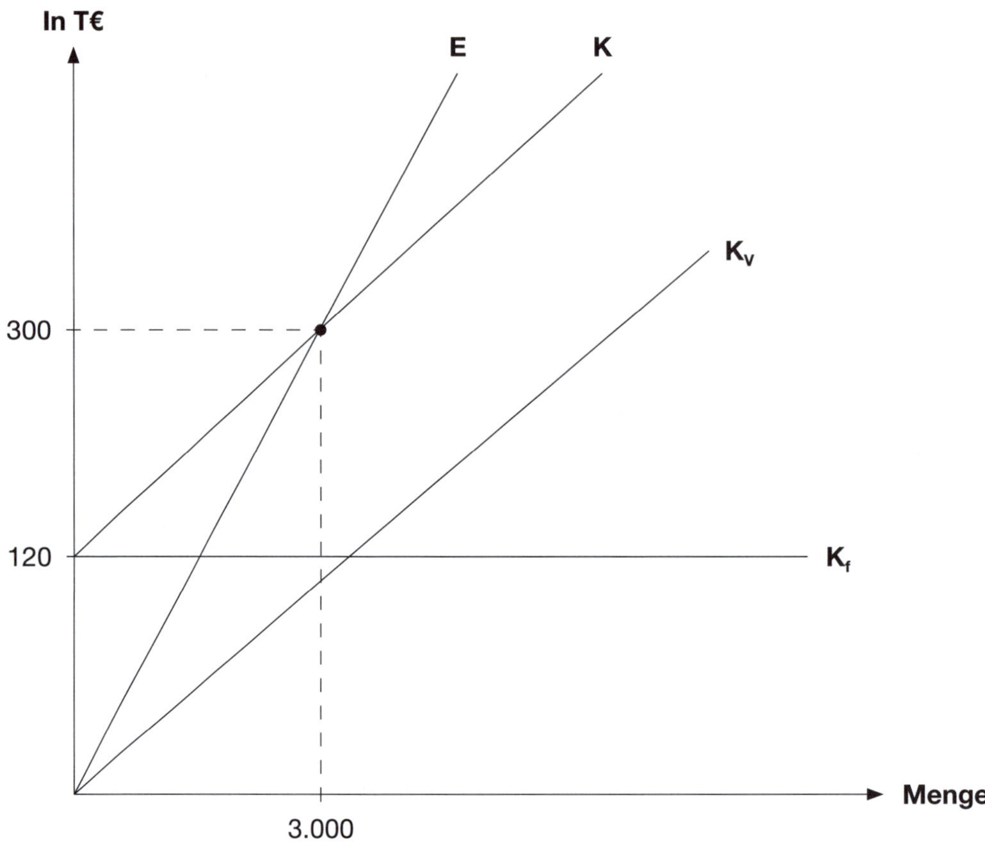

C **Was versteht man unter kurzfristiger bzw. langfristiger Preisuntergrenze?**

Die „Hamelner Schuhfabrik GmbH“ steht vor der Entscheidung, welcher Verkaufspreis für ein Paar Outdoor-Schuhe am Markt mindestens zu erzielen ist. Grundsätzlich besteht die Möglichkeit, die Schuhe zur

- kurzfristigen (absoluten) Preisuntergrenze oder
- langfristigen Preisuntergrenze anzubieten.

Möchte man beispielsweise durch einen günstigen Verkaufspreis zunächst Marktanteile gewinnen, kann die „Hamelner Schuhfabrik GmbH“ kurzfristig ein Paar Outdoor-Kinderschuhe zu einem Verkaufspreis von 60 € anbieten. Dieser Preis deckt genau die stückvariablen Kosten.

Kurzfristige (absolute) Preisuntergrenze = stückvariable Kosten = 60 €

Langfristig muss das Unternehmen mit den Verkaufserlösen der Outdoor-Schuhe aber die gesamten anfallenden Kosten abdecken. Gehen wir von stückfixen Kosten in Höhe von 40 € aus, würde sich langfristig mindestens ein Verkaufspreis für ein Paar von 100 € ergeben.

Langfristige Preisuntergrenze = gesamte Stückkosten = 60 € + 40 € = 100 €

D

Wie legt man das optimale Produktionsprogramm fest?

Produziert die „Hamelner Schuhfabrik GmbH" verschiedene Arten von Kinderschuhen, muss zunächst das optimale Produktionsprogramm festgelegt werden, um den maximalen Betriebserfolg zu erzielen. In diesem Zusammenhang sind grundsätzlich zwei Situationen zu unterscheiden:

- Liegt kein betrieblicher Kapazitätsengpass (z. B. Fertigungszeit oder Produktionsmenge) vor, wird die Produktrangfolge anhand der absoluten Stückdeckungsbeiträge festgelegt.
- Besteht dagegen ein Kapazitätsengpass, wird die Produktrangfolge mithilfe sogenannter relativer Stückdeckungsbeiträge bestimmt.

2. Ausgangssituation

Die „Hamelner Schuhfabrik GmbH" fertigt drei verschiedene Arten von Kinderschuhen. Outdoor-Schuhe, Sneaker und Turnschuhe. Sie arbeiten als Industriekauffrau/-mann in der Controlling-Abteilung der „Hamelner Schuhfabrik GmbH". Ihnen liegen die folgenden Zahlen vor:

Produkte	**Outdoor-Kinderschuhe**	**Sneaker**	**Turnschuhe**
Verkaufspreis je Paar	100 €	70 €	85 €
Stückvariable Kosten je Paar	60 €	34 €	42 €
Geplante Absatzmenge	4.000 Stück	6.000 Stück	7.000 Stück
Unternehmensfixe Kosten: 427.000 € Kapazitätsengpass: liegt nicht vor			

In diesem Fall liegt kein betrieblicher Engpass vor, die „Hamelner Schuhfabrik GmbH" stellt die Produktrangfolge mithilfe der absoluten Stückdeckungsbeiträge auf.

Produkte	**Outdoor-Kinderschuhe**	**Sneaker**	**Turnschuhe**
Verkaufspreis je Paar	100 €	70 €	85 €
Stückvariable Kosten je Paar	60 €	34 €	42 €
Stückdeckungsbeitrag	100,00 € - 60,00 € = 40,00 €	70,00 € - 34,00 € = 36,00 €	85,00 € - 42,00 € = 43,00 €
Produktrangfolge	2	3	1

Entsprechend der absoluten Stückdeckungsbeiträge produziert ihr Unternehmen nach der folgenden Rangfolge:

1. Turnschuhe (43 €)
2. Outdoor-Schuhe (40 €)
3. Sneaker (36 €)

Anschließend berechnen Sie das Betriebsergebnis:

	43 € · 7.000 Stück =	301.000,00 €
	40 € · 4.000 Stück =	160.000,00 €
	36 € · 6.000 Stück =	216.000,00 €
	Gesamtdeckungsbeitrag	677.000,00 €
-	Unternehmensfixe Kosten	427.000,00 €
=	Betriebsergebnis	250.000,00 €

3. Ausgangssituation

Die „Hamelner Schuhfabrik GmbH" fertigt drei verschiedene Arten von Kinderschuhen. Outdoor-Schuhe, Sneaker und Turnschuhe. Sie arbeiten als Industriekauffrau/-mann in der Controlling-Abteilung. Ihnen liegen die folgenden Zahlen der „Hamelner Schuhfabrik GmbH" vor:

Produkte	**Outdoor-Kinderschuhe**	**Sneaker**	**Turnschuhe**
Verkaufspreis je Paar	100 €	70 €	85 €
Stückvariable Kosten je Paar	60 €	34 €	42 €
Geplante Absatzmenge	4.000 Stück	6.000 Stück	7.000 Stück
Fertigungszeit je Paar	30 Min.	13,6 Min.	26,25 Min.
Unternehmensfixe Kosten:	427.000 €		
Kapazitätsengpass:	Fertigungszeit beträgt insgesamt 6.000 Stunden		

Berechnung der Fertigungszeit für alle drei Produkte:

30,00 Min. · 4.000 Stück =	120.000 Min.
13,60 Min. · 6.000 Stück =	81.600 Min.
26,25 Min. · 7.000 Stück =	183.750 Min.
	385.350 Min.

385.350 Min. : 60 Min. = 6.422,50 Stunden

Da die Gesamtkapazität von 6.000 Fertigungsstunden bei den möglichen Absatzmengen aller drei Produkte mit 6.422,50 Stunden überschritten wird, liegt ein betrieblicher Kapazitätsengpass vor.

Die „Hamelner Schuhfabrik GmbH" stellt somit die optimale Produktrangfolge mithilfe der relativen Stückdeckungsbeiträge auf.

$$\text{Relativer Deckungsbeitrag} = \frac{\text{Stückdeckungsbeitrag}}{\text{Engpass (Fertigungszeit)}}$$

Produkte	Outdoor-Kinderschuhe	Sneaker	Turnschuhe
Verkaufspreis je Paar	100 €	70 €	85 €
Stückvariable Kosten je Paar	60 €	34 €	42 €
Stückdeckungsbeitrag	100,00 € - 60,00 € = 40,00 €	70,00 € - 34,00 € = 36,00 €	85,00 € - 42,00 € = 43,00 €
Relative Stückdeckungsbeiträge	$\frac{40\ €}{30\ \text{Min.}}$ = 1,33 €/Min.	$\frac{36\ €}{13{,}6\ \text{Min.}}$ = 2,65 €/Min.	$\frac{43\ €}{25{,}25\ \text{Min.}}$ = 1,64 €/Min.
Produktrangfolge	3	1	2

Entsprechend der relativen Stückdeckungsbeiträge produziert Ihr Unternehmen nach der folgenden Rangfolge:

1. Sneaker (2,65 €/Min.)
2. Turnschuhe (1,64 €/Min.)
3. Outdoor-Schuhe (1,33 €/Min.)

Anschließend berechnen Sie das Betriebsergebnis:

Sneaker:	1.360	Stunden	(81.600 Min.)
Turnschuhe:	3.062,50	Stunden	(183.750 Min.)
Outdoor-Schuhe:	1.577,50	Stunden	(94.650 Min.)
Gesamt:	6.000	Stunden	

Aufgrund des Engpasses kann nicht die geplante Menge von 4.000 Paar Outdoor-Schuhen Absatzmenge, sondern nur 3.155 Paar produziert werden.

$$\frac{\text{Fertigungszeit}}{\text{Fertigungszeit/Stück}} = \frac{94.650\ \text{Min.}}{30\ \text{Min.}} = 3.155\ \text{Stück}$$

	36 € · 6.000 Stück =	216.000,00 €
	43 € · 7.000 Stück =	301.000,00 €
	40 € · 3.155 Stück =	126.200,00 €
	Gesamtdeckungsbeitrag	643.200,00 €
-	Unternehmensfixe Kosten	427.000,00 €
=	Betriebsergebnis	216.200,00 €

Durch den betrieblichen Engpass „Fertigungszeit“ konnten von den Outdoor-Kinderschuhen nur 3.155 Paar produziert werden. Das Betriebergebnis hat sich somit um 33.800 € (250.000 € - 216.200 €) verringert. (Vergleiche 2. Situation). Das entspricht genau dem Wert, um den sich der Gesamtdeckungsbeitrag verringert hat.

4.000 Stück - 3.155 Stück = 845 Stück

845 Stück · 40 € = 33.800 €

E Die mehrstufige Deckungsbeitragsrechnung – was ist das?

Bisher hat die „Hamelner Schuhfabrik GmbH" die fixen Kosten in Höhe von 427.000 € immer „en bloc" als unternehmensfixe Kosten betrachtet. Unternehmen, die mehrere Produkte herstellen, können die fixen Kosten aber noch detaillierter aufteilen.

Es besteht beispielsweise die Möglichkeit, die fixen Kosten in erzeugnisfixe, erzeugnisgruppenfixe und unternehmensfixe Kosten zu untergliedern und somit die Deckungsbeiträge I, II und III zu berechnen.

Die fixen Kosten in Höhe von 427.000 € sollen wie folgt aufteilbar sein:

	Outdoor-Kinderschuhe	**Sneaker**	**Turnschuhe**
Erzeugnisfixe Kosten	30.000 €	40.000 €	50.000 €
Erzeugnisgruppenfixe Kosten	80.000 €		0 €
Unternehmensfixe Kosten	227.000 €		

Ermittlung des Betriebsergebnisses nach der stufenweisen Fixkostendeckung:

	Outdoor-Kinderschuhe	**Sneaker**	**Turnschuhe**	**Gesamt**
Umsatzerlöse - Variable Kosten	400.000,00 € - 240.000,00 €	420.000,00 € - 204.000,00 €	595.000,00 € - 294.000,00 €	1.415.000,00 € - 738.000,00 €
= Deckungsbeitrag I	+ 160.000,00 €	+ 216.000,00 €	+ 301.000,00 €	+ 677.000,00 €
- Erzeugnisfixe Kosten	- 30.000,00 €	- 40.000,00 €	- 50.000,00 €	- 120.000,00 €
= Deckungsbeitrag II	+ 130.000,00 €	+ 176.000,00 €	+ 251.000,00 €	+ 557.000,00 €
- Erzeugnisgruppenfixe Kosten	- 80.000,00 €			- 80.000,00 €
= Deckungsbeitrag III				+ 477.000,00 €
- Unternehmensfixe Kosten				- 227.000,00 €
= Betriebsergebnis				+ 250.000,00 €

Anhand der mehrstufigen Deckungsbeitragsrechnung ist eine detailliertere kostenrechnerische Analyse der einzelnen Produkte möglich. Insbesondere die Deckungsbeiträge II und III sind für die Produktionsentscheidungen von großer Bedeutung, da sie Einblick in die abbaufähigen fixen Kosten geben.

Bei Eliminierung eines Produktes würden beispielsweise erzeugnisfixe Kosten, wie Patente, Forschungs- und Entwicklungskosten oder Werkzeugkosten, abgebaut.

F Lohnt sich die Annahme von Zusatzaufträgen?

4. Ausgangssituation

Die „Hamelner Schuhfabrik GmbH“ erhalten von der „Adi Dassler AG“ in Herzogenaurach eine Anfrage über einen kurzfristigen Großauftrag über 10.000 Paar Kinder-Turnschuhe. Die „Adi Dassler AG“ ist maximal bereit, für ein Paar Turnschuhe einen Preis in Höhe von 62 € zu akzeptieren.

Laut Auskunft des Abteilungsleiters der Fertigungssteuerung könnte man den Auftrag annehmen, da die Kapazitäten aktuell nicht ausgelastet sind.

Als Controller der „Hamelner Schuhfabrik GmbH“ liegen Ihnen die folgenden Zahlen vor:

Produkte	Outdoor-Kinderschuhe	Sneaker	Turnschuhe
Verkaufspreis je Paar	100 €	70 €	85 €
Stückvariable Kosten je Paar	60 €	34 €	42 €
Stückkosten insgesamt	90 €	60 €	75 €
Freie Kapazitäten	10.000 Stück	keine	15.000 Stück

	Preis je Stück (p)	62,00 €
-	Stückvariable Kosten (kv)	42,00 €
=	Stückdeckungsbeitrag (db)	+ 20,00 €

Die „Hamelner Schuhfabrik GmbH“ erzielt pro Paar einen positiven Stückdeckungsbeitrag von 20 €. Das Betriebsergebnis erhöht sich bei Annahme des Großauftrages um 200.000 €, unter der Voraussetzung, dass die gesamten unternehmensfixen Kosten bereits durch die Verkaufserlöse der anderen Produkte (z. B. Sneaker oder Outdoor-Schuhe) gedeckt wurden.

Stückdeckungsbeitrag · Stückzahl = Betriebsgewinn

10.000 Stück · 20 € = 200.000 €

In Zeiten der Unterbeschäftigung, d. h. bei nicht vollständig ausgelasteten Kapazitäten, lohnt sich die Annahme eines Zusatzauftrages, auch wenn der zu erzielende Verkaufspreis (62 €) nicht die kompletten Stückkosten (75 €) abdeckt.

Entscheidend ist, dass der Verkaufspreis höher ist als die stückvariablen Kosten (42 €), sodass ein positiver Stückgewinn je Paar in Höhe von 20 € erzielt wird.

G Eine unternehmerische Entscheidung – Eigenfertigung oder Fremdbezug?

Neben der Eigenfertigung haben Unternehmen grundsätzlich natürlich auch die Möglichkeit, bestimmte Produkte von anderen Herstellern zu beziehen. Für den Entscheidungsprozess muss geklärt werden, ob überhaupt Kapazitäten für die Eigenfertigung zur Verfügung stehen. Darüber hinaus muss man den Bezugspreis der Fremdfertigung mit den anfallenden Kosten der Eigenfertigung vergleichen.

5. Ausgangssituation

Die Geschäftsleitung der „Hamelner Schuhfabrik GmbH" hat auf der diesjährigen Sport- und Freizeitmesse den Vertriebsvorstand eines Südtiroler Schuhproduzenten, der „Drei Zinnen AG", kennengelernt. Daraufhin hat die Geschäftsleitung der „Drei Zinnen AG" der „Hamelner Schuhfabrik GmbH" für den Bezug von Outdoor-Kinderschuhen folgendes Angebot unterbreitet:

Listeneinkaufpreis je Paar:	45 €
Mengenrabatt:	10 %
Skonto:	2 % vom Warenwert
Bezugskosten:	pauschal 5 € netto je Paar

Aus dem internen Rechnungswesen der „Hamelner Schuhfabrik GmbH" liegen Ihnen für die Eigenfertigung gleichartiger Outdoor-Kinderschuhe die folgenden Zahlen vor:

Produkte	Outdoor-Kinderschuhe
Verkaufspreis je Paar	70 €
Stückvariable Kosten je Paar	35 €
Stückkosten insgesamt	50 €
Freie Kapazitäten	ja
Hinweis: Die unternehmensfixen Kosten sind bereits durch Verkaufserlöse anderer Produkte vollständig gedeckt.	

Kalkulation des Fremdbezuges:

	Listeneinkaufspreis	45,00 €
-	10 % Rabatt	4,50 €
=	Warenwert	40,50 €
-	2 % Skonto	0,81 €
=	Bareinkaufspreis	39,69 €
+	Bezugskosten	5,00 €
=	Bezugspreis	44,69 €

Bei Anwendung der Vollkostenrechnung würde die Entscheidung zugunsten des Fremdbezugs ausfallen, da der Bezugspreis (44,69 €) geringer ist als die Stückkosten der Eigenfertigung (50 €).

Da die Stückkosten aber auch fixe Kosten enthalten und diese bereits durch die bisherige Beschäftigung gedeckt sind, wäre die Entscheidung falsch. Vielmehr muss man sich gemäß der Teilkostenrechnung für die Eigenfertigung entscheiden, da die variablen Kosten (35 €) deutlich geringer sind als der Preis der Fremdfertigung.

So trainiere ich für die Prüfung

Aufgaben

1. Wissensfragen

1. Ihnen liegt folgende Grafik vor:

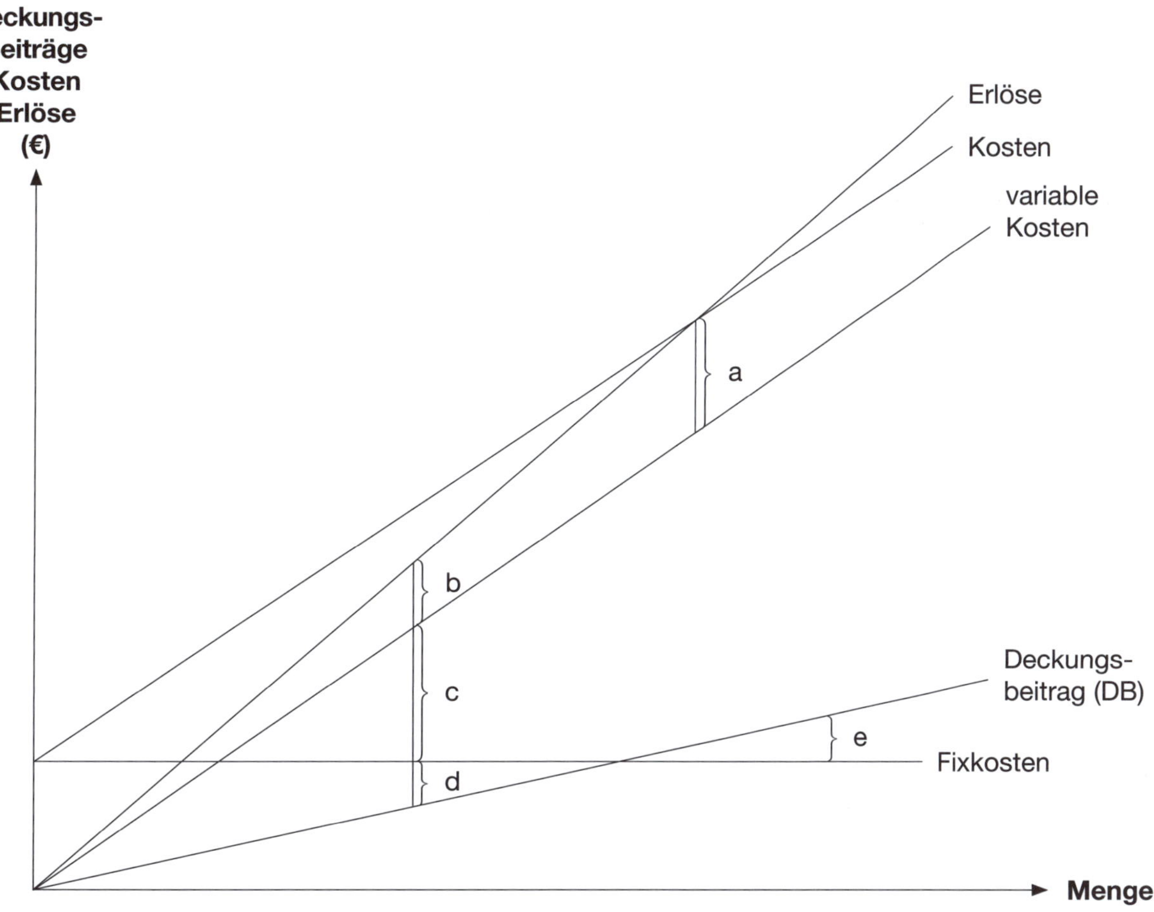

Welche der folgenden Größen entspricht dem Buchstaben e?

a) Deckungsbeitrag

b) Fixkosten

c) Gemeinkosten

d) Variable Kosten

e) Gewinn

f) Verlust

2. Sie sind kaufmännischer Mitarbeiter der „Bayernwerke AG“ in München. Als Controller liegt Ihnen die folgende Grafik vor, die vereinfacht die Kosten- und Erlösverhältnisse veranschaulicht.

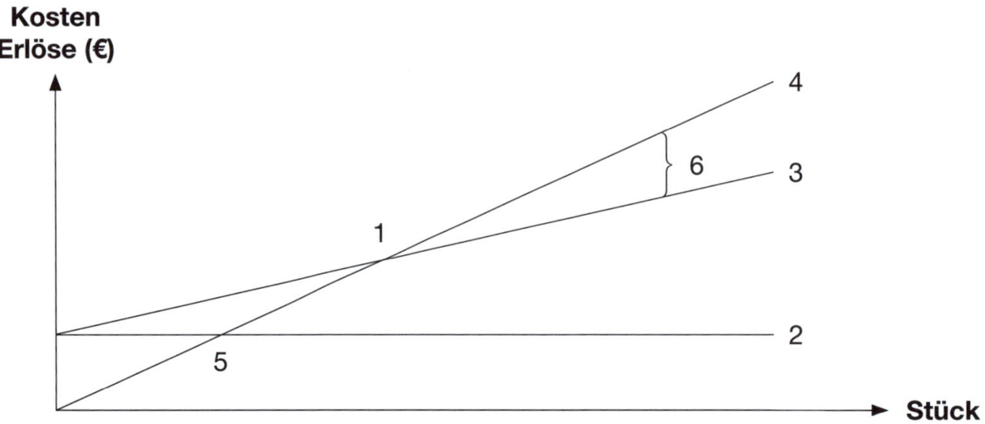

Ordnen Sie die Ziffern 1 bis 6 den folgenden kostenrechnerischen Fachbegriffen zu.

a) Ziffer 1

b) Ziffer 2

c) Ziffer 3

d) Ziffer 4

e) Ziffer 5

f) Ziffer 6

Fachbegriffe:

Gewinnzone Gesamtkosten Break-even-Point

3. Sie sind kaufmännischer Mitarbeiter der „Bayernwerke AG“ in München. Als Controller liegt Ihnen die folgende Grafik vor, die vereinfacht den Zusammenhang zwischen den betrieblichen Kosten sowie den Fertigungsverfahren A und B visualisiert:

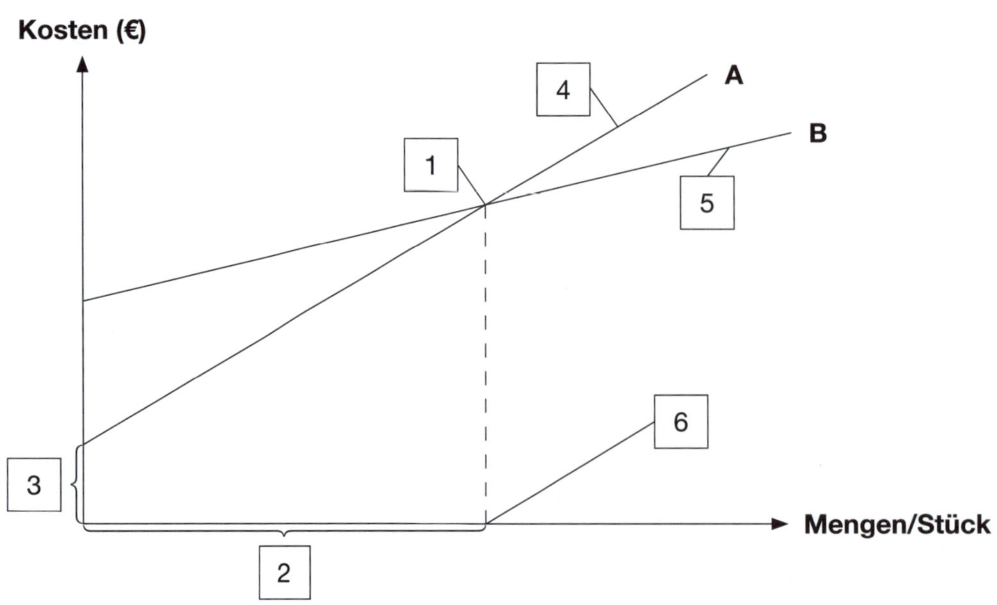

Ordnen Sie die Ziffern 1 bis 6 den folgenden Erläuterungen zu.

a) Ziffer 1
b) Ziffer 2
c) Ziffer 3
d) Ziffer 4
e) Ziffer 5
f) Ziffer 6

Erläuterungen:

Fixkosten des Fertigungsverfahrens A

Produktionsmengenbereich, in dem das Fertigungsverfahren A kostengünstiger „arbeitet“ als das Fertigungsverfahren B

Produktionsmenge, ab der das Fertigungsverfahren B kostengünstiger„arbeitet“ als das Fertigungsverfahren A

4. Welche der folgenden Aussagen beschreibt den Stückdeckungsbeitrag (db) nicht richtig?

a) Ein Stückdeckungsbeitrag von null trägt nicht zur Deckung der fixen Kosten bei.
b) Ein positiver Stückdeckungsbeitrag führt zur Erhöhung des Betriebsergebnisses in der Abrechnungsperiode.
c) Ein negativer Stückdeckungsbeitrag deckt nur einen Teil der stückvariablen Kosten.
d) Ein Stückdeckungsbeitrag von null deckt einen Teil der fixen Kosten.
e) Ein positiver Deckungsbeitrag verbessert die Gewinnsituation eines Unternehmens.
f) Produkte können zwar einen negativen Stückgewinn und dennoch einen positiven Stückdeckungsbeitrag aufweisen.

5. Sie arbeiten als kaufmännischer Mitarbeiter der „Sächsischen Baustoff GmbH“ im Controlling im Produktionswerk in Chemnitz. Im Werk Chemnitz werden unter anderem weiße Wandfließen in 4 unterschiedlichen Qualitäten (A, B, C und D) produziert. Aufgrund der verschärften Konkurrenzsituation auf dem Baustoffmarkt möchte die „Sächsische Baustoff GmbH“ durch eine aktive Preispolitik im Rahmen der Deckungsbeitragsrechnung ihren Markanteil halten.

Ihnen liegen für den Monat August die folgenden Daten vor:

	Fliese A	**Fliese B**	**Fliese C**	**Fliese D**	**Insgesamt**
Verkaufspreis je Fliese	2,30 €	2,55 €	3,20 €	3,90 €	
Variable Stückkosten	1,60 €	2,00 €	2,75 €	3,30 €	
Unternehmensfixe Kosten					286.000,00 €
Absatzmengen in Stück	80.000	110.000	145.000	65.000	

a) Berechnen Sie das Betriebsergebnis des Monates August für die abgesetzten Mengen.

b) Bestimmen Sie für die Fliesensorten A, B, C und D jeweils die Stückdeckungsbeiträge und stellen Sie anschließend anhand des db eine Produktrangfolge auf.

c) Ermitteln Sie die kurzfristige (absolute) Preisuntergrenze für jede Fliesensorte.

d) Ermitteln Sie die langfristige Preisuntergrenze für die Fliesensorte C. Unterstellen Sie dabei, dass jede Fliese mit dem gleichen Fixkostenanteil bezogen auf die gesamten Absatzmengen belastet wird.

e) Zur Verbesserung der Erfolgssituation und zum Abbau freier Kapazitäten plant die Geschäftsführung der „Sächsischen Baustoffe GmbH" zusätzlich die Bodenfliese E mit monatlich 40.000 Stück zu produzieren. Diese Fliese würde zusätzliche fixe Kosten in Höhe von 26.000 € und 2,15 € variable Stückkosten verursachen. Sie lassen sich zu einem Preis von 2,75 € absetzen.

f) Lohnt sich für die „Sächsische Baustoffe GmbH" die Erweiterung der Produktion?

6. Die Montageabteilung der „Schweriner Elektromotoren KG" soll die Fertigung des neuen Motorentyps E 4 übernehmen, obwohl sie bereits an der Kapazitätsgrenze arbeitet. Bisher werden in der Montageabteilung drei Elektromotoren E 1, E 2 und E 3 montiert:

Elektromotoren	Fertigungszeit Min./Motor	Stückdeckungsbeitrag
Typ E 1	24 Min./Stück	50 €
Typ E 2	30 Min./Stück	62 €
Typ E 3	20 Min./Stück	38 €

Der Elektromotor Typ E 4 benötigt eine Montagezeit von 15 Minuten je Stück. Es wird mit einem Nettoverkaufspreis in Höhe von 82 € und variablen Stückkosten in Höhe von 52 € geplant.

Der Vertriebsleiter der „Schweriner Motoren KG" fragt Sie als zuständigen Mitarbeiter im Controlling, ob es sich vorübergehend lohnen würde, die Fertigung eines „alten" Motors zugunsten des Typs E 4 einzuschränken? Welcher Motor wird dann gegebenenfalls mit einer geringeren Stückzahl produziert?

7. Bei einem Produkt ergeben sich aufgrund der verschärften Konkurrenzsituation von „Billiganbietern" aus fernöstlichen Ländern Absatzschwierigkeiten. Ihnen liegen folgende Kalkulationsdaten vor:

Produktionsmenge:	8.000 Stück
Umsatzerlöse:	894.000 €
Variable Gesamtkosten:	432.000 €
Gesamtdeckungsbeitrag:	462.000 €
Anteilige Fixkosten:	475.000 €
Betriebsergebnis:	13.000 €

Berechnen Sie die absolute Preisuntergrenze für ein Stück.

8. Die fixen Kosten der „Skifabrik Trenkler & Partner" in Garmisch-Partenkirchen betragen für den Planungsmonat Dezember 1.000.000 €. Es werden 4.000 Paar Skier des Worldcub-Models Slalom-Carver GLS 8000 produziert und auch abgesetzt.

Die variablen Kosten je Paar betragen 550 €. Welcher Verkaufspreis je Stück muss erzielt werden, damit die Kosten des Monats Dezember vollständig gedeckt werden?

9. Mit welchem Gewinnaufschlag in Prozent kalkuliert die „Skifabrik Trenkler & Partner" (siehe Aufgabe 8), wenn das Worldcup-Model Slalom-Carver GLS 8000 dem Handel zu einem Verkaufpreis von netto 896 € angeboten wird?

10. Sie arbeiten im Controlling der „Vorwerk GmbH". Ihr Unternehmen stellt unter anderem Industriesauger her. Die Kosten der Betriebsbereitschaft betragen in diesem Quartal 975.000 €. Die mengenabhängigen Kosten für den Typ Saugus 1A betragen 7.200 €/ Stück. Der Saugus 1A wird an unsere Kunden für 9.800 € netto verkauft.

a) Wie viele Industriesauger Saugus 1A müssen produziert und verkauft werden, um die Gewinnschwellenmenge zu erreichen?

b) Bei welchem Beschäftigungsgrad in Prozent liegt die Gewinnschwelle, wenn in diesem Quartal 600 Stück des Typs Saugus 1A hergestellt werden?

11. Die „Trigema Textilwerke e. K." weist für ein Langarm Polo-Shirt die folgenden Zahlen aus:

September 2018:	24.000 Stück
Oktober 2018:	22.000 Stück
Gesamtkosten im September:	1.950.000 €
Gesamtkosten im Oktober:	1.860.000 €
Verkaufspreis netto:	88,50 €/Stück

Wie viel Stück Langarm Polo-Shirts müssen verkauft werden, damit mit den Erlösen gerade alle Kosten gedeckt werden?

12. Die „Nürnberger Industrie AG" wendet die Teilkostenrechnung bei den Produkten 1, 2 und 3 an. Dazu liegen Ihnen die folgenden Planzahlen vor:

Produkt	Absatzmenge	Kapazitätsmenge	Stückerlös in €/Stück	Variable Stückkosten in €/Stück	Fertigungszeit je Stück in Minuten
1	600 Stück	800 Stück	90 €	50 €	5
2	500 Stück	600 Stück	102 €	52 €	13
3	800 Stück	900 Stück	96 €	48 €	8
Unternehmensfixe Kosten: 60.000 €					

a) Berechnen Sie das Betriebsergebnis für das Produkt 1, wenn die erzeugnisfixen Kosten 20.000 € betragen und die restlichen Fixkosten von den Produkten 2 und 3 getragen werden.

b) Berechnen Sie das Betriebsergebnis insgesamt.

c) Wie hoch ist der relative Stückdeckungsbeitrag je Minute für Produkt 2.

d) Bei welcher Produktionsmenge wird die Break-even-Menge von Produkt 1 erreicht, wenn die erzeugnisfixen Kosten 20.000 € betragen und die restlichen Fixkosten von den Produkten 2 und 3 getragen werden?

e) Berechnen Sie das Gesamtbetriebsergebnis, wenn von Produkt 1, 2 und 3 bedingt durch den Rückgang der Nachfrage nur insgesamt 1.600 Stück abgesetzt werden können. **Hinweis:** Die unternehmensfixen Kosten bleiben konstant.

f) Berechnen Sie das Gesamtbetriebsergebnis, wenn für die Produktion von Produkt 1, 2 und 3 insgesamt 200 Stunden Fertigungszeit zur Verfügung stehen. **Hinweis:** Die unternehmensfixen Kosten bleiben konstant.

13. Die „Stuttgarter Formenbau GmbH“ produziert verschiedene Zubehörteile für die Automobilindustrie aus Kunststoff. Für das Produkt „Stoßstange Audi A 4 vorn“ liegen Ihnen für die erste Woche im Juli die folgenden Zahlen vor:

Produktionsmenge	Variable Gesamtkosten	Erzeugnisfixe Kosten	Umsatzerlöse
8.500 Stück	979.200 €	720.800 €	2.040.000 €

a) Berechnen Sie den prozentualen Gewinnaufschlag je Stoßstange.

b) Berechnen Sie den Verkaufspreis je Stoßstange.

c) Aufgrund der anhaltenden Konjunkturkrise der letzten Monate plant die Geschäftsführung der „Stuttgarter Formenbau GmbH“ für die 2. Woche im Juli mit einem Rückgang des Absatzes von 1.000 Stück.

Zu welchem Verkaufspreis müssten Sie die „Stoßstange Audi A 4 vorn“ bei konstanten erzeugnisfixen Kosten anbieten, wenn der Gewinnaufschlag nicht gesenkt werden soll?

d) Welchen Preis könnte die Geschäftsführung kurzfristig beschließen, wenn sich der unter c) errechnete Verkaufpreis aufgrund der angespannten Marktsituation nicht durchsetzen lässt?

e) Aufgrund eines von der Bundesregierung zum 01.07.2018 aufgelegten Konjunkturprogramms werden die Käufer von Neuwagen steuerlich im Rahmen der Kfz-Steuer entlastet. Dies lässt die befürchtete Entwicklung (siehe Aufgabe c) nicht eintreten, sodass die Geschäftsführung der „Stuttgarter Formenbau GmbH“ für die zweite Woche im Monat Juli mit Aufträgen von 8.000 Stück plant. Zudem kann man einen Zusatzauftrag über 1.000 Stück erhalten, wenn ein Verkaufspreis von 120 € akzeptiert wird. **Hinweis:** Die erzeugnisfixen Kosten bleiben konstant.

Lohnt sich die Annahme des Zusatzauftrages?

f) Welche Auswirkung auf das Betriebsergebnis der „Stuttgarter Formenbau GmbH“ würde sich bei Annahme des Zusatzauftrages ergeben? **Hinweis:** Die erzeugnisfixen Kosten sowie der Gewinnaufschlag bleiben konstant.

2. Fallsituationen

2.1 Fall 1

Sie arbeiten in der Betriebsbuchführung der „Offenbacher Lederwaren GmbH“. Ihr Unternehmen plant, eine leer stehende Halle zu mieten, um dort eine Produktionsstätte zur Fertigung von hochwertigen Laptop-Taschen zu errichten.

Ihnen liegen die folgenden Planzahlen vor:

- Kurzfristig unbeeinflussbare, ohne Rücksicht auf die Produktionsmenge anfallende Kosten (z. B. Gehälter, Gebäudemiete, Grundsteuer) in Höhe von 500.000 € je Abrechnungsquartal.
- Von der Produktionsmenge abhängige Kosten (z. B. Fertigungsmaterial, Fertigungslöhne) je Laptop-Tasche 300 €.
- Der Verkaufpreis je Tasche beträgt 500 €.

a) Wie hoch ist der Überschuss des Erlöses je Tasche über die mengenabhängigen (variablen) Kosten je Tasche?

b) Interpretieren Sie das Ergebnis aus der Aufgabe a) aus kostenrechnerischen Gesichtspunkten.

c) Berechnen Sie die Break-even-Menge.

d) Setzen Sie die Erlösfunktion E(x) und die Kostenfunktion K(x) gleich und lösen Sie die Gleichung nach der Menge (x) auf.

e) Wie kann man die Menge bezogen auf Frage c) auch bezeichnen?

f) Berechnen Sie den Umsatz in Euro, bei dem der Gesamterlös gerade die Gesamtkosten deckt. **Hinweis:** Kontrollieren Sie Ihr Ergebnis, indem Sie eine „Proberechnung“ durchführen.

g) Man kann die Kosten- und Erlösfunktionen auch grafisch darstellen. Dazu liegt Ihnen die folgende Grafik vor:

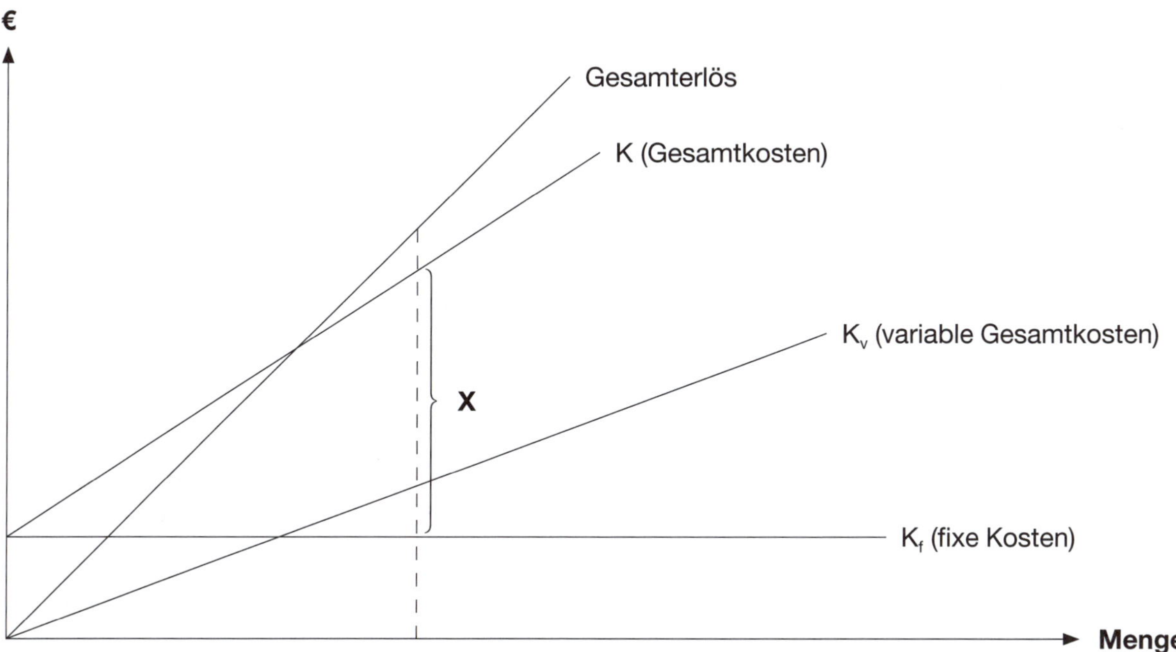

Was wird durch den Buchstaben X visualisiert?

2.2 Fall 2

Sie sind als kaufmännischer Mitarbeiter der „Nürnberger Schokoladenfabrik GmbH“ im Controlling eingesetzt. Ihr Unternehmen stellt in der Sparte Weihnachtsmänner drei verschiedene Größen von Weihnachtsmänner-Hohlkörpern her. Im Rahmen der Kostenrechnung und der Kalkulation dieser drei Produkte soll ab dem Monat Dezember 2018 von Systemen der Vollkostenrechnung auf die Teilkostenrechnung umgestellt werden.

Für den Monat Dezember 2018 liegen Ihnen bei noch nicht ausgeschöpfter Produktionskapazität für drei verschiedene Größen von Weihnachtsmänner-Hohlkörpern die folgenden Daten vor:

	Weihnachtsmann Höhe 10 cm (Weihnacht-H 10)	**Weihnachtsmann Höhe 20 cm (Weihnacht-H 20)**	**Weihnachtsmann Höhe 30 cm (Weihnacht-H 30)**
Verkaufpreis/Stück	2,50 €	3,50 €	5,00 €
Variable Kosten/Stück	0,75 €	1,25 €	2,00 €
Absatzmenge	15.000 Stück	25.000 Stück	18.000 Stück
Anteilige erzeugnisfixe Kosten	16.000,00 €	22.500,00 €	26.000,00 €
Die unternehmensfixen Kosten für die Sparte „Weihnachtsmänner“ betragen insgesamt 12.500 €			

a) Bestimmen Sie ein konkretes Ziel, welches mit der Einführung der Teilkostenrechnung durch die „Nürnberger Schokoladenfabrik GmbH“ angestrebt wird?

1. genauere Aufteilung der Kosten in Einzel- und Gemeinkosten
2. Abgrenzung des Unternehmensergebnisses vom Betriebsergebnis
3. Einführung der Äquivalenzziffernkalkulation
4. Bei der Kalkulation der eigenen Preise sollen auch die Markt- bzw. Konkurrenzpreise berücksichtigt werden.
5. Es soll eine schnellere Kostenerfassung erreicht werden.

b) Ermitteln Sie für alle drei Produkte den Stückdeckungsbeitrag (db).

c) Ermitteln Sie den Deckungsbeitrag I für die im Dezember 2018 abgesetzten Weihnachtsmänner-Hohlkörper 10 cm (Weihnacht-H 10).

d) Ermitteln Sie die Break-even-Menge für die Weihnachtsmänner-Hohlkörper 20 cm (Weihnacht-H 20), wenn die unternehmensbezogenen Fixkosten von den beiden anderen Weihnachtmänner-Hohlkörper-Größen getragen werden!

e) Berechnen Sie das Betriebsergebnis für die Sparte „Weihnachtsmänner“ für Dezember 2018.

Setzen Sie vor den Betrag in Euro
die Ziffer 1, wenn es sich um einen Gewinn handelt bzw.
die Ziffer 2, wenn ein Verlust vorliegt.

f) Berechnen Sie das Betriebsergebnis für die Sparte Weihnachtsmänner für Dezember 2018, wenn ein Engpass mit monatlich 3.000 Fertigungsminuten vorliegt und für die drei Produkte folgende Fertigungszeiten bekannt sind:

Hinweis: Die erzeugnisfixen Kosten bleiben auch bei Veränderungen der Produktionsmengen konstant.

	Weihnachtsmann Höhe 10 cm (Weihnacht-H 10)	Weihnachtsmann Höhe 20 cm (Weihnacht-H 20)	Weihnachtsmann Höhe 30 cm (Weihnacht-H 30)
Fertigungszeiten in Sekunden je Stück	2 Sek.	5 Sek.	6 Sek.

Setzen Sie vor den Betrag in Euro
die Ziffer 1, wenn es sich um einen Gewinn handelt bzw.
die Ziffer 2, wenn ein Verlust vorliegt.

g) In der Kalkulation der vorherigen Monate wurden die Preise noch im Rahmen der Vollkostenrechnung mit der differenzierten Zuschlagskalkulation ermittelt und überprüft. Dabei hatten Sie einen höheren Gewinn in der Vorkalkulation ausgewiesen als der Nachkalkulation.

Entscheiden Sie, worin die Ursache für die Abweichung liegen kann.

1. Die im Maschinenstundensatz enthaltenen Abschreibungen haben sich verringert.
2. Die Sondereinzelkosten der Fertigung haben sich erhöht.
3. Die Kostenüberdeckung im Bereich der Materialgemeinkosten führte zu einer Verminderung des Gewinns.
4. Der Zuschlagssatz für die Vertriebsgemeinkosten ist in der Nachkalkulation niedriger.
5. Die verrechneten Normalgemeinkosten wurden unterschritten.

h) Aufgrund von statistischen Erfahrungswerten steigt der Absatz von Schoko-Weihnachtsmännern ab November 2018 von Woche zu Woche um ca. 50 %. Stellen Sie fest, wie sich dadurch der Fixkostenanteil je Stück ändert!

1. Der Fixkostenanteil je Weihnachtmann-Hohlkörper bleibt konstant.
2. Der Fixkostenanteil je Weihnachtmann-Hohlkörper sinkt linear.
3. Der Fixkostenanteil je Weihnachtmann-Hohlkörper sinkt degressiv.
4. Der Fixkostenanteil je Weihnachtmann-Hohlkörper steigt linear.
5. Der Fixkostenanteil je Weihnachtmann-Hohlkörper steigt progressiv.

i) Entgegen den Erwartungen zeichnen sich in der Woche vor dem Weihnachtsfest 2018 unter Ausnutzung der freien Kapazitäten gesteigerten Produktion in der Sparte Weihnachtsmänner-Hohlkörper Absatzschwierigkeiten ab. Ihr Vertriebsleiter fragt Sie deshalb, zu welcher kurzfristigen Preisuntergrenze die „Nürnberger Schokoladenfabrik GmbH" gezielte Sonderpreisaktionen anbieten kann.

Nennen Sie die kurzfristige Preisuntergrenze in €/Stück für das Produkt Weihnacht-H 30.

j) Worauf würde die „Nürnberger Schokoladenfabrik GmbH" bezogen auf Aufgabe i) verzichten, wenn der Verkauf für das Produkt Weihnacht-H 30 noch zur langfristigen Preisuntergrenze möglich wäre?

1. auf die Deckung der Selbstkosten
2. auf die Deckung der Herstellkosten
3. auf die Deckung der Sondereinzelkosten des Vertriebs
4. auf den Gewinn
5. auf den Deckungsbeitrag

6. auf die Deckung der fixen Kosten
7. auf die Deckung der variablen Kosten

k) Entscheiden Sie sich für eine sinnvolle Maßnahme in der Controlling-Abteilung, die zu einer effektiveren Datenerfassung innerhalb der Betriebsstatistik beiträgt.

1. Die Richtigkeit einmal eingegebener Daten wird nicht mehr überprüft.
2. Daten sind im Augenblick ihres Auftretens zu erfassen.
3. Daten, die in einem besonderen Arbeitsgang erfasst werden müssen, werden nicht maschinell verarbeitet.
4. Mehrfach benötigte Daten sollen nur einmal erfasst werden.
5. Von erfassten Daten werden Hardcopys erstellt.

l) Welche der folgenden Kalkulationsverfahren ist dem System der Teilkostenrechnung zuzuordnen?

1. Einfache Zuschlagskalkulation
2. Differenzierte Zuschlagkalkulation
3. Divisionskalkulation
4. Äquivalenzziffernkalkulation
5. Deckungsbeitragsrechnung

2.3 Fall 3

Die „Leipziger Maschinenwerke AG" produzieren in einem Werk in Brasilien fünf Artikel. Als kaufmännischer Mitarbeiter im Rechnungswesen liegen Ihnen die folgenden Zahlen vor:

Artikel	V	W	X	Y	Z
Gesamtkosten	400.000 €	480.000 €	400.000 €	720.000 €	360.000 €
Stückkosten	400 €	120 €	160 €	240 €	240 €
Variable Gesamtkosten	288.000 €	392.000 €	300.000 €	600.000 €	270.000 €
Variable Stückkosten	288 €	98 €	120 €	200 €	180 €
Gesamte Umsatzerlöse	360.000 €	560.000 €	500.000 €	540.000 €	450.000 €
Stückerlös	360 €	140 €	200 €	180 €	300 €

a) Bestimmen Sie die Produktrangfolge der Artikel V, W, X, Y und Z zur Festlegung des optimalen Produktionsprogrammes nach den Kriterien

aa) der Vollkostenrechnung

ab) der Teilkostenrechnung.

Hinweis: Gehen Sie bei Ihren Berechnungen von einem Stück je Artikel aus.

b) Begründen Sie unter Nachweis konkreter Zahlen, ob die Entscheidung der Produktrangfolge (siehe Aufgabe a) auf Vollkostenbasis oder auf Teilkostenbasis zur Gewinnmaximierung (bezogen auf das gesamte Betriebsergebnis) führt.

Hinweis: Die den einzelnen Produkten V, W, X, Y und Z zurechenbaren fixen Kosten können bei einer eventuellen Einstellung der Produktion nicht abgebaut werden.

c) Worauf ist der Unterschied zwischen dem Betriebsergebnis auf Voll- bzw. Teilkostenrechnung (siehe Aufgabe b) zurückzuführen?

   Erläutern Sie Ihre Antwort ausführlich anhand genauer Zahlenwerte!

d) Die Regierung Brasiliens wünscht zum Schutz der einheimischen Wirtschaft, dass ausländische Unternehmen, wie die „Leipziger Maschinenwerke AG“, für bestimmte Produkte keine Produktionserweiterungen vornehmen.

   Ihr Unternehmen beschränkt sich deshalb freiwillig auf einen Gesamtumsatz für die Artikel V, W, X, Y und Z in Höhe von 1.600.000 €.

   Außerdem verpflichtet sich das Werk in Brasilien, die bisherige Produktionsmenge nicht zu steigern.

   Bestimmen Sie unter diesen Voraussetzungen, dass optimale Produktionsprogramm, indem Sie

   da) die Produktrangfolge festlegen,

   db) die Produktionsmengen je Artikel berechnen sowie

   dc) das Gesamtbetriebsergebnis ermitteln.

2.4 Fall 4

Sie sind kaufmännischer Mitarbeiter der Möbeltischlerei „Klaus Strasser & Sohn KG“. Ihr Betrieb verfügt aktuell über freie Kapazitäten an Betriebsmitteln und Arbeitskräften und plant eine bisher fremdbezogene Holz-Haustür selbst herzustellen.

Herr Strasser kann die Holz-Haustür von einem Großhändler zu folgenden Konditionen beziehen:

Listeneinkaufspreis: 450 €
Rabatt: 10 %
Zahlungsbedingung: 10 Tage mit 2 % Skonto vom Warenwert oder 30 Tage ohne Abzug
Bezugskosten: pauschal, netto 40 €

Alternativ liegen für die Eigenfertigung der Holz-Haustür die folgenden Planzahlen vor:

Fertigungsmaterial: 55 €
Fertigungslöhne: 180 € (nicht durch die aktuelle Beschäftigung „abgedeckt“)
8 % Materialgemeinkosten: 75 % fix und 25 % variabel
180 % Fertigungsgemeinkosten: 60 % fix und 40 % variabel

Erläutern Sie unter Einbeziehung von konkreten Zahlen, ob die Eigenfertigung oder der Fremdbezug der Holz-Haustür für die Möbeltischlerei „Klaus Strasser & Sohn KG“ sinnvoller ist!

Lösungen

1. Wissensfragen

A, B

1.

Die Antwort e) ist richtig.

A, B

2.

f) = Gewinnzone c) = Gesamtkosten a) = Break-even-Point

A, B

3.

Ziffer 3 = Fixkosten des Fertigungsverfahrens A
Ziffer 2 = Produktionsmengenbereich, in dem das Fertigungsverfahren A kostengünstiger „arbeitet" als das Fertigungsverfahren B
Ziffer 6 = Produktionsmenge, ab der das Fertigungsverfahren B kostengünstiger „arbeitet" als das Fertigungsverfahren A

A

4.

Aussage d)

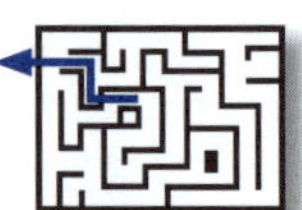
A, B, C, D

5.

a)

	0,70 € · 80.000	=	56.000,00 €
	0,55 € · 110.000	=	60.500,00 €
	0,45 € · 145.000	=	65.250,00 €
	0,60 € · 65.000	=	39.000,00 €
=	Gesamtdeckungsbeitrag	=	220.750,00 €
-	Unternehmensfixe Kosten		286.000,00 €
=	**Negativer Betriebserfolg**	**=**	**- 65.250,00 €**

b)

	Fliese A	Fliese B	Fliese C	Fliese D	insgesamt
Verkaufspreis je Fliese	2,30 €	2,55 €	3,20 €	3,90 €	
Variable Stückkosten	1,60 €	2,00 €	2,75 €	3,30 €	
Unternehmensfixe Kosten					286.000,00 €
Absatzmengen in Stück	80.000	110.000	145.000	65.000	
Stückdeckungsbeitrag db	0,70 €	0,55 €	0,45 €	0,60 €	

Rangfolge anhand des Stückdeckungsbeitrags: A (0,70 €) → D (0,60 €) → B (0,55 €) → C (0,45 €)

c)

kurzfristige (absolute) Preisuntergrenze = variable Stückkosten = Verkaufspreise

	Fliese A	Fliese B	Fliese C	Fliese D
Verkaufspreis je Fliese	1,60 €	2,00 €	2,75 €	3,30 €
Variable Stückkosten	1,60 €	2,00 €	2,75 €	3,30 €

d)

langfristige Preisuntergrenze = Stückkosten = Verkaufspreise

  80.000
\+ 110.000
\+ 145.000
\+ 65.000
= 400.000

400.000 Fliesen = 286.000 €
1 Fliese = X   X = 0,715 €/Fliese

	Fliese A	Fliese B	Fliese C	Fliese D
Verkaufspreis je Fliese	2,32 €	2,72 €	**3,47 €**	4,02 €
Variable Stückkosten	1,60 €	2,00 €	**2,75 €**	3,30 €
Fixe Stückkosten	0,72 €	0,72 €	**0,72 €**	0,72 €
Stückkosten	2,32 €	2,72 €	**3,47 €**	4,02 €

e)

	Verkaufspreis Fliese E	2,75 €
-	Variable Stückkosten	2,15 €
=	Stückdeckungsbeitrag	0,60 €
	Gesamtdeckungsbeitrag (0,60 · 40.000)	24.000,00 €
-	Zusätzliche Fixkosten	26.000,00 €
=	Zusätzlicher Betriebsverlust	- 2.000,00 €

Fazit:
Die Ausweitung der Produktion lohnt sich nicht, da der schon vorher bestehende Betriebsverlust in Höhe von 65.250 € nochmals um 2.000 € auf 67.250 € erhöht würde.

Die „Sächsische Baustoff GmbH“ sollte zukünftig ihre Produktion auf die Fliesensorten konzentrieren, die einen hohen Stückdeckungsbeitrag (z. B. Fliese A und D) aufweisen.

D

6.

Elektromotoren	Absoluter db	Ferigungszeit (Min./Motor)	Relativer db (€/Min.)	Rangfolge der Produktion
Typ E 1	50 €	24	2,08	1
Typ E 2	62 €	30	2,07	2
Typ E 3	38 €	20	1,90	4
Typ E 4	30 €	15	2,00	3

Der relative Deckungsbeitrag (2 €/Min) des Motors E 4 ist größer als der relative Deckungsbeitrag (1,90 €/Min) des Motors E 3. Es lohnt sich also die Produktionsmenge von E 3 zu reduzieren und dafür den Motortyp E 4 zu fertigen.

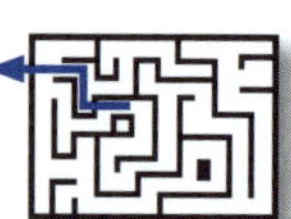

C

7.

kurzfristige (absolute) Preisuntergrenze = variable Stückkosten = Verkaufspreise

$$\frac{\text{Variable Kosten}}{\text{Produktionsmenge}} = \frac{432.000\ €}{8.000\ \text{Stück}} = \mathbf{54\ €/Stück}$$

A, C

8.

langfristige Preisuntergrenze = Stückkosten = Verkaufspreise

$$\frac{\text{Fixe Kosten}}{\text{Produktionsmenge}} = \frac{1.000.000\ €}{4.000\ \text{Stück}} = \mathbf{250\ €/Paar}$$

250 € + 550 € = 800 €/Paar

C, D

9.

800 € = 100 %
896 € = X X = 112 % → **Gewinnaufschlag: 12 %**

10.

B

a)

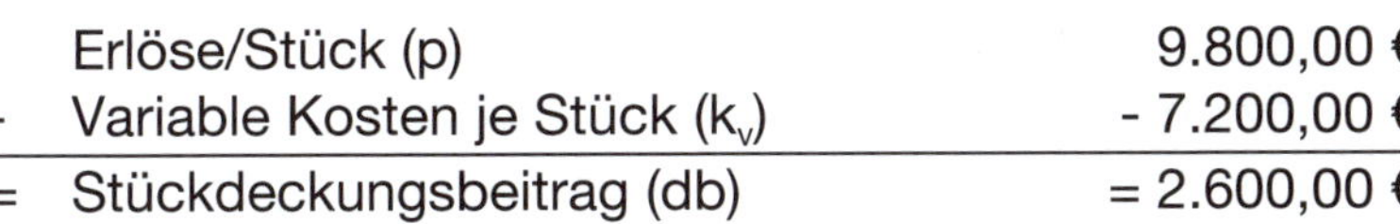

	Erlöse/Stück (p)	9.800,00 €
-	Variable Kosten je Stück (k_v)	- 7.200,00 €
=	Stückdeckungsbeitrag (db)	= 2.600,00 €

$$\frac{\text{Gesamte Fixkosten } (K_f)}{\text{Stückdeckungsbeitrag (db)}} = \frac{975.000\ €}{2.600\ €/\text{St.}} = \textbf{375 Industriesauger}$$

b)

600 Stück = 100 %
375 Stück = X   X = **62,5 %**

11.

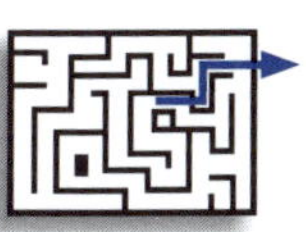

A

24.000 Stück - 22.000 Stück = 2.000 Stück

1.950.000 € - 1.860.000 € = 90.000 €

90.000 € = Variable Kosten

$$\frac{90.000\ €}{2.000\ \text{Stück}} = \textbf{45 €/Stück}$$

K	=		1.950.000,00 €
K_v	=	24.000 · 45 € =	1.080.000,00 €
K_f	=		870.000,00 €

45 €/Stück = variable Stückkosten

	Erlöse/Stück (p)	88,50 €
-	Variable Kosten je Stück (kv)	- 45,00 €
=	Stückdeckungsbeitrag (db)	= 43,50 €

$$\frac{\text{Gesamte Fixkosten } (K_f)}{\text{Stückdeckungsbeitrag (db)}} = \frac{870.000\ €}{43,50\ €/\text{St.}} = \textbf{20.000 Stück}$$

12.

A, B, C, E

a)

	Verkaufspreis Produkt 1	90,00 €
-	Variable Stückkosten	50,00 €
=	Stückdeckungsbeitrag	40,00 €

	Gesamtdeckungsbeitrag (40 · 600)	24.000,00 €
-	Erzeugnisfixe Kosten	20.000,00 €
=	**Betriebserfolg**	**+ 4.000,00 €**

b)

	40 € · 600	=	24.000,00 €
	50 € · 500	=	25.000,00 €
	48 € · 800	=	38.400,00 €
=	Gesamtdeckungsbeitrag	=	87.400,00 €
-	Unternehmensfixe Kosten		60.000,00 €
=	**Betriebserfolg**	=	**+ 27.400,00 €**

c)

$$\frac{\text{Stückdeckungsbeitrag}}{\text{Engpass/Stück}} = \frac{50\ €}{13\ \text{Min}} = \mathbf{3{,}85\ €/Min}$$

d)

$$\frac{\text{Erzeugnisfixe Kosten } (K_f)}{\text{Stückdeckungsbeitrag (db)}} = \frac{20.000\ €}{40\ €/\text{St.}} = \mathbf{500\ Stück}$$

e)

Hinweis: Die Produktionsrangfolge muss nach den relativen Deckungsbeiträgen bestimmt werden.

Produkt	Absoluter db	Absatzmenge	Relativer db (€/Absatzmenge)	Rangfolge der Produktion
1	40 €	600	0,067	2
2	50 €	500	0,1	1
3	48 €	800	0,06	3

Hinweis: Von Produkt 3 können nur insgesamt 500 Stück abgesetzt werden.

	50 € · 500	=	25.000,00 €	500 Stück
	40 € · 600	=	24.000,00 €	600 Stück
	48 € · 500	=	24.000,00 €	500 Stück
				1.600 Stück
=	Gesamtdeckungsbeitrag	=	73.000,00 €	
-	Unternehmensfixe Kosten	=	60.000,00 €	
=	**Betriebserfolg**	=	**+ 13.000,00 €**	

f)

Hinweis: Die Produktionsrangfolge muss nach den relativen Deckungsbeiträgen bestimmt werden.

Produkt	Absoluter db	Absatzmenge	Relativer db (€/Min)	Fertigungszeit in Stunden	Rangfolge der Produktion
1	40,00 €	600	8,00	50 (600 · 5 : 60)	1
2	50,00 €	500	3,85	108,33 (500 · 13 : 60)	3
3	48,00 €	800	6,00	106,67 (800 · 8 : 60)	2

Hinweis: Von Produkt 2 können nur insgesamt 324 Stück produziert.

43,33 Stunden · 60 Min. = 2.599,80 Min.
2.599,80 : 8 = 324,98 Stück

	40 € · 600	=	24.000,00 €	50,00 Stunden
	48 € · 800	=	38.400,00 €	106,67 Stunden
	50 € · 324	=	16.200,00 €	43,33 Stunden
				200,00 Stunden
=	Gesamtdeckungsbeitrag	=	78.600,00 €	
-	Unternehmensfixe Kosten	=	60.000,00 €	
=	**Betriebserfolg**	=	**+ 18.600,00 €**	

13.

A, B, C, E, F

a)

	Variable Kosten	979.200,00 €
+	Erzeugnisfixe Kosten	720.800,00 €
=	Gesamtkosten	1.700.000,00 €

Umsatzerlöse - Gesamtkosten = Gewinn
2.040.000 € - 1.700.000 = 340.000 €

1.700.000 € = 100 %
340.000 € = X   X = **20 % Gewinnaufschlag**

b)

2.040.000 € : 8.500 Stück = **240 €/Stoßstange**

c)

	k_v = 979.200 € : 8.500 Stück =	115,20 €
+	k_f = 720.800 € : 7.500 Stück =	96,11 €
=	k =	211,31 €
+	20 % Gewinn	42,26 €
=	**Verkaufspreis**	**253,57 €**

d)

kurzfristige (absolute) Preisuntergrenze = variable Stückkosten = Verkaufspreise

$$\frac{\text{Variable Kosten}}{\text{Produktionsmenge}} = \frac{979.200\text{ €}}{8.500\text{ Stück}} = \mathbf{115{,}20\text{ €/Stoßstange}}$$

e)

	Erlöse/Stück (p)	120,00 €
-	Variable Kosten je Stück (k_v)	- 115,20 €
=	Stückdeckungsbeitrag (db)	= + 4,80 €

Fazit: Da der Stückdeckungsbeitrag mit 4,80 € positiv ist, lohnt sich die Annahme des Zusatzauftrages, da jede abgesetzte Stoßstange mit 4,80 € zur Deckung der ohnehin anfallenden erzeugnisfixen (beschäftigungsunabhängigen) Kosten beiträgt.

f)

	k_v = 979.200 € : 8.500 Stück =	115,20 €
+	k_f = 720.800 € : 8.000 Stück =	90,10 €
=	k =	205,30 €
+	20 % Gewinn	41,06 €
=	**Verkaufspreis**	**246,36 €**

	Umsatzerlöse	246,36 € · 8.000	=	1.970.880,00 €
-	Variable Kosten	115,20 € · 8.000	=	921.600,00 €
=	Gesamtdeckungsbeitrag		=	1.049.280,00 €
-	Erzeugnisfixe Kosten		=	720.800,00 €
=	**Betriebserfolg (ohne Zusatzauftrag)**		**=**	**328.480,00 €**

	Umsatzerlöse	246,36 € · 8.000	=	1.970.880,00 €
-	Variable Kosten	115,20 € · 8.000	=	921.600,00 €
=	Gesamtdeckungsbeitrag		=	1.049.280,00 €
+	Deckungsbeitrag Zusatzauftrag	(4,80 € · 1.000)	=	4.800,00 €
-	Erzeugnisfixe Kosten		=	720.800,00 €
=	**Betriebserfolg (mit Zusatzauftrag)**		**=**	**333.280,00 €**

Fazit: Durch Annahme des Zusatzauftrages erhöht sich der Betriebserfolg um 4.800 € auf 333.280 €.

2. Fallsituationen

2.1 Fall 1

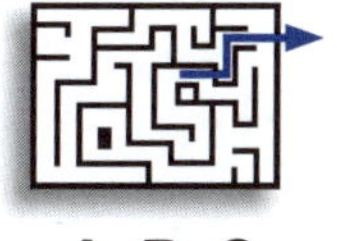

a)

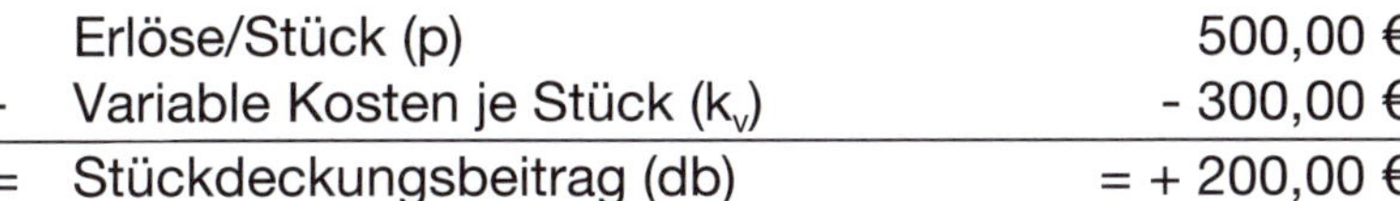

	Erlöse/Stück (p)	500,00 €
-	Variable Kosten je Stück (k_v)	- 300,00 €
=	Stückdeckungsbeitrag (db)	= + 200,00 €

b)

Ein positiver Stückdeckungsbeitrag in Höhe von 200 € bedeutet, dass jede abgesetzte Laptop-Tasche mit 200 € zur Deckung der beschäftigungsunabhängig anfallenden fixen Kosten beiträgt und somit zur Verbesserung der Erfolgslage der „Offenbacher Lederwaren GmbH“ beiträgt.

c)

$$\frac{\text{Gesamte Kosten } (K_f)}{\text{Stückdeckungsbeitrag (db)}} = \frac{500.000\ €}{200\ €/\text{St.}} = \mathbf{2.500\ Laptop\text{-}Taschen}$$

d)

$E(x) = K(x)$

$E(x) = p \cdot X$

$K(x) = K_f + k_v \cdot X$

$p \cdot X = K_f + k_v \cdot X\ /\ - k_v \cdot X$

$p \cdot X - k_v \cdot X = K_f$

$X\ (p - k_v) = Kf\ /\ :\ (p - k_v)$

$$\mathbf{X = \frac{K_f}{(p - k_v)} = \frac{K_f}{db}}$$

e)

Gewinnschwellenmenge, d. h. ab dieser Produktionsmenge beginnt die Gewinnzone.

f)

Break-even-Menge · Verkaufspreis = Break-even-Umsatz

2.500 Laptop-Taschen · 500 €/Tasche = 1.250.000 €

Probe:

	K_v	300 € · 2.500 =	750.000,00 €
+	K_f		500.000,00 €
=	K		1.250.000,00 €

Fazit: Die Erlöse und die Gesamtkosten in Euro müssen bei der Break-even-Menge gleich sein (1.250.000 € = 1.250.000 €).

g)

Die Differenz zwischen den Gesamtkosten (K) und den fixen Kosten (K_f) entspricht den **variablen Kosten** (K_v) bei dieser Produktionsmenge.

A, B,
C, D

2.2 Fall 2

a)

Die Aussage 4. ist richtig.

b)

	Weihnachtsmann Höhe 10 cm (Weihnacht-H 10)	Weihnachtsmann Höhe 20 cm (Weihnacht-H 20)	Weihnachtsmann Höhe 30 cm (Weihnacht-H 30)
Verkaufpreis	2,50 €	3,50 €	5,00 €
- Variable Stückkosten	- 0,75 €	- 1,25 €	- 2,00 €
= Stückdeckungsbeitrag	= **1,75 €**	= **2,25 €**	= **3,00 €**

c)

1,75 €/Stück · 15.000 Stück = **26.250 €**

d)

$$\frac{\text{Gesamte Fixkosten } (K_f)}{\text{Stückdeckungsbeitrag (db)}} = \frac{22.500\text{ €}}{2{,}25\text{ €/St.}} = \mathbf{10.000\ Stück}$$

e)

	Deckungsbeitrag I	1,75 · 15.000 =	26.250,00 €
		2,25 · 25.000 =	56.250,00 €
		3,00 · 18.000 =	54.000,00 €
			136.500,00 €
-	Erzeugnisfixe Kosten	16.000 + 22.500 + 26.000 =	- 64.500,00 €
=	Deckungsbeitrag II		= 72.000,00 €
-	Unternehmensfixe Kosten		- 12.500,00 €
=	Betriebsergebnis		= 59.500,00 €

Ergebnis: 1/59.500 €

f)

	Weihnachtsmann Höhe 10 cm (Weihnacht-H 10)	**Weihnachtsmann Höhe 20 cm (Weihnacht-H 20)**	**Weihnachtsmann Höhe 30 cm (Weihnacht-H 30)**
$\frac{\text{Stückdeckungsbeitrag}}{\text{Engpass/Stück}} =$	$\frac{1{,}75 \text{ €}}{2 \text{ Sek.}} =$	$\frac{2{,}25 \text{ €}}{5 \text{ Sek.}} =$	$\frac{3{,}00 \text{ €}}{6 \text{ Sek.}} =$
Relativer Deckungsbeitrag	**0,875**	**0,45**	**0,5**

Die Produktionsrangfolge gemäß der relativen Deckungsbeiträge lautet:

(Weihnacht-H 10) → (Weihnacht-H 30) → (Weihnacht-H 20)

	Produktionszeit in Sekunden	**Produktionszeit in Minuten**	**Produktionsmenge**
Weihnachtsmann Höhe 10 cm (Weihnacht-H 10)	2 · 15.000 = 30.000	30.000 : 60 = 500	15.000
Weihnachtsmann Höhe 30 cm (Weihnacht-H 30)	6 · 18.000 = 108.000	108.000 : 60 = 1.800	18.000
Weihnachtsmann Höhe 20 cm (Weihnacht-H 20)	5 · 25.000 = 125.000	42.000 : 60 = 700	8.400 (700 · 60 = 42.000) (42.000 : 5 = 8.400)
		3.000	

	Deckungsbeitrag I	1,75 · 15.000 =	26.250,00 €
		3,00 · 18.000 =	54.000,00 €
		2,25 · 8.400 =	18.900,00 €
			99.150,00 €
-	Erzeugnisfixe Kosten	16.000 + 22.500 + 26.000 =	- 64.500,00 €
=	Deckungsbeitrag II		= 34.650,00 €
-	Unternehmensfixe Kosten		- 12.500,00 €
=	Betriebsergebnis		= 22.150,00 €

Ergebnis: 1/22.150 €

g)

Die Aussage 2. ist richtig.

h)

Die Aussage 3. ist richtig.

i)

kurzfristige Preisuntergrenze = variable Kosten = **2 €/Stück**

j)

Die Aussage 4. ist richtig.

k)

Die Aussage 4. ist richtig.

l)

Die Aussage 5. ist richtig.

A, B, C, D

2.3 Fall 3

aa)

Im Rahmen der **Vollkostenrechnung** wird die Produktrangfolge nach dem jeweiligen Stückgewinn bzw. Stückverlust aufgestellt:

	V	W	X	Y	Z
Stückpreis	360,00	140,00	200,00	180,00	300,00
- Stückkosten	- 400,00	- 120,00	- 160,00	- 240,00	- 240,00
= Stückgewinn/-verlust	= - 40,00	= + 20,00	= + 40,00	= - 60,00	= + 60,00
Rangfolge	**4**	**3**	**2**	**5**	**1**

ab)

In Rahmen der **Teilkostenrechnung** wird die Produktrangfolge nach dem jeweiligen Stückdeckungsbeitrag aufgestellt:

	V	W	X	Y	Z
Stückpreis	360,00	140,00	200,00	180,00	300,00
- Variable Stückkosten	- 288,00	- 98,00	- 120,00	- 200,00	- 180,00
= Stückdeckungsbeitrag	= + 72,00	= + 42,00	= + 80,00	= - 20,00	= +120,00
Rangfolge	**3**	**4**	**2**	**5**	**1**

b)

Vollkostenrechnung:

Die Artikel V und Y weisen jeweils einen Stückverlust auf, sodass sie aus dem Produktionsprogramm eliminiert werden.

	Z:	1.500 Stück · 60 € =	90.000,00 €
	X:	2.500 Stück · 40 € =	100.000,00 €
	W:	4.000 Stück · 20 € =	80.000,00 €
	Gesamtgewinn		270.000,00 €
-	Fixe Kosten V		- 112.000,00 €
-	Fixe Kosten Y		- 120.000,00 €
=	**Betriebsergebnis**		**+ 38.000,00 €**

Teilkostenrechnung:

Da der Artikel Y einen negativen Stückdeckungsbeitrag aufweist, wird dieser aus dem Produktionsprogramm genommen.

	Z:	120 € · 1.500 Stück =	180.000,00 €
	X:	80 € · 2.500 Stück =	200.000,00 €
	V:	72 € · 1.000 Stück =	72.000,00 €
	W:	42 € · 4.000 Stück =	168.000,00 €
=	Gesamtdeckungsbeitrag		620.000,00 €
	Gesamte Fixkosten		510.000,00 €
=	**Betriebsergebnis**		**+ 110.000,00 €**

Fazit: Das Betriebsergebnis auf Teilkostenbasis (110.000 €) ist höher als das Betriebsergebnis auf Vollkostenbasis (38.000 €). Das System der Teilkostenrechnung führt somit unter den gegebenen Rahmenbedingungen zur Gewinnmaximierung.

c)

Artikel V weist einen positiven Stückdeckungsbeitrag (+72 €) und mit 72.000 € einen positiven Gesamtdeckungsbeitrag auf. Dieser trägt somit zur Deckung der ohnehin anfallenden fixen Kosten bei.

Im Rahmen der Vollkostenrechnung wurde Artikel V aufgrund des negativen Stückgewinns (40 €) aber eliminiert.

Daher entspricht die Differenz des Betriebsergebnisses (110.000 € - 38.000 € = 72.000 €) zwischen der Voll- und Teilkostenrechnung genau der Höhe des Gesamtdeckungsbeitrages des Artikels V mit 72.000 €.

d)

Da ein betrieblicher Engpass (Umsatz) vorliegt, wird die Produktrangfolge anhand der relativen Deckungsbeiträge festgelegt.

da)

	V	W	X	Y	Z
Stückdeckungsbeitrag / Engpass (Stückpreis) =	72,00 / 360,00 =	42,00 / 140,00 =	80,00 / 200,00 =	- 20,00 / 180,00 =	120,00 / 300,00 =
relativer db	**0,2**	**0,3**	**0,4**	**- 0,11**	**0,4**
Rangfolge	3	2	1	4	1

db)

Z:	300 € · 1.500 Stück =	450.000,00 €
X:	200 € · 2.500 Stück =	500.000,00 €
W:	140 € · 4.000 Stück =	560.000,00 €
V:	360 € · 250 Stück =	90.000,00 €
= **Gesamtumsatz**		**1.600.000,00 €**

$\frac{90.000\ €}{360\ €}$ = **250 Stück**

Fazit: Aufgrund der Umsatzbeschränkung verbleiben für Produkt V nur noch 90.000 € Umsatz, sodass unter den gegebenen Rahmenbedingungen von Produkt V nur noch 250 Stück produziert werden.

dc)

Z:	120 € · 1.500 Stück =	180.000,00 €
X:	80 € · 2.500 Stück =	200.000,00 €
W:	42 € · 4.000 Stück =	168.000,00 €
V:	72 € · 250 Stück =	18.000,00 €
= Gesamtdeckungsbeitrag		566.000,00 €
Gesamte Fixkosten		510.000,00 €
= **Betriebsergebnis**		**+ 56.000,00 €**

A, G

2.4 Fall 4

Kalkulation des Fremdbezuges	
Listeneinkaufspreis	450,00 €
- 10 % Rabatt	- 45,00 €
= Warenwert	= 405,00 €
- 2 % Skonto	- 8,10 €
= Bareinkaufspreis	= 396,90 €
+ Bezugskosten	+ 40,00 €
= **Bezugspreis**	= **436,90 €**

Kalkulation der Eigenfertigung auf Teilkostenbasis	
Materialaufwand	55,00 €
+ 2 % variable MGK (25 % von 8 %)	+ 1,10 €
= Variable Materialkosten	= 56,10 €
Fertigungslöhne	180,00 €
+ 72 % variable FGK (von 180 €)	+ 129,60 €
= Variable Fertigungskosten	= 309,60 €
= Variable Herstellkosten	**= 365,70 €**

100 % ≙ 8 %
25 % ≙ X
X = 2 %

100 % ≙ 180 %
40 % ≙ X
X = 72 %

Kalkulation der Eigenfertigung auf Vollkostenbasis	
Materialaufwand	55,00 €
+ 8 % MGK	+ 4,40 €
= Materialkosten	= 59,40 €
Fertigungslöhne	180,00 €
+ 180 % FGK	+ 324,00 €
= Fertigungskosten	= 504,00 €
= Herstellkosten	**= 563,40 €**

Fazit: Auf der Grundlage der obigen Vollkostenrechnung (563,40 €) würde sich Herr Strasser für den Fremdbezug entscheiden. Diese Entscheidung wäre aber falsch, weil der Vollkostenansatz auch fixe Kostenbestandteile berücksichtigt. Diese Fixkosten sind aber bereits durch die bisherige Beschäftigung in voller Höhe abgedeckt.

Bei der Berechnung der Herstellkosten für die Eigenfertigung werden nur die zusätzlich anfallenden variablen Kosten berücksichtigt. Diese liegen mit 365,70 € unter dem Bezugspreis des Großhändlers in Höhe von 436,90 €.

Die Möbeltischlerei „Klaus Strasser & Sohn KG“ sollte sich demnach für die Eigenfertigung der Holz-Haustür entscheiden.

V. Plankostenrechnung

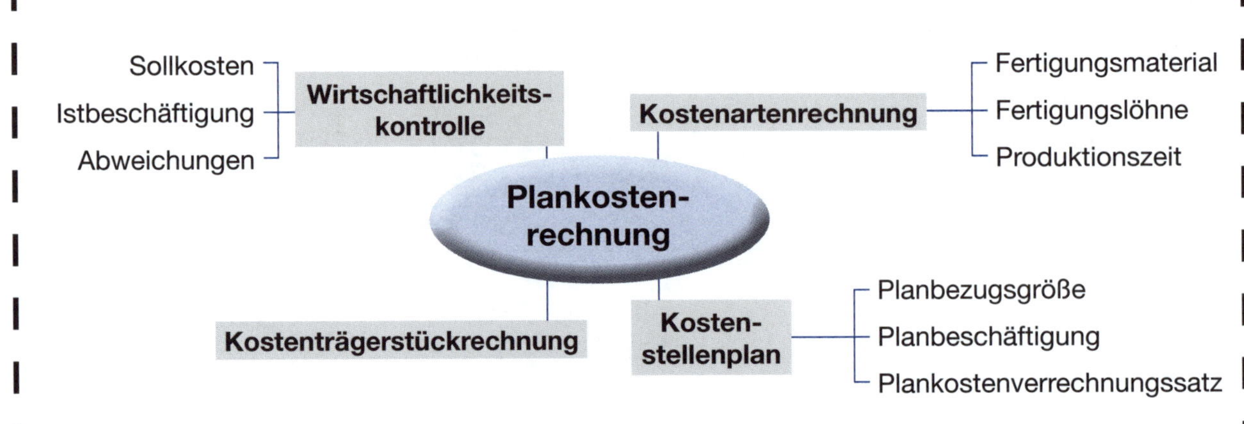

Was muss ich für die Prüfung wissen?

1. Was ist eine Plankostenrechnung?

Bei der Plankostenrechnung handelt sich um ein System der Kostenrechnung, bei dem man versucht, die Kosten für Erzeugnisse im Voraus zu bestimmen. Dazu muss man die benötigten Mengen und die Preise für die einzusetzenden Roh-, Hilfs- und Betriebsstoffe bzw. Fremdbauteile möglichst genau kennen.

2. Worin unterscheidet sich die Plankostenrechnung hauptsächlich von der Voll- und Teilkostenrechnung?

Die Voll- und Teilkostenrechnung basiert auf Vergangenheitswerten. Man verwendet Istkosten bzw. standardisierte Normalkosten, die von Istkosten abgeleitet wurden. Die Plankostenrechnung arbeitet völlig unabhängig von den tatsächlich entstandenen Kosten. Damit kann man die Plankosten auch nicht aus der Ergebnistabelle im Rahmen der Abgrenzungsrechnung entnehmen.

3. Wie läuft eine Plankostenrechnung im Überblick ab?

Plankosten ermittelt man möglichst genau, indem man die benötigten Arbeitszeiten, die Arbeitsabläufe und den Verbrauch an Stoffen und Teilen ermittelt. Diese ermittelten Plankosten haben Vorgabecharakter und man bezeichnet sie daher auch als Vorgabekosten.

Am Ende der jeweiligen Planperiode ermittelt man die Istkosten und vergleicht diese mit den geplanten Sollwerten. Eventuelle Abweichungen werden auf ihre Ursachen hin untersucht und möglichst schnell korrigiert.

Die Grundelemente einer Plankostenrechnung unterscheiden sich nicht von denen der Vollkostenrechnung. Die Plankostenrechnung enthält eine Kostenartenrechnung, eine Kostenstellenrechnung, eine Kostenträgerstückrechnung und eine Wirtschaftlichkeitskontrolle.

Zentrales Element der Plankostenrechnung ist der Plankostenverrechnungssatz. Er gibt an, wie viele Kosten man pro Planbezugsgröße bei der Planbeschäftigung verrechnen muss.

$$\text{Plankostenverrechnungssatz} = \frac{\text{gesamte Plankosten}}{\text{Planbeschäftigung}}$$

4. Was ist das Hauptziel der Plankostenrechnung?

Hauptziel der Plankostenrechnung ist eine genauere Kostenkontrolle der Kostenstellen, als dies bei der Volloder Teilkostenrechnung möglich ist.

5. Welche Arten der Plankostenrechnung gibt es?

Es gibt

- die starre Plankostenrechnung und die
- die flexible Plankostenrechnung.

6. Was ist eine starre Plankostenrechnung?

Bei der starren Plankostenrechnung gibt man die Plankosten der Kostenstellen für eine zu erwartende Planbeschäftigung vor. Bei Schwankungen in der Beschäftigung (Auslastung) ist bei dieser Art keine wirksame Kostenkontrolle möglich.

7. Was ist eine flexible Plankostenrechnung?

Die flexible Plankostenrechnung berücksichtigt die Kostenveränderungen, die sich durch die Änderung der Beschäftigung ergeben.

8. Wie arbeitet die Kostenartenrechnung bei der Plankostenrechnung?

Sie arbeitet mit den Begriffen aus der Vollkostenrechnung, indem sie zwischen Einzelkosten und Gemeinkosten unterscheidet und auch mit Begriffen aus der Teilkostenrechnung, indem sie zwischen fixen und variablen Kosten differenziert.

Sie entnimmt diese Kosten jedoch nicht aus der Ergebnisrechnung, da sie mit Zukunftsdaten und nicht mit Vergangenheitswerten rechnet.

Was erwartet mich in der Prüfung?

In der Prüfung erwartet man von Ihnen, dass Sie die Grundzusammenhänge einer Plankostenrechnung und die Unterschiede zur Vollkostenrechnung kennen. Komplizierte Berechnungen „bleiben Ihnen erspart“, die grundsätzlichen Berechnungen in einer Plankostenrechnung müssen Sie aber durchführen können.

1. Das Lernlabyrinth

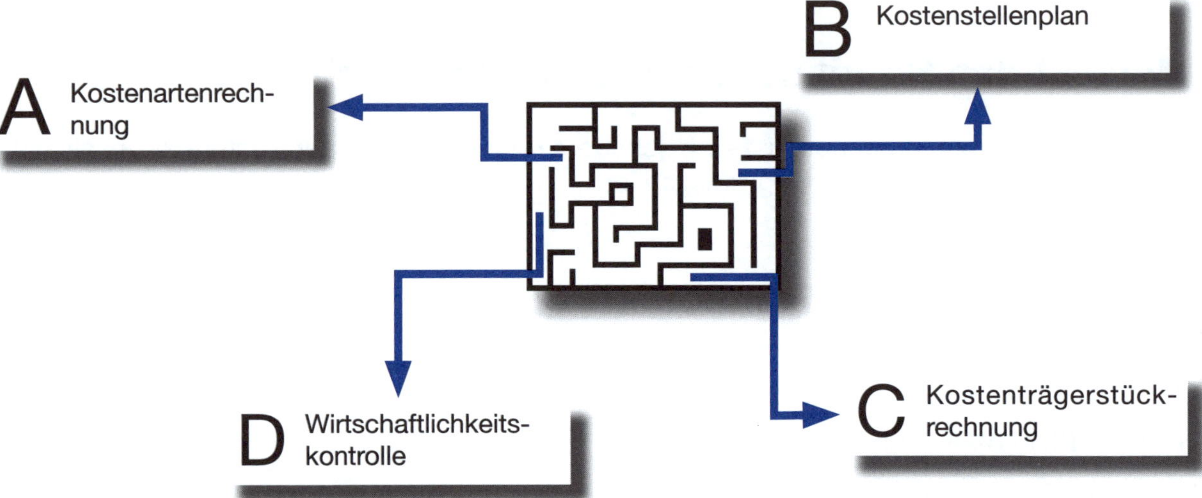

2. Wege aus dem Lernlabyrinth

Die folgende Darstellung geht von der flexiblen Plankostenrechnung aus.

A Kostenartenrechnung

Bei der *Sunpower KG* hat man für die Produktreihe Solar-Plus die Plankostenrechnung eingeführt. Es handelt sich um ein völlig neues Produkt in den Varianten 100 und 200, dessen Kosten extrem genau kontrolliert werden müssen, um am Absatzmarkt durch eine marktgerechte Preispolitik erfolgreich zu sein. Die Fertigung ist nach dem Werkstattprinzip organisiert und erfolgt in zwei aufeinander folgenden Teilprozessen W1 und W2.

Zunächst muss man die Preise für das Fertigungsmaterial, die Höhe der Fertigungslöhne und die benötigte Produktionszeit ermitteln.

Preise für das Fertigungsmaterial

Der Preis für das in das Produkt eingehende Material beträgt aktuell 240 €. Man rechnet mit einer Erhöhung des Bezugspreises im nächsten Jahr von ca. 10 %. Daraus ergibt sich der Planpreis.

Planpreis = aktueller Preis +/- Änderungen in der nächsten Planperiode

Planpreis = 240 € + 24 € = 264 €

Fertigungslöhne

In der letzten Periode rechnete man mit einem Lohnfaktor von 34,66 € je Stunde. Für anstehende Tarifverhandlungen plant man eine Erhöhung von 3 % ein.

Planlohn = aktueller Lohn + geplante Erhöhung

Planlohn = 34,66 € + 1,04 € = 35,70 €

Produktionszeit

Durch Arbeitszeitstudien hat man für die Maschine, auf der dieses Produkt hergestellt wird, folgende Daten ermittelt:

Rüstzeit	2,00 Minuten
Ausführungszeit	16,00 Minuten
Gesamter Zeitbedarf	18,00 Minuten

Jetzt kann man die Plankosten je Stück und Minute berechnen.

$$\text{Plankosten je Stück und Minute} = \frac{\text{Planlohn} \cdot \text{gesamter Zeitbedarf}}{60}$$

$$\text{Plankosten je Stück und Minute} = \frac{35{,}70 \cdot 18}{60} = 10{,}71\ €$$

Plankosten bezeichnet man auch als Vorgabekosten.

Anschließend muss man die gesamten Plankosten in Planeinzelkosten und Plangemeinkosten aufteilen. Die Gemeinkosten muss man weiter in fixe Plankosten und variable Plankosten unterteilen.

Gesamte Plankosten	
Aufteilung	**Eigenschaft**
Planeinzelkosten	Plankosten, die man einem Kostenträger (Produkt) direkt zuordnen kann. → Sie sind variabel.
Plangemeinkosten	Plankosten, die man einem Kostenträger (Produkt) nicht direkt zuordnen kann. → Sie können fix oder variabel sein.
→	Fixe Plankosten sind vom Beschäftigungsgrad unabhängig.
→	Variable Plankosten sind vom Beschäftigungsgrad abhängig.

 B

Kostenstellenplan

Über den **Kostenstellenplan** ordnet man die Plankosten den einzelnen Kostenstellen zu.

Außerdem legt man für jede Kostenstelle eine **Planbezugsgröße** fest. Planbezugsgröße können z. B. die Fertigungsstunden sein.

Durch die Festlegung der Planbezugsgröße ist es möglich, die **Planbeschäftigung** anzugeben. Die Planbeschäftigung ist die geplante Kapazitätsauslastung.

Plankostenverrechnungssatz

Der Plankostenverrechnungssatz gibt an, wie viele Kosten pro Planbezugsgröße bei der Planbeschäftigung je Kostenstelle verrechnet werden müssen.

Addieren Sie die gesamten Plankosten und dividieren Sie diese durch die Planbeschäftigung. Das Ergebnis ist der Plankostenverrechnungssatz.

Formel:

$$\text{Plankostenverrechnungssatz} = \frac{\text{Summe der Plankosten}}{\text{Planbeschäftigung}}$$

Daten für die Fertigung in W1

Planbeschäftigung:	160 Stunden in der Fertigung W1
Plankosten:	42.000 €
Plankostenverrechnungssatz:	42.000 € : 160 Stunden = 262,50 € je Fertigungsstunde W1
Fertigungszeit Modul 100:	30 Minuten
Fertigungszeit Modul 200:	50 Minuten

Aus diesen Angaben kann man jetzt ermitteln, in welcher Höhe die beiden Produkte mit Kosten belastet sind.

Kostenbelastung für

→ Modul 100: $\frac{262{,}50 \cdot 30}{60} = 131{,}25$ €

→ Modul 200: $\frac{262{,}50 \cdot 50}{60} = 218{,}75$ €

Daten für die Fertigung in W2

Planbeschäftigung:	160 Stunden in der Fertigung W2
Plankosten:	10.220 €
Plankostenverrechnungssatz:	10.220 € : 160 Stunden = 63,88 € je Fertigungsstunde W1
Fertigungszeit Modul 100:	10 Minuten
Fertigungszeit Modul 200:	20 Minuten

Kostenbelastung für

→ Modul 100: $\frac{63{,}88 \cdot 10}{60} = 10{,}65$ €

→ Modul 200: $\frac{63{,}88 \cdot 20}{60} = 21{,}29$ €

C Kostenträgerstückrechnung

Die Kostenträgerstückrechnung erfolgt nach demselben System wie bei der Vollkostenrechnung. Man kann auch hier die Zuschlagskalkulation verwenden.

Die Begriffe ändern sich etwas, z. B.:

Zuschlagskalkulation	=	Planzuschlagskalkulation
Einzelkosten	=	Planeinzelkosten
Materialkosten	=	Planmaterialkosten
Fertigungskosten	=	Planfertigungskosten
Herstellkosten	=	Planherstellkosten
Selbstkosten	=	Planselbstkosten

So ermitteln Sie die Planselbstkosten:

Daten für die Kalkulation Modul 100

Plankostenverrechnungssatz W1:	262,50 €
Plankostenverrechnungssatz W2:	63,88 €
Kosten für das Planfertigungsmaterial:	264,00 €
Zuschlagssatz für Planmaterialgemeinkosten:	10 %
Fertigungszeit in W1:	30 Minuten
Fertigungszeit in W2:	10 Minuten
Zuschlagssatz für Planverwaltungs- und Vertriebsgemeinkosten	10 %

	Planfertigungsmaterial	264,00 €	
+	Planmaterialgemeinkosten 10 %	26,40 €	
=	Planmaterialkosten		290,40 €

Anstatt der Fertigungslöhne, die jetzt bei der Vollkostenrechnung eingesetzt würden, setzt man die Planfertigungskosten ein. Diese ergeben sich durch die Multiplikation der Planverrechnungssätze mit den Fertigungszeiten.

	Planfertigungskosten		
	W1 30 Minuten zu 262,50 €/Stunde	131,25 €	
	W2 10 Minuten zu 63,88 €/Stunde	10,65 €	
=	Summe Planfertigungskosten		141,90 €
	Planherstellkosten		432,30 €
+	Planverw./Vertrieb-GK 10 %		43,23 €
=	Planselbstkosten		475,53 €

Daten für die Kalkulation Modul 200	
Plankostenverrechnungssatz W1:	262,50 €
Plankostenverrechnungssatz W2:	63,88 €
Kosten für das Planfertigungsmaterial:	264,00 €
Zuschlagssatz für Planmaterialgemeinkosten:	10 %
Fertigungszeit in W1:	50 Minuten
Fertigungszeit in W2:	20 Minuten
Zuschlagssatz für Planverwaltungs- und Vertriebsgemeinkosten	10 %

	Planfertigungsmaterial	264,00 €	
+	Planmaterialgemeinkosten 10 %	26,40 €	
=	Planmaterialkosten		290,40 €
	Planfertigungskosten		
	W1 50 Minuten zu 262,50 €/Stunde	218,75 €	
	W2 20 Minuten zu 63,88 €/Stunde	21,29 €	
=	Summe Planfertigungskosten		240,04 €
	Planherstellkosten		530,44 €
+	Planverw./Vertrieb-GK 10 %		53,04 €
=	Planselbstkosten		538,48 €

D Wirtschaftlichkeitskontrolle

Um die Wirtschaftlichkeit kontrollieren zu können, muss man die Plankosten in fixe und variable Bestandteile aufteilen. Diese Aufteilung stellt man im Kostenstellenplan dar.

Für die **Fertigung in W2** hat man folgende Daten im Rahmen einer Detailuntersuchung ermittelt:

		Plankosten in €	
Kostenart	**Plankosten Insgesamt in €**	**Variabel**	**Fix**
Fertigungslöhne	2.030,00	–	2.030,00
Hilfsstoffe	1.000,00	800,00	200,00
Betriebsstoffe	540,00	224,00	316,00
Hilfslöhne	500,00	400,00	100,00
Gehälter	350,00	–	350,00
Sozialkosten	300,00	200,00	100,00
Energie	1.400,00	290,00	1.110,00
Steuern	2.200,00	1.760,00	440,00
Kalk. Kosten	400,00	300,00	100,00
Sonstige Kosten	1.500,00	920,00	580,00
Summe	10.220,00	4.894,00	5.326,00

Ziel dieser Kontrolle ist es, die Planwerte mit den (tatsächlichen) Istwerten zu vergleichen. Sie stimmen nur dann überein, wenn die tatsächliche Beschäftigung (Kapazitätsauslastung) der Planbeschäftigung vollständig entspricht.

Berechnung der Sollkosten

Zuerst muss man die Planwerte auf die tatsächliche Beschäftigung umrechnen. Das Ergebnis sind die Sollkosten.

Sollkosten = Planwerte, umgerechnet auf die tatsächliche Beschäftigung

Istbeschäftigungsgrad
Diese Zahl benötigt man, um die Abweichung von der Planbeschäftigung festzustellen.

Daten der letzten Periode	
Planbeschäftigung	160 Stunden
Istbeschäftigung	150 Stunden

$$\text{Istbeschäftigungsgrad} = \frac{\text{Istbeschäftigung} \cdot 100}{\text{Planbeschäftigung}} = \frac{150 \cdot 100}{160} = 93{,}75\ \%$$

Das heißt, dass die tatsächliche Auslastung in der Fertigung W2 um 6,25 % unter der Planung lag.

Fixe Plangemeinkosten betrifft das nicht. Fixe Gemeinkosten treten unabhängig vom Grad der Beschäftigung auf.

Plangemeinkosten gehen daher immer in vollem Umfang und unverändert in die Ermittlung der Sollkosten ein.

Variable Plangemeinkosten hängen von der Istbeschäftigung ab. Variable Gemeinkosten verändern ihren Anteil mit dem Grad der tatsächlichen Beschäftigung.

Sie darf man daher bei der Planbeschäftigung nicht berücksichtigen.

Sollkosten

Jetzt können Sie die Sollkosten in diesem Fall berechnen.

$$\text{Sollkosten} = \text{fixe Plangemeinkosten} + \frac{\text{variable Plangemeinkosten} \cdot \text{Istbeschäftigung}}{\text{Planbeschäftigung}}$$

$$\text{Sollkosten} = 5.326 + \frac{(4.894 \cdot 150 \text{ Stunden})}{160 \text{ Stunden}} = 9.914{,}13\ €$$

oder

$$\text{Sollkosten} = 5.326 + \frac{(4.894 \cdot 93{,}75)}{100} = 9.914{,}13\ €$$

Beschäftigungsabweichung

Subtrahiert man von den Plankosten die Sollkosten erhält man die Abweichung der Beschäftigung.

Beschäftigungsabweichung = Plankosten - Sollkosten

Drei Situationen sind möglich:

1. Planbeschäftigung = Istbeschäftigung
   In diesem Fall stimmen die Sollkosten und die Plankosten genau überein.
2. Istbeschäftigung > Planbeschäftigung
   In diesem Fall sind die Plankosten höher als die Sollkosten. Das kommt daher, dass der Plankostenverrechnungssatz zu hoch angesetzt wurde und daher zu viele fixe Kosten auf die Kostenträger verrechnet werden.
3. Istbeschäftigung < Planbeschäftigung
   In diesem Fall sind die Plankosten niedriger als die Sollkosten. Das ist darin begründet, dass durch die geringere Auslastung nicht alle fixen Kosten auf die Kostenträger verrechnet werden konnten.

Hinweis:
Der Plankostenverrechnungssatz betrug 63,88 € je Stunde.
Die fixen Plangemeinkosten betrugen 5.326 €.
Die variablen Plangemeinkosten betrugen 4.894 €.
Die Planbeschäftigung betrug 160 Stunden.

Berechnung am Beispiel der Beschäftigung mit 50 Stunden:

$$\text{Sollkosten} = 5.326 \text{ (fixe Kosten)} + \frac{4.894 \text{ (variable Kosten)} \cdot 50}{160} = 6.855{,}38$$

$$\text{Plankosten} = 63{,}88 \cdot 50 = 3.194$$

Beschäftigung (Stunden)	Sollkosten in €	Plankosten in €	Abweichung in €	Erläuterung zur Beschäftigung
50	6.855,38	3.194,00	- 3.661,38	Ist < Plan
80	7.773,00	5.110,40	- 2.662,60	Ist < Plan
100	8.384,75	6.388,00	- 1.996,75	Ist < Plan
130	9.302,38	8.304,40	- 997,98	Ist < Plan
160	**10.220,00**	**10.220,00**	**0,00**	**Ist = Plan**
180	10.831,75	11.498,40	+ 666,65	Ist > Plan
220	12.055,25	14.053,60	+1.998,35	Ist > Plan

Hinweis:
Die genauen Plankosten bei einer Beschäftigung von 160 Stunden betragen 10.220,80 €. 0,80 € Differenz ergeben sich durch die Rundung des Plankostenverrechnungssatzes.

Auswertung dieser Aufstellung:

- Liegt eine negative Abweichung vor, wurde nicht wirtschaftlich gearbeitet, die fixen Kosten konnten nicht vollständig gedeckt werden. Ziel muss eine Erhöhung der Beschäftigung und eine Reduzierung der variablen Kosten sein.
- Beträgt die Abweichung 0 € wurde wirtschaftlich gearbeitet. Die fixen Kosten sind vollständig gedeckt, die gesamten Kosten entsprachen der Planung.
- Ergibt sich eine positive Abweichung, liegt eine Kostenreserve vor. Die fixen Kosten sind zu mehr als 100 % gedeckt.

So trainiere ich für die Prüfung

Aufgaben

1. Wissensfragen

1. Welche Aussage zur flexiblen Plankostenrechnung ist falsch?

a) Wesentliches Merkmal der flexiblen Plankostenrechnung ist die Auflösung der Gemeinkosten in fixe und variable Kostenvorgaben.

b) Die Anwendung der Plankostenrechnung setzt eine sorgfältige Kostenstellengliederung des Betriebes und eine genaue Festlegung der Planungsgrößen voraus.

c) Die Plankostenrechnung drückt die Kostenverhältnisse zwischen den verschiedenen Kostenträgern durch Äquivalenzziffern aus.

d) Plankosten sind durch methodisches Vorgehen im Voraus bestimmte Kosten mit Vorgabecharakter.

e) Durch die Planung der Einzelund Gemeinkosten werden Grundlagen für die Ermittlung von Verbrauchsabweichungen und für die Plankalkulation geschaffen.

2. Neben der Istkostenrechnung führt die „Erlanger Industrie AG" auch eine Plankostenrechnung auf Vollkostenbasis durch.

Die gesamten Plankosten bei Planbeschäftigung in der Kostenstelle „Arbeitsvorbereitung" wurden Ihnen mit 45.000 € angegeben. Darin enthalten sind variable Plankosten in Höhe von 32.200 €.

Wie hoch sind die Sollkosten

a) bei einer Istbeschäftigung von 90 % und

b) bei einer Istbeschäftigung von 108 %?

3. Die „Rattenfänger AG" in Hameln wendet unter anderem als Controllinginstrument eine Plankostenrechnung auf Vollkostenbasis an.

Ihnen liegen folgende Zahlen vor:

Variable Plankosten:	78.000 €
Sollkosten:	147.660 €
Plankosten:	150.000 €

Mit welchem Istbeschäftigungsgrad hat die „Rattenfänger AG" geplant?

4. Die „Industrie AG“ setzt unter anderem in der Produktion einen Trommelmischer AS-040372 ein. Bei einer geplanten jährlichen Laufzeit von 2.000 Stunden ergeben sich folgende Daten:

Variable Maschinenkosten je Maschinenstunde:	40 €
Fixe Maschinenkosten je Maschinenstunde:	117 €

Für das nächste Quartal erwarten Sie einen Rückgang der jährlichen Laufleistung um 10 %.

a) Ermitteln Sie auf Basis der Planzahlen den Maschinenstundensatz für das nächste Quartal.

b) Prüfen Sie, wie viel Euro fixe Kosten nicht gedeckt werden, wenn Sie trotz Beschäftigungsrückgangs mit den ursprünglich geplanten fixen Maschinenkosten je Stunde von 117 € kalkulieren.

2. Fallsituation

2.1 Fall 1

Die Kostenstelle Fertigung der „Nürnberger Industrie AG“ weist im Monat September gesamte Plankosten von 180.000 € bei einer Planbeschäftigung von 3.000 Stunden aus.

a) Berechnen Sie den Plankostenverrechnungssatz €/Stunde.

b) 111.000 € der gesamten Plankosten sind variabel. Berechnen Sie die Sollkosten in Euro bei Planbeschäftigung von 3.000 Stunden.

c) Berechnen Sie die Sollkosten in Euro, wenn im Monat Oktober eine Istbeschäftigung von 2.400 Stunden erreicht wird.

d) Berechnen Sie die Beschäftigungsabweichung (siehe Aufgabe c) in Prozent und in Euro.

e) Berechnen Sie die Verbrauchsabweichung in Euro, wenn im Oktober eine Istbeschäftigung von 2.400 Stunden erreicht wird, sowie Istkosten von 170.000 € anfallen.

f) Berechnen Sie die Sollkosten in Euro, wenn die Beschäftigung im Monat Oktober um 7 % ansteigt.

Lösungen

1. Wissensfragen

1.

Die Antwort c) ist falsch.

A, B, C, D

2.

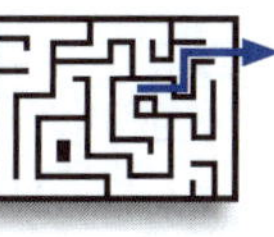

D

$$\text{Sollkosten} = \text{fixe Plankosten} + \frac{\text{variable Plankosten} \cdot \text{Istbeschäftigung}}{\text{Planbeschäftigung}}$$

a)

$$= 12.800\ € + \frac{32.200\ € \cdot 90\ \%}{100\ \%} = \mathbf{41.780\ €}$$

b)

$$= 12.800\ € + \frac{32.200\ € \cdot 108\ \%}{100\ \%} = \mathbf{47.576\ €}$$

3.

D

$$\text{Istbeschäftigung} = \frac{\text{Planbeschäftigung} \cdot (\text{Sollkosten - fixe Plankosten})}{\text{variable Plankosten}}$$

$$= \frac{100\ \% \cdot (147.660\ € - 72.000\ €)}{78.000\ €} = \mathbf{97\ \%}$$

4.

D

a)

$$\frac{117\ € \cdot 2.000\ \text{Stunden}}{1.800\ \text{Stunden}} = 130\ € + 40\ € = \mathbf{170\ €}$$

b)

130 € - 117 € = 13 € · 1.800 Stunden = **23.400 €**

2. Fallsituation

2.1 Fall 1

B

a)

$$\text{Plankostenverrechnungssatz} = \frac{\text{gesamte Plankosten}}{\text{Planbeschäftigung}}$$

$$\text{Plankostenverrechnungssatz} = \frac{180.000\text{ €}}{3.000\text{ Stunden}} = \mathbf{60\text{ €/Stunde}}$$

D

b)

$$\text{Sollkosten} = \text{fixe Plankosten} + \frac{\text{variable Plankosten} \cdot \text{Istbeschäftigung}}{\text{Planbeschäftigung}}$$

$$\text{Sollkosten} = 69.000\text{ €} + \frac{111.000\text{ €} \cdot 3.000\text{ Stunden}}{3.000\text{ Stunden}} = \mathbf{180.000\text{ €}}$$

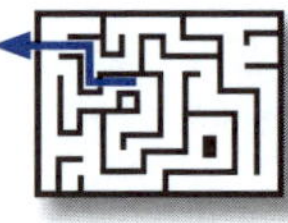
D

c)

$$\text{Sollkosten} = 69.000\text{ €} + \frac{111.000\text{ €} \cdot 2.400\text{ Stunden}}{3.000\text{ Stunden}} = \mathbf{157.800\text{ €}}$$

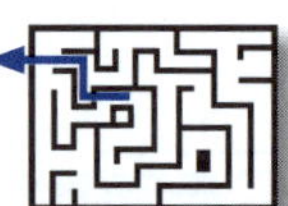
D

d)

3.000 Stunden = 100 %
2.400 Stunden = X   X = 80 %

Beschäftigungsabweichung: 100 % - 80 % = 20 %

	Verrechnete Plankosten bei Istbeschäftigung:	60 € · 2.400 Stunden =	144.000,00 €
-	Sollkosten bei Istbeschäftigung:		157.800,00 €
=	**Beschäftigungsabweichung**		**- 13.800,00 €**

D

e)

	Istkosten bei Istbeschäftigung:	170.000,00 €
-	Sollkosten bei Istbeschäftigung:	157.800,00 €
=	**Verbrauchsabweichung**	**- 12.200,00 €**

D

f)

100 % = 3.000 Stunden
107 % = X   X = 3.210 Stunden

$$= 69.000\text{ €} + \frac{111.000\text{ €} \cdot 3.210\text{ Stunden}}{3.000\text{ Stunden}} = \mathbf{187.770\text{ €}}$$